江苏省教育科学"十三五"规划课题"中华优秀传统文化融入学校教育的创造性转化与推进策略研究"（项目编号：D/2020/01/24）

江南大学新农村发展研究院项目"新型城镇化进程中苏南民俗文化传承的教育机制研究"（项目编号：JUSRP1602XNC）

学校教育视野下的民俗文化传承研究：

以苏南地区为例

Research on the Inheritance of Folk Culture from
the Perspective of School Education:
Taking Southern Jiangsu as an Example

杜芳芳　著

中国社会科学出版社

图书在版编目（CIP）数据

学校教育视野下的民俗文化传承研究：以苏南地区为例/杜芳芳著. —北京：中国社会科学出版社，2020.8
ISBN 978 - 7 - 5203 - 7039 - 4

Ⅰ.①学… Ⅱ.①杜… Ⅲ.①俗文化—学校教育—文化教育—研究—苏南地区 Ⅳ.①G127.53

中国版本图书馆CIP数据核字（2020）第158272号

出 版 人	赵剑英
责任编辑	刘晓红
责任校对	李 剑
责任印制	戴 宽
出　　版	中国社会科学出版社
社　　址	北京鼓楼西大街甲158号
邮　　编	100720
网　　址	http://www.csspw.cn
发 行 部	010 - 84083685
门 市 部	010 - 84029450
经　　销	新华书店及其他书店
印刷装订	北京君升印刷有限公司
版　　次	2020年8月第1版
印　　次	2020年8月第1次印刷
开　　本	710×1000　1/16
印　　张	17
插　　页	2
字　　数	262千字
定　　价	99.00元

凡购买中国社会科学出版社图书，如有质量问题请与本社营销中心联系调换
电话：010 - 84083683
版权所有　侵权必究

前　言

"坚定文化自信"是党的十九大报告中文化建设部分的关键词。文化自信植根于文化传承，中华优秀传统文化是文化自信的根基。在新的时代，必须充分认识传承和弘扬中华优秀传统文化的重大意义。如今，随着经济全球化和现代化进程的加快，民俗文化正在衰落，遭遇"记忆的危机"。记忆对人的集体归属和文化认同具有核心作用，社会转型必须关注人的"文化记忆"的连续性。通过教育唤醒和激活传统文化基因，形塑"文化记忆"成为当代学校教育的文化使命。因此，关注民俗文化传承的当代变迁，探索学校教育在民俗文化传承中的重要作用和实现机制，是当下亟待关注的研究课题。

民俗文化是由民众所创造、践行和传承的生活文化传统，它是孕育一切文化的基质，影响人的地方感和身份认同。作为"小传统"的民俗文化具有鲜明的地域性，它不是遗留物，而是一种活生生的艺术。同时，它是民众在生活实践基础上创造的集体文化，蕴含人的情感和文化认同。民俗文化的传承就是建构集体记忆的过程，而集体记忆为人的归属感和身份认同提供基础。在新的时代，重新审视民俗文化的教育意蕴和保护珍贵的民俗文化遗产成为当代社会的共识。民俗文化，不仅是文化认同教育的重要内容，也是乡土教育的基础载体，还是实现人的全面发展的重要教育资源，尤其是对人的文化素养的养成具有重要意义。学校教育在民俗文化的保护和传承中发挥着独特的作用。通过学校教育让年轻人了解和熟悉祖先遗留下的宝贵文化遗产，保持对民俗文化的记忆和认同，是学校对民俗文化进行传承性保护的重要方式。

文化记忆理论主要从记忆的角度理解文化传承，关注如何实现文化的可持续性，主要涉及"谁来记忆""记忆什么"以及"如何记忆"等问题。文化记忆是集体记忆的核心组成部分，这是一种被集体成员所共享的文化身份认同，需要借助某些特定的实践和媒介表现出来。文化记忆对研究新时代的民俗文化保护和传承提供了新的理论支撑。文化记忆对学校教育传承民俗文化的启示有：一是民俗文化传承是文化记忆的延续与呈现，我们需要深度挖掘民俗文化中的优秀文化遗产并进行创造性转化，重构人的文化记忆；二是要正视教育的文化记忆功能，积极营造"文化记忆之场"；三是开发蕴含民俗文化基因的课程，编写蕴含民俗文化符码的校本教材；四是建构关切民俗文化的学习机制，帮助学生形成对民俗文化记忆的主体意识和价值认同。

让学校发挥文化传承基地的作用，不仅需要对其进行理论层面的分析，更需要在实践领域探索如何将民俗文化纳入学校教育的视野。本书以文化记忆理论为视角，探讨走在城镇化进程前列和具有深厚吴文化底蕴的苏南地区如何通过学校教育推动优秀民俗文化根脉的现代延续。当民俗文化进入学校场域时，需要教育者甄别和选择关键的民俗元素并对其进行教育转化。课程是连接民俗文化与学生的媒介，以课程为载体探索民俗文化传承是很多学校的常用策略。当然，要想让民俗文化真正进入学校场域并落地生根，就必须与教学有机融合，并找准民俗文化与教学内容的对接点和共振点。以学生为主体开展丰富多彩的实践活动，是让文化因子植入学生心中并成为永久记忆的有效路径。这就需要跨越学校边界，搭建合作平台，充分利用各种场馆、大学和社会资源，凝聚合力共同推进。此外，设计民俗文化传承的教育空间也是重要举措。学校的文化自觉、课题研究的驱动、学生主体的参与以及行政力量的推动是苏南地区基础教育阶段学校传承民俗文化的基本经验。

学校教育成为传承民俗文化的新路径，这种传承方式不是从连续的传统中生长起来的，它所代表的是延续传统的教育尝试。苏南地区学校教育传承民俗文化的实践探索取得了一定成效，但也面临着诸多困境。首先，现代化的生产生活方式引发传统民俗文化存续的生态环境的变迁。这不仅使得教学脱离现实情境，而且所带来的传承母体的解体导致缺少社区与家长的支持。其次，民俗文化的教育转化存在一定难度，主要是教师缺乏对民俗文化精髓进行现代诠释和教育转化的能力。再次，师资问题严重影响学校民俗文化教育的有效实施,具体表现为对本土文化了解较少、对民俗文化的认同感不强、教学文化回应能力不足以及专业师资的缺乏。最后,学校教育的实践偏差影响传承的效果,包括关注"认知模式"的文化传承、教育取向过于功利化以及方法上重外烁、轻内化等。当然,学校教育有其自身的限度,无法完成民俗文化传承的所有重任。

学校教育是实现民俗文化活态传承的重要路径,这是一个不断改进和创造性阐释的过程。在新时代教育现代化的设计框架中,如何凸显民俗文化独特的教育意蕴,成为学校教育者思考的一个重要问题。第一,以生成文化记忆作为价值取向,因为学校教育传承民俗文化不是一个简单地学习文化符码的问题,而是一个文化认同和培育文化自信的过程。第二,关注地方在学校教育中的呈现,将地方本位教育作为一种新的概念框架来帮助我们理解地方、人的发展和教育之间的关系。第三,重视民俗文化的教育转化,这是学校传承民俗文化的关键所在。不仅要对传统民俗文化进行现代重构,从知识育人转向文化育人,最重要的是将民俗文化从生活经验转化成教育经验。第四,提高教师的文化素养与能力,要从发展教师的文化知能、激活教师的文化自觉意识、提高教师的教学文化回应能力以及确保专业师资的供应等方面努力。第五,通过一系列措施系统构建学校传承民俗文化的能力,努力将民俗文化传承与学校特色凝练相结合,为学生提供多元、立体、多层面的教育形式。

民俗文化对于当下人的生活不是无功用性的他者存在,而是在人的生命中具有不可替代的内在意义。保护和传承优秀的民俗文化是生活在这一地区的成员不可推卸的共同责任,也是这一地区学校教育重要的文化使命。这就需要从"文化—生活"的视角理解学校教育,增进学校教育与民俗文化的有机联系。重拾民俗价值,传承文化根脉,激活优秀民俗文化的教育想象,在学校场域制造更多的"文化相遇",是新时代教育者义不容辞的责任和担当。

目　　录

第一章　导论 ………………………………………………………… 1

　　第一节　问题的提出 ………………………………………………… 1
　　第二节　研究现状与评论 …………………………………………… 6
　　第三节　本书研究的问题、目标与价值 ………………………… 17
　　第四节　研究思路和方法 ………………………………………… 20

第二章　民俗文化的时代价值和教育意蕴 ……………………… 24

　　第一节　民俗文化的内涵及特征 ………………………………… 24
　　第二节　民俗文化的时代价值审视 ……………………………… 30
　　第三节　民俗文化的教育意蕴 …………………………………… 38
　　第四节　学校教育在民俗文化传承中的独特作用 …………… 57

第三章　文化记忆理论及其启示 ………………………………… 66

　　第一节　文化记忆理论的发展历程 ……………………………… 66
　　第二节　文化记忆理论的基本观点 ……………………………… 70
　　第三节　对学校教育传承民俗文化的启示 …………………… 78

第四章　从民间到学校：苏南民俗符号的教育建构 …………… 87

　　第一节　文化符号是生成文化记忆的媒介 …………………… 87
　　第二节　苏南民俗符号与教育建构举隅 ……………………… 88

第五章　苏南民俗文化传承的学校教育实践·················107
　　第一节　课程建构：联结民俗与教育·················107
　　第二节　日常教学中渗透民俗文化·················120
　　第三节　以学生为主体开展多种实践活动·················128
　　第四节　建立共同体：寻求多方力量合作·················140
　　第五节　空间建设：形塑文化记忆场·················147

第六章　苏南地区学校传承民俗文化的基本经验·················153
　　第一节　学校的文化自觉是动力之源·················153
　　第二节　以课题研究引领和驱动实践探索·················163
　　第三节　学习方式上重视学生的身心参与·················167
　　第四节　行政力量助推学校发力·················172

第七章　学校教育传承民俗文化的实践困境·················178
　　第一节　文化生态的变迁削弱传承的社会基础·················178
　　第二节　民俗文化的教育转化存在一定难度·················185
　　第三节　师资问题困扰传承的有效实施·················188
　　第四节　学校教育的实践偏差影响传承的效果·················195
　　第五节　正视学校教育自身的限度·················200

第八章　反思与重构：学校教育之于民俗文化的传承使命·················205
　　第一节　厘定价值取向：生成文化记忆·················205
　　第二节　建构一种新的教育范式：地方本位教育·················210
　　第三节　重视民俗文化的教育转化·················223
　　第四节　提高教师的文化素养与能力·················227
　　第五节　学校传承民俗文化能力的系统构建·················233

第九章　结语：在教育场域制造更多的"文化相遇"·················243

参考文献·················246

后　　记·················263

第一章 导论

第一节 问题的提出

人是传统的存在,所获得的记忆、情感和价值是"社会—文化"塑造的产物。生活在一定地域的人们享有共同的知识结构、意义系统和习俗惯例。民俗不是久远的历史记忆,它是某一地区民众延续和发展的存在基础,也是民族精神的重要体现。思考民俗对当前社会的意义,重视对传统民俗的提炼、保护和发展,使现代人得到文化传统的滋养并自觉承担文化传承的责任,是新时代全社会应该关注和亟待研究的重要课题。

一 新时代呼唤中华优秀传统文化的传承与回归

社会的发展、进步绝不能离开优秀的传统文化。美国未来学家托夫勒（Toffler）曾经预言:"整个人类历史将进入一个新的历史时期,在这个新的历史时期将比以往更重视文化建设,文化在国家建设上将更重要。"[1] 随着全球化进程的日益加快,以文化为代表的软实力已成为综合国力竞争的重要指标。任何一个国家必须重视文化的继承、发展与创新的问题。文化是生命和精神的延续,优秀传统文化不仅体现了人的文化基因,更是精神的凝聚,因为文化是一个民族的精神记忆、灵魂和血

---

[1] ［美］阿尔温·托夫勒:《预测与前提——托夫勒未来对话录》,栗旺译,国际文化出版公司1984年版,第160页。

脉，是民族自我确认的符号系统。党的十八大报告明确提出："增强文化整体实力和竞争力，文化实力和竞争力是国家富强、民族振兴的重要标志。"①中华优秀传统文化蕴含中华民族最核心的精神基因，承载着实现中华民族文化复兴的重要责任。

文化是民族认同的情感纽带，在全球化和现代性语境中，需要强化中华传统文化的认同感，防止传统文化命脉的动摇和断裂，推动中华传统文化的新觉醒和再发现。党的十九大指出中国特色社会主义进入新时代，"坚定文化自信"是党的十九大报告中文化建设部分的关键词。文化由自信而自觉，由自觉而自强，而这都是以文化传承为基础的。党的十九大以来，习近平总书记就传承中华优秀传统文化发表了一系列讲话，深刻揭示了这些优秀传统文化的本质内涵及其历史和现实的重大价值。在新的时代条件下，我们要充分认识到推动中华优秀传统文化的传承与创新是每一位中国人的责任和使命。

传承中华优秀传统文化，不局限于"阳春白雪"的"大传统"，还包括"下里巴人"的"小传统"，即民俗文化。民俗文化是某一地区人们长期共同生活而形成的物质、社会、精神等方面的生活习俗，塑造着人的历史记忆、思维模式和行为规范，它的存在体现了中华传统文化的多样性和独特魅力。"文化多样性提供了多种不同的方法来解决影响我们所有人的问题和评估生活的基本层面：自然生态系统、社区、个人、宗教和心灵。我们在重申普世价值观共同核心内容的同时，必须认识到现实生活的多样性。"②民俗文化不仅具有形态的复杂性，而且具有内涵的丰富性，囊括了某一群体或地域世代传承的传统知识、习俗惯例与文化表现形式，对丰富人的精神生活、塑造共同的归属感具有重要作用。可见，民俗文化是中华优秀传统文化的重要组成部分，影响着人的"地方感"和文化认同。我们需要以新的视角来看待中华优秀传统文化，必须承认主流文化之外民俗文化的重要性，而不是将其贬低在可有可无的位置。保护和传承与人们日常生活有关而蕴含优秀文化基因的民

---

① 《中国共产党第十八次全国代表大会文件汇编》，人民出版社2012年版，第45页。
② 联合国教科文组织：《反思教育：向"全球共同利益"的理念转变》，教育科学出版社2017年版，第29页。

俗文化，是传承优秀中华传统文化的应有之义。

二 传统民俗文化遭遇"记忆的危机"

民俗文化是植根农耕社会土壤而逐步发展起来的由广大民众所创造、享用和传承的文化样态。当下社会处于急剧变迁中，从乡土中国转变为城镇中国，植根于农耕社会的民俗文化面临生态基础被破坏的困境。城镇化和新农村建设的浪潮，不仅造成村落的急速削减，而且大量农民离开祖辈居住的地方涌入城市，传统村落的文化生命力已经丧失。民俗民间文化传承面临危机，正以一种前所未有的速度日渐衰微。在全球化和现代化浪潮推动下，人们的生存和生活方式发生巨大变化，传统民俗文化在民间逐渐失去了生存土壤，抛弃传统、追求时尚成为主导的生活理念，民俗反被认为是"遗留物"，不再作为现代文明的一个活生生的特征而存在。人不再依恋过去留传下来的行为模式，逐步丧失与自身历史传统的意义联系。

紧跟时代潮流的大众文化不断将人从传统民俗文化的环境中抽离，尤其是年轻人对于基本的传统习俗越来越淡漠。在外来文化或主流文化的影响下，他们更习惯和热衷于现代简单的生活方式。在追求现代化的过程中，直接或间接导致了许多传统形态的文化走向没落，异彩纷呈的民俗节日、仪式乃至语言正在逐步消亡。在严格意义上讲，民俗在现代世界中呈现出僵死的特点。民俗的世界正在衰落，在不断前进的现代化过程中迅速贬值并日趋边缘化，在整个现代化的价值序列中失去了应有的地位，遭遇"记忆的危机"。民俗文化具有丰富的文化价值和精神内涵。不幸的是，在推进现代化进程的运作中，民众的文化生活传统往往被忽视，源于农耕社会的民俗文化逐渐被社会忘却，它们正在作为历史记忆的和生活方式离我们越来越远，因而，抢救民俗文化遗产刻不容缓。

如何保持文化传承、文脉延续和历史记忆是不容回避的时代命题。原有视域的解体不等于民间文化的终结，保护文化遗产的过程和现代化的进程应该是一致的，所有具有文化意义以及历史影响性的东西都必须被重塑、被保存、被循环。现代化是不可阻挡的历史潮流，但要有意识地注重优秀传统文化的保存，不能因为城镇的崛起而失去了文化传统的根脉。为此,要推进民俗文化的再生产,让民俗文化在新的文化生态环境中获得生存空间,并以新的姿态发挥作用。民俗文化不是正在消亡,而是需要被重新想象、重新设计和调整以回应挑战,把民俗文化保护和传承融入新型城镇化建设和乡村振兴的过程之中。"保护多样的民俗文化和对民俗文化多样化的传承开发利用,无论是过去、现在和将来,都将会伴随和影响实现中华民族伟大复兴的进程,成为凝聚人民追求梦想、鼓舞斗志的强大动力、成为我们推进新型城镇化建设永不衰竭的力量源泉。"① 一种文化的生命力在于人们对它的传承和弘扬,新的社会转型期一定要重视民俗文化的传承和保护,以一种前进的、发展的观点对待民俗文化。我们要理解民俗文化在现代性变局中的转型与生长,推动民俗文化的传承与创造性再生,努力让传统民俗文化在现代生活中找到存在之根。

三 教育成为民俗文化传承的重要途径

任何一种优秀文化传统的断裂,都是我们这个时代的悲哀。民俗文化无法持守自身,无法单靠自己的力量存活。如何顺应时代要求,不断提升民俗文化的价值潜能,促进其活态传承发展成为当前的重要课题。社会转型带来的文化生态的变化,使得民俗文化的传承方式发生变化。"传统民间文化的传承突破了原有文化主体内部的传承,出现了政府传承、精英传承、旅游传承和学校传承等新方式。"② 同时,注重民俗文化的转型和呈现,不是单单追求保护原有的文化形式,更重要的是保护其文化内涵和文化基因,激活其内在活力和生命力。

文化传承得如何,主要取决于人对文化传统的自信、自觉和自强的程度,这就需要提高年轻一代的文化认知能力和价值判断能力。让儿童和青少年参与民俗文化保护,从根本上决定了民俗文化的未来命运。处于新时代,我们应该理性思考并积极探索优秀民俗文化传承的学校教育路径。文化靠人来传承,还要靠系统的学习,不论是"传"还是

---

① 李丹、徐月强:《浅谈民俗文化多样性在新型城镇化建设中的保护与传承》,《山东省民俗学会 2013 年年会暨中国石榴文化学术研讨会论文集》,2013 年。
② 徐赣丽:《当代民俗传承途径的变迁及相关问题》,《民俗研究》2015 年第 3 期。

"承",都要用教育的方法、工具和话语进行转化和阐释。"文化与教育是一对孪生姐妹,文化的传递与发展依赖于教育。"① 文化传承是教育的重要目标之一,因为教育可以培养和塑造下一代后继者。2004 年联合国教科文组织在日内瓦举办的国际教育大会主题是《面向所有青年的优质教育:面临的挑战、趋势和优先事项》,提出"教育能否做到使学生既能加深对当地文化遗产的了解,又能利用全球化所提供的开放机会?"②

在我国,将优秀传统文化融入国民教育之中,教育在文化传承中的作用日益受到重视。2014 年 3 月,教育部出台《完善中华优秀传统文化教育指导纲要》,强调"加强中华优秀传统文化教育……是构建中华优秀传统文化传承体系、推动文化传承创新的重要途径"。2017 年 1 月,中共中央办公厅、国务院办公厅印发《关于实施中华优秀传统文化传承发展工程的意见》指出:"中华优秀传统文化全方位融入思想道德教育、文化知识教育、艺术体育教育、社会实践教育各环节,贯穿于启蒙教育、基础教育、职业教育、高等教育、继续教育各领域……丰富拓展校园文化,推进戏曲、书法、高雅艺术、传统体育等进校园。"③ 通过教育唤醒和激活传统文化基因,形塑"文化记忆"成为当代学校教育的文化使命。基于学校教育的普遍性,让民俗文化走进学校,有利于发挥学校教育在民俗文化传承中的基础作用。这既是适时之举,也是民俗文化的传承和发展之需,具有极为深远的意义。因此,关注民俗文化传承的当代变迁,探索学校教育在民俗文化传承中的重要作用和实现机制,是当下亟待关注的研究领域。

---

① 关溪莹:《钟敬文的民俗教育观》,《中山大学学报》(社会科学版) 2001 年第 4 期。
② 《面向所有青年的优质教育:挑战、趋势和优先事项》,联合国教育、科学及文化组织国际教育大会,第四十七届会议,2014 年,第 13 页。
③ 中共中央办公厅国务院办公厅印发《关于实施中华优秀传统文化传承发展工程的意见》,中华人民共和国中央人民政府网站,http://www.gov.cn/zhengce/2017 - 01/25/content_5163472. htm。

第二节 研究现状与评论

一 关于民俗文化的研究

民俗是人们在长期的生产和生活历史中所创造、传承和享用的风俗、仪式、习惯、信仰、谚语、故事、艺术等的集合体。具有悠久历史、地方特色的民俗文化是中华传统文化的主要载体,需要精心维护和发扬光大。自20世纪50年代以来,随着世界范围内城镇化进程的加快,民俗赖以形成与存在的土壤遭到重创,造成了传统民俗的存在危机。如何保护和传承优秀民俗文化成为国内外学者关注的热点。

(一) 关于民俗文化的内涵、分类与功能研究

1. 民俗文化的内涵

中国"民俗学之父"钟敬文教授认为:"民俗,即民间风俗,指一个国家或民族中广大民众所创造、享用和传承的生活文化。"[①] 民俗研究专家陶立璠认为,"日常所说的民俗,也称之为民间的风俗习惯,在一般情况下指的是一个国家或一个民族中广大民众所创造出来的、传承和享用的生活文化"。[②] 有学者从生活方式的本质特征来定义民俗文化,陈力认为,"民俗的本质是一种独特的生活方式,它的产生是为了生存(生活),以群体认同、个体实行的方式,显示出文化意识的积淀。"[③] 洪勇从生活方式的内容来理解民俗文化,他认为,"民俗文化是一个民族在长期的积累、传承并创新后形成的相对稳定的生活方式,它包括诸如饮食、节日、服饰、建筑、艺术、生活习惯、宗教信仰、价值观念和世界观等物质层面或精神层面的文化内容"。[④] 有学者从文化缔造主体来界定,认为"民俗文化是一种基础文化,它是特定的民族在历史实

---

① 钟敬文:《民俗学概论》,高等教育出版社2010年版,第3页。
② 陶立璠:《民俗学》,学苑出版社2003年版,第245页。
③ 陈力:《论民俗本质——再论民俗是一种独特的生活方式》,《民俗研究》1992年第2期。
④ 洪勇:《试论民俗文化的特征和保护》,《南方文物》2004年第3期。

践活动中创造和积累的文明成果"。① 尽管学者们对民俗文化的定义表述有所差异，但都强调民俗文化是一种生活范式（文化）以及民俗文化创造的主体是广大民众。

2. 民俗文化的分类

英国著名民俗学家、学者博尔尼在著作《民俗学手册》一书中，将民俗的事项划分为三个类别，包括信仰与行为、习俗（社会制度与政治制度、人生礼仪、职业和工艺、历法、斋戒和节庆以及游戏、体育和娱乐）与故事、歌谣和俗语。美国民俗学家理查德·多尔森在其著作《民俗学与大众生活》中，将民俗划分为四个种类，其中包括物质民俗、口头习惯、风俗习惯以及表演艺术。钟敬文在《民俗学概论》一书中将民俗分为物质生产民俗、物质生活民俗、社会组织民俗、岁时节日民俗、人生仪礼、民间信仰、语言、艺术和口头文学等。② 民俗学者乌丙安认为，民俗文化内容包括经济的民俗、社会的民俗、信仰的民俗和游艺的民俗四个方面，而以经济生产、交易、消费生活习俗，家族传承关系和习俗惯制、社会往来、生活仪礼，传统的迷信与俗信，民间传统文化娱乐活动等行为、口头、心理的习俗等为具体内涵。③ 顾希佳从民俗存在的场域来对民俗进行分类，包括家庭与家族民俗、村落民俗、民间结社民俗、江湖社会民俗和交际礼仪民俗。④ 叶涛在《中国民俗》一书中从民俗适用对象的角度将民俗进行分类，包括人生礼仪民俗、岁时节日民俗、社会组织民俗、经济生产与消费民俗、民间信仰与禁忌以及游艺竞技民俗的内容。⑤

3. 民俗文化的功能

民俗文化与生产和生活方式息息相关，具有社会认知功能、启蒙教化功能、道德规范功能和心理调适功能⑥。《国际社会科学百科全书》概括了民俗的七种功能，包括娱乐、教育、社会控制、社会权威、社会

---

① 仲富兰：《中国民俗文化学导论》，上海辞书出版社 2007 年版，第 13 页。
② 钟敬文：《民俗学概论》，高等教育出版社 2010 年版，第 1—3 页。
③ 乌丙安：《中国民俗学》，辽宁大学出版社 1985 年版，第 12 页。
④ 顾希佳：《社会民俗学》，黑龙江人民出版社 2003 年版，第 1—2 页。
⑤ 叶涛：《中国民俗》，中国社会科学出版社 2006 年版，第 1—2 页。
⑥ 尹伊君、王国武：《民俗文化的特征、功能与传承》，《学术交流》2009 年第 11 期。

心理解释、保持文化连续性和政治用途等。钟敬文在《民俗文化的性质与功能》一文中对民俗文化的概念进行解释，并侧重分析了民俗文化的凝聚功能，强调应当充分发挥这一功能的优势，更好地继承和发扬民俗文化。近年来，越来越重视民俗文化在凝聚认同价值和社会治理方面功能的研究，如宋晨绮、罗彬（2018）以河南省焦作市苏家作村"龙凤灯舞"为例分析民俗仪式在农村文化认同建构中的作用，梁日忠（2018）运用田野调查法以"宾阳炮龙节"为例分析传统民俗文化节的社会整合作用。传统民俗文化对社会主义核心价值观的塑造有积极推动作用。孙其勇（2017）认为，倡导和弘扬社会主义核心价值观，必须从农耕民俗文化汲取营养，让充满智慧和灵性的农耕民俗文化为社会主义核心价值观提供丰富的精神滋养和不竭的动力源泉。[①]

（二）民俗文化研究的时代特征

民俗文化研究在社会变迁过程中呈现一定的时代特征，主要包括三个方面。

第一，城镇化进程中的民俗文化传承。"城镇化过程中文化变迁的关注，应该建立在一个清晰的价值体系之上。"[②] 保持文化传承、文脉延续和历史记忆是城镇化进程中不可忽视的时代命题。刘爱华（2016）探讨民俗文化和乡愁理念的内在契合点，提出在新型城镇化建设中要加强民俗文化保护[③]。有学者指出民俗文化在城市化进程下生存和发展存在的主要问题：民俗文化的生存空间被城市化建设所压缩、侵占；民俗文化遗产在城市化进程中遭到"建设性破坏"；民俗文化遗产被静态保护手段所禁锢。[④] 宋旭民（2018）以广东江门地区为例，分析新型城镇化进程中民俗文化传承路径的创新，提出把握"潜在群体""特色内

[①] 孙其勇：《农村民俗文化在社会主义核心价值观的时代价值》，《吉林教育学院学报》2017年第1期。

[②] 李松：《城镇化进程中乡村文化的保护与变迁》，《民俗研究》2014年第1期。

[③] 刘爱华：《城镇化语境下的"乡愁"安放与民俗文化保护》，《民俗研究》2016年第6期。

[④] 龙研：《城市化进程中民俗文化保护与传承研究——以贵州茂兰自然保护区为例》，硕士学位论文，西南大学，2014年。

容""关键时间""核心空间"四个重要元素的可行路径。① 很多学者采用实证研究探讨城镇化进程中民俗文化的保护与传承,例如,李欣辛(2018)以上板城镇节庆民俗文化为例,讨论城镇化进程中乡村节庆民俗文化的保护与传承。② 王燕妮(2013)以武汉市舞高龙习俗为例研究城市化进程中民俗文化变迁,并提出了民俗文化传承、保护、利用和开发的相关对策。③

第二,民俗文化在新农村建设中的作用。新农村建设中如何保护传统民俗文化成为理论界的一个研究热点。陶维兵(2018)认为,新时代应重点从五个方面推进农村民俗文化的创新:一是完善村级治理体系,把握农村文化建设的正确方向;二是坚守文化根脉,抓好优秀农村民俗文化的挖掘与整理;三是开发农村文化资源,推进农村民俗文化的创新与发展;四是建设农村公共文化空间,增强农村民俗文化的活力;五是建设和保护文化空间。④ 发挥传统民俗文化在乡民精神生活建构中的作用,要重视民俗文化活动场所和组织建设,同时"应对传统村落空间予以政策保护,以延续传统村落风貌和传承民俗文化"⑤。

第三,"互联网+"时代的民俗文化传承。重在发挥网络技术平台和手段的作用,将其作为民俗文化重要的传播媒介和载体。杨秀芝(2018)认为,"互联网+"从资源潜能、主体力量、现代形式等方面催生了民俗文化活态化动力,又从技术手段、传播路径、文化环境、生活方式等维度创新民俗文化活态化传承发展路径。⑥ 但我们必须警惕:"互联网在促进民俗文化传承的同时,也在一定程度上造成了民俗文化

---

① 宋旭民:《新型城镇化进程中民俗文化传承路径创新研究——以广东江门地区为例》,《广西民族研究》2018 年第 1 期。

② 李欣辛:《浅谈城镇化进程中乡村节庆民俗文化的保护与传承——上板城镇节庆民俗文化的调查与思考》,《遗产与保护研究》2018 年第 2 期。

③ 王燕妮:《城市化进程中民俗文化变迁研究》,博士学位论文,华中师范大学,2013 年。

④ 陶维兵:《新时代乡村民俗文化的变迁、传承与创新路径》,《学习与实践》2018 年第 1 期。

⑤ 薛颖等:《农村社区重构过程中公共空间保护与文化传承研究——以关中地区为例》,《城市发展研究》2014 年第 5 期。

⑥ 杨秀芝:《"互联网+"视野下民俗文化活态化研究》,《中南民族大学学报》(人文社会科学版)2018 年第 2 期。

的异化现象,许多民俗文化在借由网络技术传播的过程中,因其脱离了其所生存的社会语境而出现'内价值'失落的问题。"①

(三)关于民俗文化传承的研究

关于民俗文化传承的研究,主要从研究的理论视角和民俗文化传承与保护的路径两方面进行梳理。

研究的理论视角主要涉及:一是传播学角度,利用现代科技手段对民俗文化有关的文字、图片、影像资料进行数字化分类和存档,并利用媒体技术进行宣传。马彧(2018)以"靖江讲经"为考察对象分析民俗文化传播在乡村文化共同体构建中的作用,金凤杰(2018)从影视创作中探寻原生态民俗文化的传承,赵倩雯(2018)以央视《记住乡愁》为例研究电视媒体对民俗文化的传播与传承。二是文化生态学角度,如:杨艳萍(2018)的论文《文化生态学视域下的陕西民俗文化资源开发研究》,刘鹏昱(2017)的论文《文化生态视角下客家打金狮民俗的变迁与传承——以梅州松口镇大W村为例》等。三是地方性知识理论,地方性知识是一定区域内群体所持有的共同认识,它与情境之间存在复杂的互动关系,可用来审视民俗文化保护与传承的时代价值。董晓培、卫郭敏(2018)用地方性知识强调从文化形成的情境性、情境的偶然性、情境的拓展性三方面研究民俗类非物质文化遗产的保护和传承之路。②

关于民俗文化的传承与保护路径方面的研究包括:①场馆与民俗文化保护,主要有博物馆、图书馆等。朱雷(2012)在研究台湾三所典型民俗博物馆的案例基础上,探讨民俗博物馆在物与人之间建立的联系、民俗博物馆与台湾文化之间的关系,以及民俗文化在多重文化体系中传承的方式与所产生的双重作用力。③公共图书馆作为地方文化机构,藏有大量记录民间风俗的民俗文献,如地方志、文学典籍、民俗期

---

① 李倩、林安芹:《民俗与媒介:多媒体时代的民俗文化传承》,《教育传媒研究》2017年第1期。

② 董晓培、卫郭敏:《"地方性知识"视域下民俗类非物质文化遗产的保护和传承研究》,《淮南师范学院学报》2018年第3期。

③ 朱雷:《台湾民俗博物馆与文化记忆的传承》,硕士学位论文,华东师范大学,2012年。

刊等，这就决定了公共图书馆在保护民俗文化、延续民俗文化的传承方面有着义不容辞的责任。① 图书馆参与民俗文化传承保护的研究主要集中在特色数据库的建设、民俗文献的开发利用、图书馆参与非物质文化遗产保护三个方面。②数字化保护，如：李向振（2018）的论文《大数据时代的民俗文化数字化与民俗地图制作》，杨红（2014）的著作《非物质文化遗产数字化研究》等。③政府与民俗文化传承，主要探讨民俗文化的传承发展与政府责任的关系，如：廖飞（2012）的论文《论我国民俗文化传承与发展中的政府责任》，刘芝凤（2012）的论文《论历史民俗文化遗产保护中的政府行为——基于民间行为与政府行为比较分析的视角》以及雷玉明、易文君（2011）的论文《民间传统文化保护和发展中的政府职能分析》等。这些论文都对传统民俗文化传承保护中的政府角色定位进行了深入分析，并提出了相应的完善措施。

二 关于民俗文化与学校教育的研究

民俗文化是民众在物质生产和精神生活中所形成的社会风范和道德思想，它积淀思想、道德、观念、规范等诸多文化因子，这些文化因子蕴涵着丰富的教育成分。民俗文化是重要的教育资源。杨秀芝（2018）分析了将民俗文化纳入现代教育理论研究视野的意义，有利于回应多元文化教育的需要、推进素质教育的实施以及增进和强化文化认同与家国情怀。② 钟志勇（2008）明确提出学校在民族传统文化传承中的作用③。

（一）民俗文化的教育价值

民俗文化是特有的文化事象，具有重要的教育意义。郑伟斌（2013）认为，通过学校教育，引导学生认知、体验和传承地方民俗并在这一过程中寻找和体认自己的文化身份，从而形成对乡土文化的认同感和归属感。④ 王亚芳（2008）从民俗文化是一种具有独特教化手段的

---

① 史乐乐、张辉、翟艳萍：《公共图书馆参与民俗文化传承保护研究——基于文化传承视角》，《晋图学刊》2016年第6期。
② 杨秀芝：《"互联网+"时代民俗文化教育新论》，《社会科学动态》2018年第5期。
③ 钟志勇：《学校教育视野中的民族传统文化传承》，《民族教育研究》2008年第1期。
④ 郑伟斌：《"根"之教育——谈乡土文化教育与地方民俗传承》，《教育文化论坛》2013年第1期。

教育资源、民族传统文化传承的媒介、青少年德育的重要资源、民族精神培养的重要依托等方面来揭示民俗文化独特的教育学意蕴。① 李永婷（2014）在归纳和整理民俗文化教育价值的基础上，通过民俗文化融入校本课程的教育实践案例，探讨民俗文化教育价值的实现途径和方法。② 龙梦晴（2012）认为，民俗文化教育是民俗、文化和教育三个不同层面社会概念的有机融合。民俗文化教育的发展依托于学校教育，不仅丰富学校教育内容，而且提升学校教育的文化价值。③

民俗文化内含大量德育资源，有独特的教育价值。李晓玲（2012）在《民俗文化视域下的爱国主义教育》一文中探讨了在民俗文化视域下实施爱国主义教育具有其可能性和必要性。安静（2018）认为，民俗文化的德育基因溶于民俗生活中，以民俗模式不断贯通生活，在潜移默化间为个体生命提供德育思想教育，促进人的成长。④ 孙丽丽（2018）提出民俗文化在提升人文素养过程中发挥着文化认知审美、精神人格塑造、教化规范、稳定维系、娱乐、疏导等多元功能。⑤ 毛新梅（2018）认为民俗文化所蕴含的德育内容包括：民族精神与爱国主义品德教育、团队精神与集体主义品德教育、敬业廉洁与友善感恩等品德教育、积极乐观的心理健康教育。⑥

（二）民俗文化与学科教学

将民俗文化渗透在学科教学中，有利于发挥民俗文化的育人价值。主要集中在人文性较强的学科上，如语文、历史、地理、音乐和体育等学科。

第一，民俗文化与语文教学。语文教材中包含丰富的民俗文化元素，不仅有利于弘扬和培育民族精神，也是提高语文素养的重要文化资源。有学者分析了民俗文化在语文教材中的教育价值，主要表现为传承

---

① 王亚芳：《探究民俗文化的教育学意蕴》，硕士学位论文，河南大学，2008 年。
② 李永婷：《民俗文化的教育价值》，硕士学位论文，山东师范大学，2014 年。
③ 龙梦晴：《民俗文化教育发展论》，《湖南师范大学教育科学学报》2012 年第 6 期。
④ 安静：《民俗文化的道德意蕴》，《人民论坛》2018 年第 7 期。
⑤ 孙丽丽：《民俗文化对提高学生人文素养功能探究》，《赤峰学院学报》（汉文哲学社会科学版）2018 年第 4 期。
⑥ 毛新梅：《论民俗文化的德育意蕴及其实施路径》，《教育研究与实验》2018 年第 5 期。

蕴涵其中的优秀文化、培养学生的民族精神、提升学生的语文知识素养和学生文明习惯的养成。① 司丽娟（2014）从民俗的角度对高中语文教材中的小说进行教学分析，指出民俗教育在高中语文教学中的作用，强调拓展语文课程的文化内涵和重视民俗文化的教学价值。② 刘莹（2017）以问卷调查的形式分析河南某中学民俗教育的现状，反思现今中学语文民俗文化教育存在的问题，说明中学语文民俗教育的必然性和必要性，提出中学语文民俗文化的教学策略。③ 郭莲纯（2010）认为，语文教学要整合民俗文化资源，培养学生的多元文化批判力，对学生进行审美教育，培养"大文化""大语文"观念。④

第二，民俗文化与历史教学。姜振雷（2005）详细探索了高中中国历史教学加强民俗文化教育的价值，包括培养学生对历史学科的兴趣、增进学生对祖国文化的认同感、弘扬和培育民族精神等。梁闯（2010）的硕士论文《初中历史教学中的中国民俗文化教育》从自身教学实践出发，探索初中历史教学进行民俗文化教育的方法和途径。王瑞（2011）的硕士论文以济南特色民俗文化——泉文化为切入点，研究如何通过历史研究性学习课程开展民俗文化教育。

第三，民俗文化与其他学科教学。例如，范书春（2016）的硕士论文《民俗体育推动校园文化建设的实践经验研究——状元小学引入蔡家草把龙为个案》；孙威（2014）在《北方民俗文化与美术教学实践》一文中从美术教学实践的角度探索北方民俗文化的继承和创新；傅碧霞（2017）以"音乐教育人类学"视角对地方民歌歌种——"南闸民歌"进行深入考察和研究，从中探索民歌传承与乡土教育的内在联系；武丹（2016）的硕士论文《中学生物学课程资源中苗族民俗文化元素挖掘和应用——以"苗家糯米酒的制作"为例》等。

（三）民俗文化与课程资源开发

民俗文化蕴含丰富的教育元素，不仅具有学科的育人价值，也是校

---

① 薛晓蓉：《民俗文化在语文教材中的教育价值》，《教育理论与实践》2009 年第 7 期。
② 司丽娟：《论高中语文教学中的民俗文化教育》，硕士学位论文，华中师范大学，2014 年。
③ 刘莹：《民俗文化在中学语文教学中的渗透研究》，硕士学位论文，河南大学，2017 年。
④ 郭莲纯：《语文教育中的民俗文化渗透》，硕士学位论文，辽宁师范大学，2010 年。

本课程开发的重要资源。周洁（2014）主要探究民俗文化对语文课程资源开发和利用的教育价值，指出民俗文化可以作为拓宽阅读视野、丰富作文素材和生活化语文综合实践活动的课程资源。① 李臣之、郑玉平（2018）认为，将地方文化融入综合实践活动课程需要纳入学校课程顶层设计。② 针对民俗文化教育的校本课程，有学者提出从加强课程融合的角度出发进行民俗文化课程一体化的设计，包括三层含义：一是在整体结构上开展学校层面的统筹规划；二是在课程内容上实现横向联系和纵向递进的系统组织；三是在课程形式上加强不同时空的配合呼应。③ 作为校本课程的民俗文化不局限于中小学，高校也是优秀传统文化的传承阵地。董云川、刘永存（2008）以"渭公河次区域民族民间文化传习馆"为个案分析校本课程的开发与高校的文化传承责任。④

（四）民俗文化与校园文化建设

民俗文化对学校教育的影响不仅仅体现在学科教学和课程资源开发上，还可以融入校园文化建设。曹海艳（2017）以阆中地区为例分析民俗文化在农村小学校园文化建设中的作用和问题，并从提升教育者的文化素养，着眼于受教育者的未来发展，丰富校园文化内涵，增添乡土特色等几方面提出对策。⑤ 张微（2012）以澄江小学板凳龙舞从特色学科到特色校园文化的过渡为研究主线，探析其建设板凳特色校园文化的运行体系。⑥

三 关于文化记忆理论的研究

关于文化记忆的研究可以追溯到哈布瓦赫 1925 年首次提出的"集

---

① 周洁：《民俗文化作为语文课程资源的开发和利用研究》，硕士学位论文，广西师范大学，2014 年。
② 李臣之、郑玉平：《地方文化融入综合实践活动课程：为何与如何》，《现代中小学教育》2018 年第 1 期。
③ 姜慧：《中小学民俗文化课程的一体化设计》，硕士学位论文，山东师范大学，2017 年。
④ 董云川、刘永存：《校本课程的开发与高校的文化传承责任——"渭公河次区域民族民间文化传习馆"个案简析》，《北京大学教育评论》2008 年第 2 期。
⑤ 曹海艳：《民俗文化在农村小学校园文化建设中的应用研究——以阆中地区为例》，硕士学位论文，四川师范大学，2017 年。
⑥ 张微：《民俗体育推动特色校园文化建设的实证研究——以重庆市澄江小学为例》，硕士学位论文，西南大学，2012 年。

体记忆"理论。他指出记忆具有公众性、集体性，同时强调集体记忆在本质上是立足于现在而对过去的一种重构。① 美国学者保罗·康纳顿在其《社会如何记忆》一书中提出"社会记忆"的概念。在他看来，同个体一样，社会也拥有自身的记忆，在社会记忆保存和传承中起重要作用的是纪念仪式和身体实践。② 文化记忆理论真正的创始人是德国的扬·阿斯曼和阿莱达·阿斯曼夫妇。20世纪90年代，阿斯曼夫妇在研究已有记忆理论的基础上提出了"文化记忆"理论，认为记忆具有社会属性，文化记忆的概念只有在集体层面才具有意义。阿斯曼夫妇提出的文化记忆理论旨在把记忆（发生的过去）、文化和群体（社会）这三个维度建立联结。法国著名史学家皮埃尔·诺拉将能传承文化记忆的载体形象地称为"记忆之场"。③

我国真正意义上的文化记忆研究始于2000年。主要是翻译国外相关的著作和论文，著作有法国莫里斯·哈布瓦赫的《论集体记忆》（毕然、郭金华译，2002）、美国保罗·康纳顿的《社会如何记忆》（纳日碧力戈译，2000）、扬·阿斯曼的《文化记忆：早期高级文化中的文字、回忆和政治身份》（金寿福、黄晓晨译，2015）、阿莱达·阿斯曼《回忆空间：文化记忆的形式和变迁》（潘璐译，2016）、阿莱达·阿斯曼的《记忆中的历史：从个人经历到公共演示》（袁斯桥译，2017）。翻译的论文有：扬·阿斯曼的《"文化记忆"理论的形成和建构》（金寿福译，2016）、《什么是"文化记忆"》（陈国战译，2016）、《交往记忆与文化记忆》（管小其译，2017），简·奥斯曼的《集体记忆与文化身份》（陶东风译，2011）等。在介绍和翻译的同时，国内学者也开始独立思考和批判建构文化记忆理论，研究逐步深入。陶成涛（2015）从知识维度、情感维度和社会维度三个方面对文化记忆进行分类，尤其关注情感维度对文化记忆的引导和建构作用。④ 王霄冰等（2007）在

---

① ［法］莫里斯·哈布瓦赫：《论集体记忆》，毕然、郭金华译，上海人民出版社2002年版。
② ［美］保罗·康纳顿：《社会如何记忆》，纳日碧力戈译，上海人民出版社2000年版，第2页。
③ ［法］皮埃尔·诺拉：《记忆之场：法国国民意识的文化社会史》，黄艳红译，南京大学出版社2015年版，第76页。
④ 陶成涛：《文化乡愁：文化记忆的情感维度》，《中州学刊》2015年第7期。

《文字、仪式与文化记忆》一书中探索以文字和仪式为主要媒体的文化记忆及其对民族主体性形成的影响。[1] 康澄（2008）探讨了象征与文化记忆的关系，提出象征是文化记忆的存在方式。[2] 赵静蓉在其专著《文化记忆与身份认同》中全面探讨了记忆的本质和价值以及文化记忆与身份认同之间的关系。[3]

　　在文化传承日益受到重视的时代背景下，学者们尝试以文化记忆理论为研究视角开展相关的应用研究。①关于记忆载体的研究。第一，文字载体。包括诗歌、小说、民间传说等，从文学艺术的视角研究记忆的书写、生产和从记忆的视角审视文艺的功能和价值。如：刘顺（2015）的论文《论文学中的记忆》，赵静蓉（2013）的论文《文化记忆与符号叙事——从符号学的视角看记忆的真实性》，徐岱（2015）的论文《作为一种文化记忆的叙事——在小说和历史之间》等。第二，仪式载体，包括节日、仪式和身体等。如：乌丙安（2010）的论文《关于节日民俗的文化记忆、文化修复和文化主体地位》，袁理脉等人（2017）的论文《仪式传承与文化记忆：贵州松桃苗族鼓舞文化功能的嬗变》，李菲（2011）的论文《文化记忆与身体表述：嘉绒锅庄"右旋"模式的人类学阐释》，郭振华（2016）的论文《文化记忆下的腊湾老人舞研究》。第三，媒介载体，包括传媒与影视。媒介以独特的方式对文化和记忆进行提取，李红涛等（2015）将新闻生产视为记忆实践，探索新闻生产与公共记忆的关联。[4] 李娟以国际电影节部分获奖影片为视角研究中国电影的文化记忆元素。[5] 第四，文化遗产。文化遗产是一种"群体性表述"和"谱系性记忆"。[6] 相关的研究有：毛巧晖（2016）的论文《非物质文化遗产：文化记忆的展示、保护和实践》、程振翼（2014）的论文《文化遗产与记忆理论：对文化遗产研究的方法论思考》等。②记

---

[1] 王霄冰等：《文字仪式与文化记忆》，民族出版社2007年版。
[2] 康澄：《象征与文化记忆》，《外国文学》2008年第1期。
[3] 赵静蓉：《文化记忆与身份认同》，生活·读书·新知三联书店2015年版。
[4] 李红涛等：《新闻生产即记忆实践——媒体记忆领域的边界与批判性议题》，《新闻记者》2015年第7期。
[5] 李娟：《中国电影的文化记忆考察——以国际电影节部分获奖影片为视角》，《中原文化研究》2014年第5期。
[6] 彭兆荣、林雅嬅：《遗产的解释》，《贵州社会科学》2008年第2期。

忆场域的空间维度研究。全球化、城镇化进程中带来的一系列社会问题促进了记忆的空间向度研究。众多学者关注地方精神和历史文化的传承，研究的对象包括城市记忆、乡村记忆、展演空间、纪念空间等。仲富兰（2014）呼吁以文化记忆理论为指导，从特色建筑、城市地貌、历史景观、居民生活习俗等方面整合资源拯救失落的城市文化记忆，延续城市文脉。[①] 李文茂（2015）以浦江郑氏宗族文化再造为例，研究城市化进程中文化记忆的符号建构。[②] 刘博（2016）把图书馆作为文化记忆的重要媒介，探究社会记忆与图书馆的关系。[③]

现有议题主要集中在文化记忆的载体、媒介和场域方面，对文化记忆的机制、功能以及教育的文化记忆功能研究较为薄弱，急需拓展文化记忆理论在教育领域的研究。

第三节 本书研究的问题、目标与价值

一 研究问题的定位

在全球化和现代性语境中，传承地方民俗对弘扬优秀传统文化具有重要的价值。传承，就是通过传授、教育、指导、示范等方式让传统文化形式得以延续，使文化命脉能够代代相传。目前，很多国家都在积极探索如何通过教育传承和发展传统文化、增强文化认同。在新的时代背景下，重新思考教育与文化的关系，关注民俗文化在当代社会的有效传承以及在民众地域认同和文化建构中的作用，是需要研究的重要议题。本书用文化记忆理论（身份认同和文化连续性、媒介与载体、文化记忆场）作为一种阐释性方法论探讨如何通过学校教育推动优秀民俗文化根脉的现代延续。以走在现代化进程前列和具有深厚历史文化底蕴的苏南地区为例，研究学校教育如何结合自身的优势对民俗文化进行资源

[①] 仲富兰：《让城市文化记忆告诉未来》，《学术界》2014年第5期。
[②] 李文茂：《城镇化进程中文化记忆的符号建构——以浦江郑氏宗族文化再造为例》，《文化学刊》2015年第7期。
[③] 刘博：《社会记忆·文化记忆·图书馆——社会记忆与图书馆关系新论》，《图书馆建设》2016年第3期。

挖掘、内容选择、意义阐释和教育转化，在反思已有实践的基础上构建民俗文化传承的学校教育新范式。

本书选取苏南地区在传承吴地民俗文化做出特色并取得一定成就的基础教育阶段学校作为研究对象。原因如下：

首先，苏南地处吴文化发源地，历史悠久、文化底蕴深厚。吴文化的尚德崇教、开放包容、务实进取和智慧灵动的精神对苏南地区的经济、社会和人的发展都有很大的影响。"吴文化是由生活在环太湖地区的人们在长期的生产劳动和生活实践中所创造出来的一种区域文化，具有独特的语言风格和浓郁的吴地水乡特色。"① 作为吴地人民共同的精神财富，吴文化在中华民族的大文化系统中有着举足轻重的作用。苏锡常为吴文化的核心区域和发源地，蕴含着丰富和独特的民俗文化资源，包括民俗工艺文化、民俗装饰文化、民俗饮食文化、民俗节日文化、民俗戏曲文化、民俗歌舞文化、民俗绘画文化、民俗音乐文化等。

其次，苏南地区走在全国现代化和城镇化进程的前列，在发展过程中一直重视优秀文化传统的延续。尤其在新型城镇化和乡村振兴的时代背景下，更加重视保护传统民俗文化资源，倡导传承并弘扬苏南地区的文化精髓。

最后，苏南地区的学校教育在挖掘吴文化蕴含的教育资源和传承民俗文化方面不断进行探索和实践，将学校特色、课程建设、文化传承和人的发展有机结合起来，梳理和提炼相关的实践模式和创新经验对其他学校探索文化育人之路具有一定的借鉴价值。

二 研究目标

本书从社会和文化发展的角度审视学校教育功能，将作为"小传统"的民俗文化纳入研究视野，关注作为民俗文化载体的"人脉"，强调学校教育在民俗文化延续和发展过程中的独特价值。通过阐明文化记忆、民俗文化传承与学校教育的内在关系，主张学校要将地方性知识融入课程建设，重塑人的地方感和文化认同。研究学校如何审视、选择和

---

① 曹建林、周才方：《论吴文化在中华文化中的地位和作用》，《无锡职业技术学院学报》2012 年第 5 期。

整合民俗文化，探索民俗文化保护传承的苏南教育路径，从而为其他学校的文化传承实践提供借鉴。

研究目标包括三个方面：一是关注民俗文化在文化记忆建构中的作用，唤醒民众对民俗文化的保护与传承意识。本书重新审视民俗文化对现代社会发展的意义，赋予民间文化以积极价值，关注民俗文化在新型城镇化和乡村振兴过程中的创造性传承和创新性发展。要重新发现和利用传统的习俗、象征符号和仪式，重视民俗文化在文化记忆建构中的作用。二是阐释学校教育在民俗文化传承中的独特价值，明确学校教育对于形塑人的"文化记忆"的使命。借助教育手段可以让民俗文化实现"生命力的积存"，它关注传承和保护文化遗产的关键要素——"人"。因此，学校必须联结地方和教育，建构民俗文化传承的动态系统，将民俗文化融入现代知识结构。三是提炼苏南民俗文化的教育转化策略和实践模式，构建民俗文化融入学校教育的新范式。学校需要立足学生立场挖掘和利用民俗的教育要素，对其进行创造性转化使之与学校育人模式革新相结合，发挥文化在育人中的自在价值。

三 研究价值

本书从文化记忆理论的视角分析学校教育在民俗文化传承中的作用，为我国民俗文化传承研究提供了新的思路，该研究具有一定的理论和实践价值。

理论价值包括两个方面：第一，从文化记忆的视角研究民俗文化的保护与传承，丰富了关于民俗文化传承的理论研究。保护传统民俗文化绝不仅是一种怀旧的情怀，更是人类追求自我文化品质的保存。文化记忆这一概念为研究民俗文化传承提供了一种新的视角，不是把民俗当作一个对象来认识、保护和开发，而是关注作为民俗可持续传承的载体——人脉的培养。第二，将民俗文化纳入教育理论研究范畴，从而深化教育与文化关系的研究。文化的继承、传播和增殖是现代学校教育的基本任务之一。文化、文明是通过教育延续下来的，学校教育是"文化记忆之场"，必须关注其在塑造文化记忆、文化认同以及文化自信方面的重要作用。

研究的实践价值在于：第一，关注新时代下民俗文化的传承与创新，将民俗文化传承变为有意识创造记忆的过程。通过重新思考民俗文化对现代社会的意义，有利于扭转民俗文化的边缘化趋势，把民俗文化的保护与传承融入新型城镇化建设和乡村振兴战略之中。第二，审视学校教育对民俗文化传承的独特价值，为民俗文化如何融入学校生活提供借鉴经验。通过挖掘传统民俗的现代教育价值，把优秀的民俗文化融入学校生活，不仅可以发挥民俗文化的教育价值，也为新时代传统民俗文化的传承找到新的平台，促使优秀民俗文化基因世代相传。

第四节 研究思路和方法

一 研究思路

民俗文化是中华优秀传统文化的重要构成，保护、传承、弘扬和发展民俗文化并不是少数人的事情，而是每个人的责任。民俗文化的传承和保护最重要的是"人"的价值呈现。人的重要性成为民俗文化研究的核心主题。本书在三个研究假设基础上开展研究：一是民俗是文化意义的表达，它的传承和保护不是静态的"遗址保存"，而是文化记忆的延续与呈现。二是教育是传承文化生命基因的途径，形塑文化记忆是新时代学校教育的文化使命。文化与教育是互联互动的，不是仅仅以民俗作为教育对象，而是通过民俗进行教育。三是仅仅从认识论角度理解学校教育是不够的，必须关注文化维度的个体发展，阐释民俗文化对人的集体记忆、乡土情结和文化认同等方面的影响。

本书在文化传承与教育关系分析的基础上，注重踏入教育"田野"，采用实证研究方法，以文化记忆理论为视角，分析新时代背景下民俗文化传承的发展路向、教育意蕴和学校教育的独特价值。通过考察苏南地区学校传承民俗文化的实践探索，包括教育资源开发、运作模式和成功经验，在反思实践困境的基础上构建民俗文化传承的学校教育新范式。具体研究思路如图1-1所示：

本书主要从九个部分以苏南地区为例研究学校教育视野下的民俗文化传承。

第一部分"导论"。主要包括问题的提出，分析新时代民俗文化传承面临的挑战和教育的基础作用，梳理相关的研究，以及确定本书研究的问题、思路和方法。

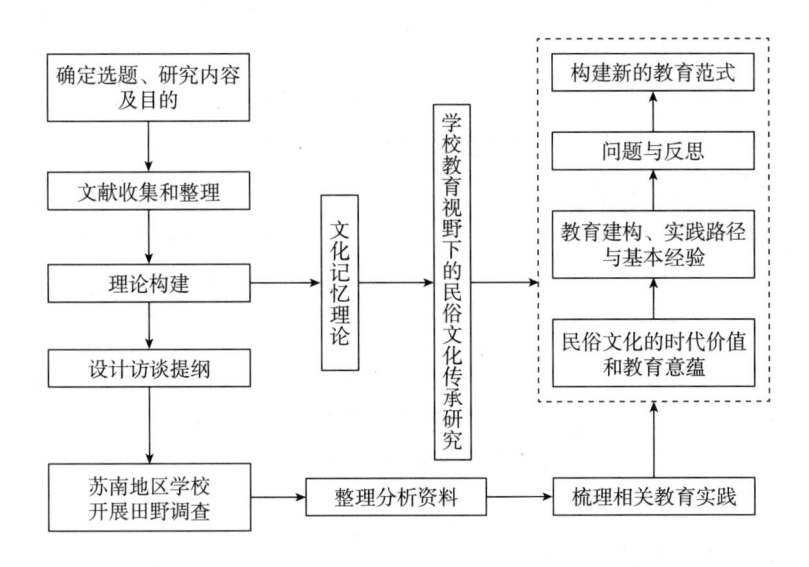

图 1-1　研究思路

第二部分"民俗文化的时代价值和教育意蕴"。主要分析民俗文化的内涵及特征、审视民俗文化的时代价值和教育意蕴，阐明学校教育在民俗文化传承中的独特作用。

第三部分"文化记忆理论及其启示"。主要是整理文化记忆理论的发展历程，从文化记忆与集体记忆、文化记忆与身份认同、文化记忆与承载媒介、文化记忆与身体实践等方面阐述文化记忆理论的基本观点，在此基础上提出对教育与民俗文化传承的启示。

第四部分"从民间到学校：苏南民俗符号的教育建构"。选取方言与童谣、民间艺术（刺绣、民间版画、昆曲）、江南船拳、饮食民俗、节日习俗、古镇与老街等苏南民俗符号研究学校如何进行教育建构。

第五部分"苏南民俗文化传承的学校教育实践"。苏南学校教育传承民俗文化的实践路径有课程建构、日常教学、学生实践活动、建立共同体以及空间建设等方面。

第六部分"苏南地区学校传承民俗文化的基本经验"。苏南地区学校传承民俗文化的主要经验是：学校的文化自觉、课题研究的驱动、学生主体的参与以及行政力量的推动。

第七部分"学校教育传承民俗文化的实践困境"。主要的困境有：一是文化生态的变迁削弱传承的社会基础；二是民俗文化的教育转化存在一定难度；三是师资问题困扰传承的有效实施；四是学校教育的实践偏差影响传承的效果；五是学校教育有其自身的限度。

第八部分"反思与重构：学校教育之于民俗文化的传承使命"。从以生成文化记忆为价值取向、建构地方本位教育、重视民俗文化的教育转化、提高教师的文化素养与能力以及系统构建学校教育传承民俗文化的能力等方面论证重构策略。

第九部分"结语：在教育场域制造更多的'文化相遇'"。重拾民俗价值，传承文化根脉，是新时代教育者义不容辞的责任和担当，我们需要在教育场域制造更多的"文化相遇"。

二 研究过程与方法

以苏南地区为例考察民俗文化传承的学校教育路径是本书研究的基本问题。围绕这一问题，整体研究历经四个阶段。

第一阶段梳理相关研究成果，在了解研究现状的基础上确立本书研究的基本问题。文献梳理涉及：新型城镇化与文化传承的内在关系；民俗文化传承路径与方式；民俗文化与教育传承；学校教育视野中的民俗文化传承等相关内容。对文献的分析与评论不仅有利于确定本书的研究定位，也为书中观点的阐述奠定基础。

第二阶段确定理论依据和开展田野考察。一是寻找教育与民俗文化传承的相关理论基础。包括文化记忆理论、本土知识理论（Indigenous knowledge）、多元文化教育、地方本位教育（place - based education）等。二是选取无锡、苏州、常州重视民俗文化传承的学校开展调研，共调研中小学学校和幼儿园 30 余所，积累了大量案例和田野研究资料。比较典型的实践方式有：无锡羊尖实验小学的锡剧传承，堰桥实验小学的乡土民俗文化传承，苏州田家炳中学姑苏文化课程，苏州越溪实验小学的江南船拳传承，苏州庙港小学的太湖文化课程，无锡泰伯幼儿园的吴文化课程，常州雕庄小学的民俗文化综合实践活动课程以及常州勤业小学的民俗文化教育，等等。三是利用在英国诺丁汉大学访学机会实地考察英国的遗产学校项目（Heritage School）以及博物馆教育和文化传承教育等。以博物馆学习为基点，了解英国校外教育（场馆学习）课程设计、开展实施情况以及与文化传承之间的关系。

第三阶段着手选取具有优秀历史文化底蕴和文化遗产的街道和古镇进行调研，关注社区教育在民俗文化传承中的作用。同时深入部分幼儿园、中小学校进行调研，了解学校如何与社区有效互动，学校领导如何发现、整理和挖掘基于民俗文化的教育资源，以及学校开展民俗文化教育的具体实践。另外，考察学校如何联结校外教育通过场馆学习推动儿童民俗文化教育。

第四阶段系统归纳和提炼文字资料，撰写书稿。这一阶段主要根据调研学校的具体实践，提炼学校传承民俗文化的有效机制，包括研学旅行，学校空间（校园环境和民俗文化场馆），综合实践活动，校本课程开发，学科教学，少先队活动（红领巾小导游）等。

第二章　民俗文化的时代价值和教育意蕴

第一节　民俗文化的内涵及特征

文化传承是民族延续的根基。在漫长的历史演变中，相对聚居人群形成的一种应对生活和表达感情的特定方式。民俗作为一种扎根生存需求与生活实践的经验传承系统，是地域思想观念和文化内涵凝聚而成的产物。民俗是孕育一切文化的基质，其传承不仅牵涉承载与延续传统文化基因，也有利于塑造人之"根"的意识和文化记忆。

一　民俗文化的内涵

文化是特定群体共有的信仰、惯例、传统、风俗、价值等，并以符号、象征、艺术、语言等方式进行显在的表达，凝聚特定群体的身份认同。文化的经典定义由英国文化人类学创始人泰勒提出，他将文化归纳为整个生活方式的总和，"文化，或文明，就其广泛的民族学意义上来说，是包括全部的知识、信仰、艺术、道德、法律、风俗以及作为社会成员的人所掌握和接受的任何其他的才能和习惯的复合体。"[①] 民俗是特定区域内的民众群体在长期的实践活动中形成的文化传统，是历史积淀的被群体共同遵循或认可的行为模式。"民俗"一词是由英文"Folk-lore"翻译而来，它是由英国民俗学会创始人之一汤姆斯（W. J. Toms）

[①]　[英] 爱德华·泰勒：《原始文化》，连树声译，广西师范大学出版社2005年版，第1页。

提出，本意指"民众的知识"或"民间的智慧"。民俗是由民众创造和享用的文化，直接反映了民众的生活与各种体验。民俗渗透了地域与族群文化所传达的意义体系。20世纪初期，英国民俗学家班尼（C. S. Burne）在其所著《民俗学概论》（*The Handbook of Folklore*）中说："民俗包括民众心理方面的事物，与工艺上的技术无关。例如民俗学家所注意的不是犁的形状，而是用犁耕田的仪式；不是渔具的制造，而是渔夫捞鱼时所遵守的禁忌（taboo）；不是桥梁屋宇的建筑术，而是建筑时所行的祭献等事。"[1] 这种把人类有形的物质文化排除在外的观点有一定的局限性，但对于思考民俗的文化内涵和意义指向有一定的帮助。文化功能学派的代表人物马林诺夫斯基则把风俗看作是"一种依靠传统力量而使社区分子遵守的标准化的行为方式"[2]，更多地强调民俗的社会治理和行为规范功能。

民俗与日常生活密切相连，它是民众所创造、践行和传承的生活文化传统。关于民俗的内涵，高丙中教授认为："民俗是各种群体的基本文化构成，这是没有什么疑问的。基本文化称其为民俗，不在于它是民间文化，最基本的在于它是生活文化。……民俗是人们日常的、年复一年的，以至代代相传的活动方式，是人们的基本活动的文化模式，人们基本的生活内容就是把生命投入到约定俗成的活动方式中去。"[3] 该概念突出了民俗的生活性和内涵的丰富性。民俗学家钟敬文先生主张关注民众的生活相，认为"民俗起源于人类社会群体生活的需要，在特定民族时代和地域中不断形成、扩展和演变，为民众的日常生活服务。民俗一旦形成，就成为规范人们行为、语言和心理的一种基本力量，同时也是民族习得、传承和积累文化创造成果的一种重要方式。"[4] 民俗具有一定的生命活力和精神内涵，要用发展的、动态的观点来研究民俗文化。在城镇化和全球化的时代背景下，有学者关注民俗文化传承的重要性，并对民俗文化进行新的解读。刘爱华（2016）认为，"民俗文化是群体社会长期以来形成的约定俗成的规范准则，它遵循社会、自然发展

---

[1] 叶涛：《民俗特质论》，《民俗研究》1991年第4期。
[2] ［英］马林诺夫斯基：《文化论》，费孝通等译，华夏出版社2002年版，第90页。
[3] 高丙中：《民俗文化与民俗生活》，中国社会科学出版社2000年版，第144—145页。
[4] 钟敬文：《民俗学概论》，高等教育出版社2010年版，第2—3页。

规律，投射出人类的整体思维、集体观念及意识，经历了岁月的淘洗和沉淀，具有和谐的文化因子。"① 民俗作为一种特有的文化形式，是民族的精神家园和血脉。唐代兴（2012）从国家软实力的角度思考民俗的功能，认为"民俗是一种无法言说的文化魅力和生命魅力，它指向大众，既展开为一种生存习惯、文化习惯、行动习惯，更表现为一套完整的礼仪系统。因而，民俗是通过大众的身体力行而得到保持、传承和革新的。所以，民俗作为一种国家软实力，它指向大众和大众生活的过程，就是重新塑造人性，全面开发人的身心，使人人都能道德的生活，其表现方式就是移风易俗。民俗事实上构成了一个民族国家生存发展的文化指南。"② 可见，民俗不仅仅是一种文化现象，也是民众生活的有机组成部分，更是塑造人的行为、心理的基本力量。

二 民俗文化的基本特征

我们的生活不是以自然为基础，而是以习俗或惯例为基础。民俗是最贴近生活的文化传统，是人类群体的生存基础或者文化根基。

（一）民俗文化是一种"小传统"，体现鲜明的地域性

美国著名人类学家、社会学家罗伯特·芮德菲尔德（Robert Redfield）在其著作《农民社会与文化——人类学对文明的一种诠释》（1956）中将文化传统分为"大传统"（great tradition）和"小传统"（little tradition）。他说："在某一种文明里面，总会存在着两个传统：其一是一个由为数很少的一些善于思考的人创造出的一种大传统，其二是一个由为数很大的但基本上是不会思考的人创造出的一种小传统。大传统是在学堂或庙堂之内培育出来的，而小传统则是自发地萌发出来的，然后就在它诞生的那些乡村社区的无知的群众的生活里摸爬滚打挣扎着持续下去。"③ 民俗文化是由民众创造、享用和传承的下层文化，

---

① 刘爱华：《城镇化语境下的"乡愁"安放与民俗文化保护》，《民俗研究》2016 年第 6 期。
② 唐代兴：《国家软实力的构成及其功能体系》，《西南民族大学学报》（人文社会科学版）2012 年第 12 期。
③ ［美］罗伯特·芮德菲尔德：《农民社会与文化——人类学对文明的一种诠释》，王莹译，中国社会科学出版社 2013 年版，第 95—97 页。

作为一种"小传统",它是凝聚一个共同族群或社区的历史文化纽带。刘宏森教授(2014)说:"传统文化不仅包括由知识分子反省深思所产生的精英文化,即所谓的正统、经典文化,也包括社会大众所代表的民间文化,民间文化是传统文化的基础,与人民群众的生活、习俗等有紧密的联系。"① 可见,民俗文化是传统文化的有机构成,它存在于地方共同体代代相传和共享文化的记忆、传统、神话以及象征之中。

民俗文化是一个地区性格、特点及其传统的反映和表现,蕴含了族群繁衍生息的文化密码。独特的地理空间往往是"一地"区别于"他地"最重要的文化语境。民俗文化特色的形成与所处的地理环境、自然条件和历史文化背景密切相关,其建构体现地方特殊的时间、空间关系,呈现出浓郁的地方性色彩,使得民俗文化既有传统文化的传承性因素,又有不同地域的差异性、丰富性和多样性。可见,民俗文化具有本土性,它在日常生活中有着丰富的地方性表达,是一个地方文化的底蕴和标志性符号。

(二)民俗文化不是遗留物,具有当代价值

民俗是特定地域人群中长期存在或沿袭固定下来的习俗惯例,但并不意味着民俗与高速发展的现代社会不相合拍。民俗不是已经僵死的或古老文化的遗留物,而是活生生的一种艺术。传统是现代的根基和起点,也是指向未来的基石。民俗作为一种传统,本身就是一种存在于今天的世代链条。正如美国文化社会学家爱德华·希尔斯所言:"即使我们承认,每一代人都要修改前辈传递下来的信仰和行为范例,我们还必然会发现,大量的信仰过去被拥护,现在仍然被拥护,许多行为范例过去被奉行,现在仍然被奉行,而且,这些信仰和模式与近期出现的范型相互并存。"② 作为传统的民俗文化与现代不是截然的对立物,二者是可以相互补充、融合发展的。我们在创造新科技文明的同时,不能把原有蕴含精华成分的惯例和传统抛弃掉。

传统为了生存下来,不断采取新的形式适应新的环境。民俗文化具

---

① 刘宏森:《青少年传统文化教育的四大障碍》,《中国青年政治学院学报》2014 年第 3 期。

② [美]爱德华·希尔斯:《论传统》,傅铿、吕乐译,上海人民出版社 2009 年版,第 95 页。

有一定的稳定性,但也不是一成不变的,它会因时代、文化以及环境的变迁而产生变异,不断适应社会和人们的需要,在传承中发展。民俗可能是打开过去的一把钥匙,它同样反映了现在的文化,在延续的过程中不断融入富有时代特色的文化元素。因此,民俗文化始终处在变化发展之中,变化是民俗文化适应社会发展的新方向而进行的自我重构,而在重构的过程中民俗的内核和精神则被传承和延续。

(三)传承是民俗文化的基本特征,蕴含情感和文化认同

文化是一种力量,更是一种传承。所谓文化传承是指"文化在一个人们共同体(如民族)的社会成员中作接力棒似的纵向交接的过程"[1]。民俗是在长期的生产生活实践中形成的群体性代代相传的思想原型与行事方式。民俗所彰显的功能决定了它的传承性特征。所谓"传承"意味着民俗一旦被类型化成为指导人们生活方式和行为的准则时,就会像基因一样世代相传。"某种文化现象一旦在人们的心底扎下了根子,并形成一种习俗,它就会以一种不成文的法则在民众中代代相传,虽经千百年而始终未衰,这种民俗传承的力量是十分惊人的。像摔跤、拔河、斗牛、射鹄、围棋、击壤等这些秦汉甚至春秋、战国时期的游戏品种,直到今天依然存在,两千余年的风风雨雨没有毁灭它们,一代一代的人死去了,一个又一个王朝覆灭了,而这些游戏却长存下来。"[2]传承是民俗的基本特征,但民俗文化在传承过程中有动态变化的特点,不断融入时代的文化元素,在发展中得到传承,在传承中不断丰富。

民俗文化与人的生产生活息息相关,也与人的情感最贴近。民俗文化是由特定地域的某一群体在生产生活的过程中积淀下来的经验、知识、技巧和智慧,更是特定群体和个人在情感上的一种表达形式。这种表达形式被群体内成员所认可,并能够在情感上和文化价值上获得群体的认同。"民俗文化是一种基于大众日常生活需求的富有人性关怀的生活文化,它追求人—社会—自然的和谐统一,观照大众的生活世界和情感诉求。"[3]民俗是集体的心态、语言和行为模式,特定群体为凝聚集

---

[1] 赵世林:《论民族文化的传承本质》,《北京大学学报》2002年第3期。
[2] 麻国钧:《中国传统游戏大全》,农村读物出版社1990年版,第3—4页。
[3] 刘爱华:《城镇化语境下的"乡愁"安放与民俗文化保护》,《民俗研究》2016年第6期。

体情感开展有别于其他群体的民俗活动来获得文化生活认同。丰富多彩的民俗文化资源是群体成员长期积累下来的认同感意识的结晶，它既是维系民众的情感因子，也是共同记忆的文化源泉。

（四）民俗文化源于生活实践，是民众集体创造的文化

民俗文化以各种民俗事项存在于人们的多彩生活中，并通过日常的生产、生活行为影响人的发展。可见，民俗文化源于生活实践，与人们日常的生产劳动和生活行为紧密相关，涉及人们的风俗习惯、衣食住行、民间技艺等方面，是广大民众创造、享用和传承的生活文化。例如，很多民俗体育项目是在人们日常的劳动和生产方式中诞生的。著名学者葛兆光说道，"在上层文化人看起来很粗鄙的民间活动，在一般人的生活世界里倒是非常重要的，它才是真正影响大多数人生活的东西"。[1] 民俗文化是在具体的民间生活中产生和发展起来的，凝练民众质朴的价值取向与生活哲学，包含民众最朴实的生存智慧与生活艺术。民俗文化的传承是一种生活方式的延续和传承，它既是物质的，也是精神的，既是一种行为，也是一种观念，是民众可共享的文化记忆。

民俗不是个体的行为，有着深厚的群众基础，它是社会、集体的创造。不同民族、不同时代、不同地域的人由于客观环境、生活状况和生产活动的需要，在语言、行为、心理上逐渐形成某种生活模式，并不断扩散和演化，成为一种集体习惯。民俗"首先是社会的、集体的，它不是个人有意无意的创作。即便有的原来是个人或少数人创立和发起的，但是它们也必须经过集体的同意和反复履行，才能成为民俗。其次，跟集体性密切相关，这种现象的存在，不是个性的，而是类型的或模式的。再次，它们在时间上是传承的，在空间上是播布的。"[2] 民俗文化体现了当地民众生存的文化逻辑，它建立在民众共同的需要和心理的基础上，是由集体创造、享用、保存和传承的文化。即使民俗文化起初由个人发起，但一定要经过群体成员的认可和践行才能上升到程式化的行为模式而稳定地传承于后代。

---

[1] 葛兆光：《古代中国文化讲义》，复旦大学出版社2007年版，第169页。
[2] 陶立璠：《民俗学概论》，中央民族学院出版社1987年版，第8—9页。

第二节　民俗文化的时代价值审视

文化影响人的思维方式和认知旨趣，是引导我们做出实际行动的潜在力量，而民俗文化作为一种模式化的文化事项为人们提供了一套保障生活意义和精神价值的秩序规范。在新的时代背景下，重新审视民俗文化的价值和保护珍贵的民俗文化遗产成为当代社会的共识。

一　民俗文化的传承就是建构集体记忆的过程

集体现象基本上是传统或文化的，因为它们从一代传至下一代，而且人们对它们有强烈的依附感。任何人都出生于某种特定的群体，该群体在生存和生活实践中首先约定了自己的习俗惯制体系。这些习俗惯制尽管可能会发生某些变异，但因共同的连锁联结其间使得在群体中世代相传，通过多种方式来建构人的集体记忆。关于过去的知识影响和塑造着我们的生活，集体记忆让过去在当代"活"起来。哈布瓦赫将集体记忆定义为："一个特定社会群体之成员共享往事的过程和结果，保证集体记忆传承的条件是社会交往及群体意识需要提取该记忆的延续性。"[1] 除了社会共同的规则外，源于过去和历史的习俗发挥作用，以更强大的方式给群体成员渗透观念和情感，从而实现集体记忆的延续和群体传统的巩固。集体记忆在群体中代代相传，把成员融合在一起。过去不是被原封不动地保留下来的，而是在现在的基础上进行重新建构。因而，集体记忆是立足于现在对过去的一种建构。

人不可能与过去的纽带相断裂，其实人的生活有着深远的历史延续性。民俗代表一个重要的工具，个人可以依循它寻找过去，来探寻生活的意义和文化之源。"这种近乎神秘的民俗文化凝聚力，不但要使朝夕生活、呼吸在一起的成员，被那无形的纤绳捆束在一起，把现在活着的人跟已经逝去的祖宗前辈连接在一起。"[2] 民俗蕴含丰富的历史内涵，

---

[1] ［法］莫里斯·哈布瓦赫：《论集体记忆》，毕然、郭金华译，上海人民出版社 2002 年版。

[2] 钟敬文：《民俗文化的民族凝聚力——为增强中华民族凝聚力学术讨论会》，《民俗文化学：梗概与兴起》，中华书局 1996 年版。

其主体部分形成于过去，是塑造人的"根的意识"的精神原乡。民俗传统的代际传承和再创造，使"单个个人拥有一个过去，一个超越了个人的，超越了个体的往日历程的过去，并且同时使某种属于前人的东西得以在不断到来的今人中继续留存"，给个体提供"一种把生命留存在连绵不断的世代连续记忆链的记忆中的可能性"。① 传统民俗展现出来的风俗习惯塑造一代又一代人共同的行为与模式，沟通了代与代之间以及不同历史阶段的连续性和同一性。民俗文化是形成集体记忆的原材料。民俗文化的重现过程就是集体记忆建构的过程，而集体记忆为归属感的产生和集体认同提供基础。集体认同建立在成员们占有和享受共同的知识系统和共同记忆的基础上，而这一点是通过使用共同的象征系统来实现的。所谓共同的象征系统可以是拥有共同的语言、信仰、饮食、历史遗迹、节日、仪式等，这些在促进集体认同过程中都可转换成符号系统，并对其背后的象征性意义进行共同性编码。② 对这些象征意义进行编码则是对民俗文化进行意义解释和精神升华的过程，从而进一步强化集体记忆，增强人的认同感。

"任何民俗，说到底，都是一定民众群体共同心愿的显现。是一定民众群体心愿的'我们感'，正是这种'我们感'，构成了人类文化生命的 DNA。它类同于人类生物生命的基因，以一种创造和再创造的文化密码，延续并制约人类文化生命的成长。"③ 民俗作为人类文化生命的基因不是天然产生的，而是需要人在一定的环境中反复实践和锤炼才得以延续。在今天，民俗文化生长的生态环境发生巨变，发源于乡土社会的民俗文化遭遇现代化的打压。"现代化的发展毫不留情地损害着传统民俗文化赖以存在的条件和基础。以传统民俗文化作为生活导向的那种传统社会，实际上已经支离破碎，不复完整存在；全人类几乎都在行为上和心理上尽力适应这个剧烈变动的现代社会。"④ 加上城镇化和全

---

① ［德］诺贝特·埃利亚斯：《个体的社会》，翟三江、陆兴华译，译林出版社 2003 年版，第 261 页。
② ［德］扬·阿斯曼：《文化记忆：早期高级文化中的文字、回忆和政治身份》，金寿福、黄晓晨译，北京大学出版社 2015 年版，第 114 页。
③ 陈勤建、周晓霞：《略论民俗与民族精神》，《上海行政学院学报》2004 年第 4 期。
④ 乌丙安：《论当代中国民俗文化的剧变》，《广西民族学院学报》（哲学社会科学版）1996 年第 2 期。

球化的影响，民俗文化赖以生存的乡土环境越发脆弱，一些优秀的民俗文化载体正在消失和消退，"与先前世代的人们理解他们的过去相比，当代人根本不可能更好地理解自己的过去，而只会过分强烈地从当代出发理解过去的意义。可以说，我们正在用现在替代过去。"① 当人不能很好地理解过去时，就出现了记忆的危机，进而影响人的文化和集体认同。在新的时代背景下，我们既要重新思考民俗文化与城镇化之间的关系，也要探索民俗文化对现代的再适应，重塑民俗文化对民众的吸引力，从而让优秀的文化传统彰显时代的魅力。

二 民俗文化是中华优秀传统文化的重要组成部分

所谓传统，是被保存在一定群体之中，并为后代所运用的文化形式。"传统是一个社会的文化遗产，是人类过去所创造的种种制度、信仰、价值观念和行为方式等构成的表意象征；它使代与代之间、一个历史阶段与一个历史阶段之间保持了某种连续性和同一性，构成了一个社会创造与再创造自己的文化密码，并且给人类生存带来了秩序和意义。"② 传统连接着过去、现在和未来，是人类生存和发展的文化基因。钟敬文认为，中国传统文化有三条干流，分别是上层精英、中层市民和下层农民的文化。处于主流位置的中华传统文化由上层精英创造，它往往也成为雷德菲尔德所说的"大传统"。而地方文化则由中层市民和下层农民创造，由于只在一地传承，就成为相对于"大传统"的"小传统"。由于创造主体是中下层人士，导致民俗文化成为地方文化的重要内容。"大传统"的中华文化具有理论性强、体系完整、表述精致等特点，作为"小传统"的地方文化则糅合地方特色内容，表现为各种风俗。③ 不同地域的民俗文化不同，但都在中华文脉的孕育中。开展"传统文化进校园"，不仅仅是国家层面的文化元素，还包括地方特色的民俗文化元素。通过学习民俗文化，不仅能够了解地方文化，还可以借由

---

① ［法］阿尔贝特·施韦泽：《文化哲学》，陈泽环译，上海人民出版社2017年版，第66页。
② ［美］爱德华·希尔斯：《论传统》，傅铿、吕乐译，上海人民出版社2009年版，第10页。
③ 钟敬文：《民俗学概论》，高等教育出版社2010年版，第35页。

地方文化认识中华传统文化的多样性,进而提高对中华文化的整体认识。

民俗文化虽产生于传统农耕社会,却包含中华民族丰富而超群的生存智慧和劳动技艺,它隐藏着中华民族生生不息、代代相传、最具生命力的文化基因。乡土传统和民俗文化是中华文化的根基与源泉,民间礼仪、民间节日、民间习俗、民间艺术等都体现了华夏儿女的精神信仰。民风民俗直接体现出一个民族的性格特征,是民族发展与进步的精神动力。时代的发展绝不能以丧失各具特色的民俗文化传统为代价。一个缺乏民俗文化传承的民族,即使有发达的物质文化,也缺乏存在的"精神之根",容易受到外来文化的侵蚀。我们需要认识到中华文化的"多元一体"特征,在倡导"核心信仰和价值观体系"的同时,也要关注具体的地域文化和群体文化传承的意义。

如何对待中华传统文化是近年来党和国家关注的热点话题。2013年,《中共中央办公厅关于培育和践行社会主义核心价值观的意见》中明确提出:"发挥优秀传统文化怡情养志、涵育文明的重要作用。中华优秀传统文化积淀着中华民族最深沉的精神追求,包含着中华民族最根本的精神基因,代表着中华民族独特的精神标识,是中华民族生生不息、发展壮大的丰厚滋养。"[①] 党的十九大报告指出:"文化自信是一个国家、一个民族发展中更基本、更深沉、更持久的力量。"文化自信的"根"和"魂"植根于中华优秀传统文化之中。"民俗文化作为中华传统文化的重要组成部分,铭刻着中华民族在历史演变中形成的价值观念和审美理念,凝聚着中华民族代代相传的知识、经验、技艺、智慧乃至人生哲学,是文化延续和传承的重要载体,蕴含着广大人民群众的文化自觉、文化自信和文化信仰。"[②] 民俗文化是个体精神成长的文化土壤。传承和发展优秀民俗文化,不仅是弘扬中华优秀传统文化的重要手段,也对培养人的"根"的意识和文化自信具有重要意义。进入新时代,民俗文化的保护、传承与发展将日益受到重视。民俗知识的学习,可以

---

① 中共中央办公厅《关于培育和践行社会主义核心价值观的意见》,中国共产党新闻网,http://cpc.people.com.cn/n/2013/1224/c64387-23926146.html。

② 陈亮:《论民俗文化传承保护中的制度创新——以宁海县为例》,硕士学位论文,宁波大学,2015年。

使青少年感受到中华文化的博大精深和中国人民的勤劳智慧，从而引导青少年增强文化自信和价值观自信。

三 民俗文化蕴含丰富的非物质文化遗产

民俗作为一种悠久的历史文化传承，属于文化遗产范畴。"作为社会进化的产品和作为文化遗产的组成部分非常重要的内容是传统习俗和准则，这些习俗和准则构成了不同民族的特征。"[1] 在今天的现代社会，我们无法将民俗文化的存续委任于自然状态，而要积极地将民俗文化视为振兴地域的有效资源，重视民俗文化的保护、挖掘、传承与创新，把文化遗产世代相传。这些文化遗产具有一定的地域特征和时代特征，包括物质遗产（工具、器皿、工艺建筑、人工制造的物品等）和精神遗产（传统习俗、戏曲、音乐、口传文学等），后者又表现为非物质文化遗产。非物质文化遗产（intangible cultural heritage）是指被各群体、团体、有时为个人所视为其文化遗产的各种实践、表演、表现形式、知识体系和技能及其有关的工具、实物、工艺品和文化场所。[2] 非物质文化遗产是农耕文明的产物，流淌着民俗文化的血液。"非物质文化是一种与乡间风俗习惯、自然生态环境以及社会生态环境紧密相连的文化，是一种凝聚乡间生活态度与生活艺术的文化，是一种积淀了历史的群众主体参与的民俗文化。"[3] 2003 年颁布的《世界保护非物质文化遗产公约》和 2011 年颁布的《中华人民共和国非物质文化遗产法》将很多民俗文化归类于非物质文化遗产，并通过立法进行保护。非物质文化遗产衔接过去、现在和未来的记忆，显示出生命活力和存在意义。民俗文化蕴含着大量的非物质文化遗产，不仅承载着传统文化之根，也肩负了现代文化认同的重任，应当对这些文化遗产积极保护和传承。

非物质文化遗产根植于民间，来源于生活。不仅有风俗习惯、民间仪式、工匠技术，还有民间文学、民间音乐、民间舞蹈和民间美术等，具有鲜明的地方特征，也包含了很多的民俗元素。以苏南地区为例，被

---

[1] ［美］巴格莱:《教育与新人》，袁桂林译，人民教育出版社 2005 年版，第 26 页。
[2] 乌丙安:《非物质文化遗产保护理论与方法》，文化艺术出版社 2010 年版，第 65 页。
[3] 李占伟:《非物质文化遗产的当代道德价值探究》，《民俗研究》2013 年第 5 期。

称为"姑苏三宝"的非遗民俗文化活动（古胥门元宵灯会、"轧神仙"庙会、端午习俗）构成苏州古城生生不息的文化命脉。很多非物质文化遗产都是以民俗文化为根的，如：苏州的昆曲、评弹、苏绣以及各种民间工艺等；无锡的锡剧、惠山泥人、宜兴紫砂陶制作技艺以及泰伯庙会等；常州的直溪巨村舞龙、常州梳篦、常州小热昏等。

表2-1　　　江苏省苏州第一批非物质文化遗产名录

序号	项目类别	项目名称
1	民间舞蹈	常熟滚灯；千灯跳板茶；花鼓；甪直连厢；陆家段龙舞
2	民间美术	苏州石雕（金山石雕；藏书澄泥石雕）
3	传统手工技艺	苏州碑刻技艺；常熟花边制作技艺
4	民间文学	吴歌（河阳山歌；白茆山歌；芦墟山歌；双凤山歌；胜浦山歌）
5	民间音乐	古琴艺术；江南丝竹；苏州玄妙观道教音乐；十番音乐（常熟）
6	传统戏剧	昆曲；苏剧；苏州滑稽戏；七都提线木偶
7	曲艺	苏州评弹（苏州弹词；苏州评话）
8	民间美术	桃花坞木版年画；苏绣；竹编
9	传统手工技艺	宋锦织造技艺；苏州缂丝织造技艺；香山帮传统建筑营造技艺；苏州御窑金砖制作技艺；明式家具制作技艺；制扇技艺；剧装戏剧制作技艺
10	民俗	端午节；苏州甪直水乡妇女服饰；七夕节（太仓七夕习俗）；灯会；庙会（苏州"扎神仙"庙会、东山庙会）
11	传统美术	光福核雕；苏州玉雕；苏州泥塑；虞山派篆刻艺术
12	传统技艺	苏州灯彩；苏州民族乐器制作技艺
13	传统医药	医药传统制剂方法（雷允上六神丸制作技艺）

资料来源：苏州非物质文化信息网，http://www.szfwzwh.gov.cn/gjml/c58。

表2-2　　　无锡市省级、市级非物质文化遗产项目部分名录

序号	项目类别	项目名称
1	民间文学	谜语（无锡灯谜）、吴歌、红豆传说、梁孟传说、徐霞客故事
2	传统音乐	江南丝竹、十番音乐（十番锣鼓）、宜兴丝竹、二胡艺术、无锡道教音乐、唐调、古琴艺术

续表

序号	项目类别	项目名称
3	传统舞蹈	男欢女喜、龙舞（段龙舞、玉祁龙舞）、凤羽龙、茶花担舞、渔篮虾鼓舞、渔舟剑桨、盾牌舞、渔篮花鼓、荡湖船、马灯舞、狮舞、蚌舞、凤舞、马叉舞、大刀舞、滚灯、猴棍
4	传统戏剧	锡剧、滑稽戏
5	曲艺	无锡评曲、无锡宣卷、苏州评弹、小热昏、唱春、三跳道情
6	传统美术	宜兴手工刻纸、无锡纸马、惠山泥人、无锡精微绣、无锡留青竹刻、真丝绢花、无锡碑刻、青砖雕刻、糖塑、面塑、木雕、麦秆画、珠绣、建筑灰塑、桃木雕刻、无锡剪纸、微雕、清明桥灯彩、内画
7	传统技艺	无锡酱排骨制作技艺、玉祁双套酒酿技艺、宜兴青瓷制作技艺、陶器烧制技艺、宜兴龙窑烧制技艺、宜兴陶传统仓储技艺、锡帮菜烹制技艺、太湖船菜、太湖船点、清水油面筋、酱油酿造技艺、王兴记小吃、精细木作技艺、黑杜酒酿造技艺、惠山油酥制作技艺、梨膏糖制作技艺等。蓝印花布织染技艺、竹篾工艺、黄酒酿造技艺、锡式铁具、米酒酿造技艺、灵山素饼制作技艺
8	传统体育、游戏与杂技	撂石锁（无锡花样石锁）、九连环
9	民俗	庙会（惠山庙会、西塘庙会、净慧寺庙会、甘露烈帝）；宜兴观碟节

资料来源：无锡非物质文化信息网，http://wgxj.wuxi.gov.cn/fzlm/fwzwhyc/dbxxmml/index.shtml，根据省级、市级名录整理而成的。

表2－3　　常州市非物质文化遗产项目部分名录

序号	项目类别	项目名称
1	民间文学	董永传说、常州宣卷、孟姜女传说、常州宝卷
2	传统音乐	常州吟诵、天宁寺梵呗唱诵、泓口丝弦、戴埠太平锣鼓、乾元观道教音乐
3	传统舞蹈	跳幡神、谈庄秧歌灯、万绥猴灯、指前鱼灯、蒋塘马灯舞、直溪巨龙、太平龙灯、回民马灯
4	传统戏剧	锡剧、常州滑稽戏、上阮花鼓戏
5	曲艺	常州小热昏、常州唱春、常州道情

续表

序号	项目类别	项目名称
6	传统美术	金坛刻纸、常州乱针绣、常州留青竹刻、常州梳篦、常州象牙浅刻、常州周氏剪纸
7	传统技艺	金坛封缸酒酿制技艺、常州梨膏糖制作技艺、常州萝卜干制技艺、横山桥百叶制作技艺、虎头鞋制作技艺、四喜汤圆制作、常州糖醋小排
8	传统体育、游戏与杂技	金坛抬阁、阳湖拳、常州划龙舟
9	民俗	柚山放灯节、杨桥庙会、常州茶筵
10	传统医药	钱氏中医儿科、老人山程氏中

资料来源：常州市非物质文化信息网，http://www.changzhou.gov.cn/ns_class/2012zt_03。

四 民俗文化是实现乡村振兴的文化力量

关注乡村发展是新时代的战略议题。党的十九大提出实施"乡村振兴战略"。2018年1月2日，中央一号文件《中共中央、国务院关于实施乡村振兴战略的意见》发布。乡村振兴战略是一个综合战略，包括产业振兴、人才振兴、文化振兴、生态振兴、组织振兴等多个领域。该战略用"乡村"取代"农村"概念，意在把乡村看作是独立的文化单元。乡村振兴需要厚植文化力量，需在风貌塑造上留住乡村的"形"，在文化传承上守住乡村的"魂"。2018年9月26日，中共中央、国务院印发的《乡村振兴战略规划（2018—2022年）》指出："保护利用乡村传统文化""实施农耕文化传承保护工程""重塑乡村文化生态""支持农村地区优秀戏曲曲艺、少数民族文化、民间文化等传承发展"等措施。产生于农耕社会的民俗文化，经过历史的持续累积、沉淀已经成为扎根于乡村的文化基因，应当借力乡村振兴战略而推动传统民俗文化的保护与建设。乡村振兴中守住文化根脉，保存乡土味道和民俗风情，这是一种新的文化自觉。为此，我们要充分挖掘民俗文化的价值，将其最大限度地融入乡村振兴中，使之在新时代的文明框架中焕发生命活力。

民俗文化总服务于一定的乡土社会，具有突出的文化乡土性、内生性与多元性等特点。丰富多彩的民俗文化构成了地方独具魅力的人文风景，是人的乡土情感和"乡愁"基因的重要载体。随着城镇化进程的加快，人们的生产生活方式日益现代化，民俗文化失去了赖以传承的土壤，脱离乡土文化根脉的传统民俗正在逐渐消逝。而且，大量人口涌入城市，不仅产生了人口的空心化，还造成文化的空心化。当乡村生活方式向城市生活方式变迁时，传统文化资源的流失带来价值观、态度、行为等方面的变迁，致使民俗生存的空间不断被挤压。面对为乡村社会提供价值支撑与精神意义的民俗文化日益衰微的现状，如何在发展中更加珍视历史传承延续民俗文化脉络，为乡村振兴提供助力成为需要探讨的话题。

第三节　民俗文化的教育意蕴

文化与教育是紧密相连的，民俗文化具有丰富的教育意义。在新的时代背景下，我们要重新审视民俗文化的教育意蕴，并对其进行挖掘和转化以使教育功能得到充分发挥。

一　民俗文化是文化认同教育的重要构成

"文化是个人和集体组织起来并从时间和空间上建立认同概念的中介。"[①] 要想在全球化的浪潮中保持中华文化特色、增强文化自信，必要的前提是培养人的文化认同情感。传统文化是文化中最持久、最核心、最有生命力的内容，也是文化认同的重要素材。人们在漫长的生产生活中逐渐形成的民俗文化是世代相传的生活文化传统，不仅可以实现人的纵向的历史联结，也是构成人的文化认同的重要来源。"文化认同教育是指帮助个体对特定文化的认知、认可、接受和融入的活动过程。它始于对某种文化的认知与了解，并在此基础上，构建心理情感的归属，进而转化为外显的行为。"[②] 民俗文化是人为的，也是为人的，它

[①] ［英］戴维·赫尔德：《全球大变革：全球化时代的政治、经济与文化》，杨雪冬译，社会科学文献出版社2001年版，第513页。

[②] 纪德奎、赵晓丹：《文化认同视域下乡土文化教育的失落与重建》，《教育发展研究》2018年第2期。

塑造人的文化归属感与生活的意义。建构关于民俗文化与自我的认知与重塑，本身就是一种文化认同教育过程。

(一) 通过民俗文化可以培养人的身份归属感

文化认同最重要的要素是个人感受到的归属感，通过归属感个人获得探索、表达自身的内在精神动力。社会成员参与各种民俗活动，分享共同的历史传统、习俗规范以及集体记忆，不但能够体会到民俗文化与个人生活的关系，而且形成了对某一群体的归属感。"我们保存着对自己生活的各个时期的记忆，这些记忆不停地再现；通过他们，就像是通过一种连续的关系，我们的认同感得以终生长存。"[1] 基于民俗文化的文化认同具有三个特点：首先，民俗文化是一种群体性文化认同，是人们感知和适应自身文化身份的路径。真正把群体维系在一起的是文化，成员通过分享共同的观念和准则，遵循共同的习俗惯制来获得文化身份的认同。其次，民俗文化是一种生活方式的认同。生活在相近或某一地区的人们分享共同的生活式样，体现个体对生活空间的归属感。最后，民俗认同是一种原生性认同。民俗文化是以原生性为基础的集体同一感，有利于培养人的原乡情怀。"这种'天赐'的故土、语言、血统、外貌以及生活方式，塑造了人们关于他们在骨子里是谁以及和谁的关系水乳交融的观念，其力量来源于非理性的人格基础。"[2] 民俗文化表现出来的是一种行为方式或习惯，而背后则蕴含共同的文化心理。

文化认同是个人或群体确定身份的标志，人都会对自己所属的群体有特别的归属感。群体的维系通过保留、确认和践行传统实现的。身份群体由类似的生活方式、共同的认同感和共同的传统构成，"个体在和群体认同过程中，与自我意识的形成和发展相互协调，个体在一个群体的习俗惯制体系中与其他成员互动而成长，在逐渐形成自我意识的'我'时，总是和群体意识中的'我们'密切关联，这时'我'和'我们'开始共享共同的习俗惯制，在同一的习俗规则中有秩序地共同生活，个体以这个群体为自我存在的场地，在和习俗规则的认同中接受

---

[1] [法] 莫里斯·哈布瓦赫:《论集体记忆》，毕然、郭金华译，上海人民出版社2002年版，第82页。

[2] [美] 克利福德·格尔茨:《文化的解释》，韩莉译，译林出版社1999年版，第312页。

习俗的培养，建立起'我'和'我们'的情感。"① 人是社会中的人，每个人与生俱来有群体归属感，而相同的民俗习惯则是人们从心理到行为认同所属群体的标识。

（二）民俗文化蕴涵着培养国家文化认同的大量成分

民俗文化不只是生活在某个地域的人们简单地重复着世代相传的生活式样，更重要的是它蕴含了中华民族的价值取向、认知方式和生活理念。"民俗文化是中华民族文化的根性文化和母体文化，因其受众的广泛性和本体的生活性，在人类发展演变史上，不断糅合、汲取、重构异质文化元素，形成具有厚重生活土壤的稳定的文化基因，并逐步渗透进华夏子孙的文化血脉中，成为隐藏在华夏子孙心灵中的一种集体无意识，成为华夏民族文化认同的标志和符号。"② 优秀民俗文化蕴含深刻的中华民族精神，体现民众共同的心理素质和文化认同。共同的民俗信仰和习惯把人牢牢凝聚在一起，这是一种神秘而强大的文化凝聚力。以传统节日为例，我国每一个传统节日都是中华文化长期积淀凝聚的产物，节日中的习俗和仪式通过每年的操演、内化成为人们心中的"集体无意识"。

民俗文化蕴含着可以培养国家文化认同的大量成分，也是地域凝聚力、文化向心力的核心组成。反过来，民俗文化通过培养地域认同增强人的民族自尊心和自信心，从而进一步推动国家认同的形成。国家认同可以是基于民俗的多地域文化认同的合体，我们对祖国的感情是从爱家乡开始的。对在校学生开展民俗文化教育，不仅能使他们对灿烂的民俗文化有深厚的情感和强烈的认同，也培养他们对家乡、对民族、对国家的热爱之情，提高国家和民族的自信心和自豪感。"无锡市钱桥中学'留住乡村记忆'的校本课程开发以乡土文化研究为着力点，引导学生关注民俗文化、研究民俗文化、体验民俗文化，并从中感受我们伟大的祖先在日常生活中积累的淳朴、善良、勇敢、自信、诚实、智慧等优秀品质，培养学生对家乡的热爱，对先辈的敬重之感，感受源于生活的优

---

① 乌丙安：《民俗学原理》，辽宁教育出版社2001年版，第57页。
② 刘爱华：《新型城镇化语境下民俗文化反哺的效能与维度》，《民俗研究》2015年第3期。

良品质，以增强学生的民族自信心，强化学生对国家、民族的认同感和责任感，使之成为一代能传承民族精神并有着完善人格和强烈民族认同感的现代中学生。"[1]

（三）民俗文化是培养人的地方认同感的重要养料

对民俗价值的理解与地域社会的认同也是文化认同的重要内容。开展民俗文化教育，有利于保护族群的文化基因和增强人的文化自信以及地方认同感。"文化自信是指人们对自己所属群体的价值体系和生活方式的高度肯定和认同，也是对自己家乡的历史、文化、传统、风物、景观、遗产、自然的高度赞赏和肯定。"[2] 让儿童从小接受民俗文化的教育和熏陶，通过探寻文化印迹、揭示文化溯源，有意识地让当地的习俗惯制和文化因子浸润到个体的成长过程中，在人生最重要的成长阶段给精神世界打下深深的文化烙印，从而成为文化自信、自豪和自觉的人。常州平冈小学在把老常州的一些习俗纳入校本课程，使得久已不见的传统游戏、传统小吃、传统工艺又回到儿童身边，不仅能促进地域传统文化的传承，而且能增强学生作为一个常州人的自豪感。学生在了解传统、学习制作、拓展推广一系列活动中逐步感受和体会老常州人的思想、智慧和才艺，了解中华民族的优秀传统，取其精华，从而不断完善自我、提升品行、人格等多方面的素质。

（四）开展民俗文化教育是帮助新市民子女身份建构的有效机制

在新型城镇化进程中，大量的外地人口涌入城市，这些新市民及其子女期待更多的身份认同。认同问题不仅仅是对先天身份的理解，更重要的是身份形象的建构过程。如何让新市民的子女融入当地，认为自己不是文化的"他者"，重要的是让他们对现居住地保持一种认知与关怀，在情感上不必再固执于出生地的原乡约束，而是对生活成长的地方产生认同，成就自我，建构"人生的新故乡"。对于学校教育而言，就需要采取一系列措施推动新市民子女的文化认同教育，其中最重要的一个方面是开展民俗文化相关内容的教育。

---

[1] 浦国治：《留住乡村记忆——江苏省无锡市钱桥中学创新民俗文化教育侧记》，《创新时代》2015 年第 8 期。

[2] 杨吉华：《乡村振兴战略背景下的文化自信与提升路径》，《中共石家庄市委党校学报》2018 年第 1 期。

无锡市金星中学非本籍新市民学生超过六成，该校为了帮助新市民子女融入本地生活，专门开发了《俫尼无锡人》校本特色课程。教材以无锡方言为切入口，分"学说方言俗语""学唱吴歌锡剧""了解乡土史地""走进乡贤先哲""体味民风民俗""欣赏风景名胜""品味土特名产"七大板块，全方位地引导学生了解和传承无锡乡土文化。作为吴语的重要分支，无锡方言承载了丰富的文化内涵。《俫尼无锡人》不仅是语言课，更是文化课，让无锡未来的新市民有亲切感，同时让学生感受与方言相关的人文、历史、风俗等。江阴虹桥小学以新市民子女居多，为了让他们更好地融入江阴，接纳江阴文化，学校的措施是从非遗入手让学生接触江阴最本土的东西。利用学校作为荡湖船、九狮舞、鱼篮虾鼓舞的传承示范点的优势，把舞蹈特色与非遗相结合，通过现代舞与地方舞蹈的融合，为新市民子女了解江阴打开了另一扇窗户。无锡夹城里中心小学是一所新市民子女学校，该校以锡剧为纽带让新市民子女更好地了解无锡文化，一步步走近无锡。

> 我们有自己的校本教材《锡剧简明读本》，除利用音乐课普及锡剧艺术外，还组建不同层次的兴趣小组，为热爱锡剧的学生搭建更广阔的平台。周二、周三的兴趣小组，针对的是二、三年级的孩子，学习身段、动作、发音等；周五高级社团，针对四、五年级的孩子，学习内容更加专业，还会参与不同级别的表演和比赛。六年级的T同学老家在广西，从小跟随做服装生意的父母来到无锡。自几年前接触锡剧之后，就变成了一个不折不扣的小戏迷，唱起来有模有样，还代表学校多次参加演出。他说："通过锡剧，我更加了解无锡这座城市，对第二故乡的归属感更强了。"（20180320 无锡夹城里中心小学　R教师）

开展民俗文化教育是助力新市民子女融入迁入地的有效路径。既可以开展单一有特色的民俗文化元素的教育，如，前面所提到的无锡市金星中学的无锡方言教育、夹城里中心小学的锡剧教育和江阴虹桥小学的非遗舞蹈教育，也可以开展整体的蕴含民俗元素的地域文化教育。苏州田家炳实验中学外来人口生源占比达到76%，学校以姑苏文化课程基地为中心，向学生普及苏式文化，文化成为提升学校教育教学质量的突破口。该校系统的姑苏文化课程，让新苏州人的孩子充分感受姑苏文化的魅力，让吴地传统文化在他们心中生根发芽。

  我们学校的随迁子女来自全国各地，他们不同的家庭环境、文化构成和教育背景给我们在管理和教育上带来很大的挑战。但我们需要看到，他们的父母为苏州发展做出的贡献，为此我们有责任帮助他们更好地融入苏州，做好新苏州人。而认识、了解和体验苏州的传统文化则是重要途径之一。当然，对于苏州本地学生而言，他们也有必要深入了解家乡文化，做合格的苏州人。为此，我们决定将姑苏传统文化引入学校教育，把姑苏文化的浸润和传承作为学生学习的内容。（20160625　苏州市田家炳初级实验中学　H 校长）

二　民俗文化是乡土教育的基础载体

  乡土是人出生的故乡或长期生活的地方，关涉人文历史、文化传统、生活习俗和自然景观等要素。它体现人对出生和生活空间的特殊情感，是一个人深受其影响，对其具有深厚感情，并有责任维护的地方。乡土不仅是"自然空间"，更是"人文空间"。在这个空间里，人融入了情感，赋予它意义。构成乡土的要素除了空间与内涵之类的具体事项之外，还应该有抽象的要素在内。抽象的要素就是指对乡土所应具备的情感与责任。"乡土有一种归属感、熟悉感、亲切感、价值感、责任感，这种知觉萌发于幼年、少年阶段。"[①] 学校要重视对学生开展乡土教育，帮助学生认识和了解所生活的地方。乡土教育是一种培养学生"原乡情怀"的"根"的教育，通过多种教育方式让学生认识、体验家乡传统文化，培养热爱乡土的情感、觉察自我的文化身份，使其产生认同并愿意改善。"学生在近距离、深层次地感受到乡土价值带来的精神滋养的同时，亦会让他们在潜移默化间对乡土产生更牢不可摧的认可度和更深的情感，从而将这些价值规范作为自己行事的标准，在实践中不

---

① 李玉玲：《教育人类学》，扬智文化事业股份有限公司 2006 年版，第 240 页。

断塑造自己的人格。"① 因而，乡土教育是强调以家乡为主体性，学校为课程发展中心，以乡土语言、历史、地理、艺文、自然为教材；以学生为关注焦点，培养学生热爱乡土的情愫，同时体认自己对乡土的一份使命。

  传统的农耕社会是民俗文化产生和发展的土壤。民俗文化是广大乡民生活方式的传承与延续，是一个地区的历史沉淀和文化传统。"我们越是深入地返回到历史之中，我们就发现人们越是虔诚地恪守他们不容违背的传统。传统被认为是不可侵犯的祖先的遗产，并且是群体共有的财产，它们一代一代地被保存到现在。"② 丰富的民俗文化体现了地方的风土人情、习俗惯例和生活方式等相关内容，蕴含浓浓的乡土气息，是乡土教育的基础载体。将民俗文化渗透到学校教育中，让学生熟悉并实践地方民俗文化事项，传承和发扬民俗文化的优秀因子，让学生真切地感受到家乡丰富的文化元素，更容易产生乡土记忆和强化人的"根"的意识。苏南地区很多幼儿园都会将童谣作为园本课程开发的资源，不仅可以让幼儿学习吴地方言，更重要的是通过童谣的吟唱让幼儿了解家乡、热爱家乡，获得初步的乡土记忆。《无锡是个好地方》是教师根据无锡地方特色自编的方言童谣，幼儿在表演、吟唱的过程中了解无锡特色的风景、特产、小吃和习俗等，更好地了解本土文化，增强他们热爱家乡的情感。而苏州的地名童谣讲的是苏州一到十的地名，外加七座塔，八个方幢和九个浑堂。每个名字都是一个故事，每个故事都含着苏州味道。

无锡是个好地方	苏州地名童谣考
无锡是个好地方，几句闲话讲不完，	一人弄
锡惠公园穷闹猛，一家罗门去白相，	二门口
爬爬山，吃吃茶，看看国宝大熊猫，	三家村
惠山脚下宝贝多，那泥阿福名气大，	思（四）婆巷

---

① 纪德奎、赵晓丹：《文化认同视域下乡土文化教育的失落与重建》，《教育发展研究》2018年第2期。
② [德] M. 兰德曼：《哲学人类学》，阎嘉译，贵州人民出版社1988年版，第261页。

崇安寺，南禅寺，王兴记个小笼包，　　吴（五）趋坊
风味小吃样样有，无锡排骨油面筋，　　菉（六）葭巷
还有阳山水蜜桃，真正甜得不得了。　　七姬庙
太湖风光穷漂亮，蠡园、梅园、鼋头渚，北（八）街上
灵山大佛名气大。蠡湖新城也要去，　　九胜巷
哥搭个喷泉穷极棍。一喷喷到一百米。　十全街
说来说去说不完，无锡是个好地方。　　七塔八幢九馒头

以民俗文化资源为载体开展乡土教育，不仅能够让学生熟悉乡土文化、体验祖辈的生活方式，而且能够重新发现祖辈的智慧、思想和价值。学校开展民俗文化教育，让学生感受民俗文化带来的精神滋养，从而建立情感的联系、致力于乡土文明的发展。无锡厚桥实验小学 Y 校长说道：

> 在厚小，一年级学生能说出自己居住的市、区、街道、社区的名称；知道街道下辖的各个社区的名称。二年级学生则能说出各社区下辖的自然村的名称；能大致知道各社区的方位。三年级学生需了解厚桥街道在无锡地图上所处的方位；能说出几个厚桥的名人故事。四年级便是知道厚桥的几处风景名胜，并能简要说说其中的故事或传说；了解厚桥的特产——水产品、皇冠梨、麦饼。五年级学生了解厚桥谢埭荡的渔业历史；感受渔业文化。六年级更进一步了解厚桥中东村晏家湾的皇冠梨的种植过程、特点；从"梨文化"到"礼文化"的延伸活动。"每年梨花节以及皇冠梨收获的季节，学生们会到现场进行社会实践活动。清明时节，学生们还会一起做清白团子。这非常具有乡土气息，也都提醒着大家不忘本。"
> （20160316　无锡厚桥实验小学　Y 校长）

学校加强乡土教育，最重要的是发掘民俗文化特色以地域之源进行校本课程建设，让学生了解家乡的历史故事、风俗传统、特色小吃、人文古迹等。学校教育教学活动尝试以民俗文化为载体，使乡土文明的符号和记忆成为学校课程的组成部分。以苏州吴江区的校本课程为例，七

都小学的《小桥流水》带着学生看桥、测桥、研桥、护桥，培养学生爱家乡的情感；盛泽实验小学的《丝绸文化校本课程》引导学生从蚕宝宝开始研究，了解"丝绸之乡"的历史和文化；铜罗中学的《酒文化系列校本课程》让学生领略家乡黄酒酿造的历史和工艺，了解家乡人的勤劳、聪慧；辛塔小学《耕乐》提出让学生了解农具的发展历史，在研究中感受劳动人民的聪明智慧。常州平冈小学的校本课程"家乡的味道"则是整体搜罗了老常州的所有老习俗，包括传统游戏：齐心协力、滚铁环、抽陀螺、抓雀子、挑世康、丢沙包、跳皮筋、扔砖头、滚铜板等；传统小吃：贴麻糕、小笼包、酒酿元宵、四喜汤圆、印花糕、重阳糕、三鲜馄饨、月饼、刺猬包、蒸饺等；传统工艺：刻纸、十字绣、虎头鞋、珠珠绣、捏面人、烙糖画、吹糖人、棉花糖、爆炒米等，可谓独树一帜，特色鲜明。这些学校运用乡土民俗资源促进人的发展，既是教导学生认知民俗文化的理性教育，更是培养学生文化传承意识和行为的情意教育。通过让学生了解民俗元素有利于促进学生乡土意识的觉醒，培养有乡土精神的时代新人。

三 民俗文化是实现人的全面发展的重要教育资源

我国著名的民俗学家钟敬文认为，"民间文化不仅是在启蒙时代发挥了教育民众、改造国民精神的重要作用，对现代社会的爱国主义教育、素质教育和学校教育等都有重要的指导意义"。[①] 民俗文化资源丰富，蕴含着多种育人功能，是实现人的全面发展的重要教育资源。优秀的民俗文化包含丰富的仁爱、忠孝、诚信、感恩、礼让等道德精髓，也包含社会认知、启蒙益智等智力元素，如七巧板、智力拼图、魔方、九连环等都是智力玩具。传统的体育、游戏、舞蹈等蕴含丰富的身体运动智能，传统音乐、戏剧以及工艺等民俗艺术具有重要的文化价值、审美价值。因此，优秀的民俗文化可以作为学校教育的补充，尤其对提高学生的道德品质、审美能力、身体健康等方面具有重要的作用。学校要加强对民俗文化的整理、吸收和转化，使其教育价值得到充分的发挥。

---

① 关溪莹：《钟敬文的民俗教育观》，《中山大学学报》（社会科学版）2002年第4期。

（一）德育价值

雅斯贝尔斯说："习俗便是德行的承担者。"① 民俗文化从产生之初，就具有行为约束的功能，蕴含丰富的道德教育成分。"民俗文化是社会生活中普遍存在的一种社会道德规范和价值体系的历史载体，民俗文化传承与传播的过程就是一种与人们生活最贴近、感情最亲近、行为最自然的德育活动，它对人的塑造和教育是潜移默化的。"② 民俗文化蕴藏着丰富的德育资源与内涵，不仅对人的日常行为规范具有道德约束作用，而且蕴含着爱国主义的精神内核。开展民俗文化教育，不仅有利于培养学生的地方认同感，增强民族自豪感，从衣、食、住、行等日常生活方面认同国家的价值观，进而上升到国家认同感。"民俗文化包孕了一个民族——国家的传统和历史，承载着一个民族——国家的记忆和情感，即民俗文化本身就潜存着具有民族情感和民族意识的爱国主义基质。"③ 民俗文化有维系民族情感，激发民众爱国之热情的作用。同时，民俗文化约束和规范人的日常行为，具有社会教化的功能。"在日常生活中，民俗常常作为一种深层次的'社会规范'，在身体即客观身体和心灵统一的层面上发挥着规训的作用，约束着我们的行为，管制着我们的身体。"④ 以节日民俗为例，吃年夜饭的习俗体现着家庭和睦的精神，清明节的禁火寒食和扫墓体现着尊老敬祖的精神。优秀民俗文化是新时代对儿童和青少年进行道德建设的重要养分。

民俗文化是一种与人生活最贴近、感情最亲近、行为最切近的文化式样，它与生俱来的"正确"倾向不仅蕴含着人们爱国、爱家、爱生活的道德情怀，还为人们呈现了一套实用的生活哲理。民俗文化蕴含深厚的思想道德资源和独特的教育方式，如，昆曲创作的主题（忠、孝、节、义等）承载了中华民族的传统思想和道德符号。优秀的民俗文化可以培养人的道德品质，帮助他们识别真善美与假恶丑，传承传统文化

---

① ［德］卡尔·雅斯贝尔斯：《什么是教育》，邹进译，生活·读书·新知三联书店1991年版，第15页。

② 毛新梅：《论民俗文化的德育意蕴及其实施路径》，《教育研究与实验》2018年第5期。

③ 李小玲：《民俗文化视域下的爱国主义教育》，《求实》2012年第12期。

④ 张青仁：《身体性：民俗的基本特性》，《民俗研究》2009年第2期。

的优良美德，养成高尚的道德情操。在劳动人民创作的民间故事、传说、寓言等，对于人的人生观养成、道德教育、行为管理方面具有重要作用。通过谚语学习各种生产生活经验，有利于培养和教育儿童为人处世之道。民间游戏不仅仅是一种娱乐方式，也是身体的锻炼和意志的磨炼方式，对儿童道德观念、思维方式的形成具有重要的意义。因此，民俗文化是一种亲切而最具特色的德育资源，学校要充分挖掘和利用优秀民俗文化的精髓，引导儿童和青少年养成良好的道德品质。

教师讲述民俗相关的德育故事，通过故事的叙述引起学生的情感共鸣以达到德育目的。尚德精神是吴文化的遗传基因，吴地人文始祖泰伯谦让天下的品德和开发江南的功德千百年来一直为后人所敬仰。很多无锡和苏州的学校将泰伯故事讲述给学生，用吴地的尚德精神影响学生的思想观念、价值判断和道德情操。除了民俗文化本身的德育意蕴外，民俗文化元素也可以成为学校德育的有效载体。惠山泥人是无锡很多学校特色课程的组成部分，学校在教会学生惠山泥人技艺的同时，也讲述惠山泥人"阿福""阿喜"相关的民间传说、吉祥寓意。无锡夹城里中心小学结合无锡特色制作的《说说无锡话唱唱礼仪歌》："我俚就是无锡人，生活在无锡真开心，无锡就是不一样，学习生活都愉快。学校教我俚学礼仪，老师先来做示范，教呀教，练呀练，我俚成了一群'礼仪'迷。"让学生通过学唱锡剧歌学习文明礼仪，并逐渐将文明礼貌渗透到日常行为规范中。无锡羊尖中心小学尝试把锡剧教育与学生德育培养有机结合起来，X副校长介绍道：

> 在构思、规划和设计锡剧校本课程时，我们重点关照两个维度：一是儿童生活维度，锡剧课程应该是为儿童、儿童化和"化"儿童的。主张给予儿童寻常或者日常的生活。二是儿童生长维度。我们遵循儿童的年龄特点和认知规律，让学生在丰富多彩的锡剧课程中，掌握技能，把握过程与方法，获得情感、态度、价值观的蓬勃生长之力。《摘石榴》中"母亲今日发病口中干，摘只石榴给母亲润润口"的"孝文化"；《双推磨》中"推呀拉呀转又转"等几句经典唱词，表现了一种"勤文化"；《军民鱼水情》中，一位在老乡家养伤的新四军郭建光，与一位帮助他们的农村老大娘沙奶奶

的对唱，真正使学生领悟到了什么是"军民鱼水情"；《祖国的好山河寸土不让》《和和睦睦更美好》，从题目上就感受到这些唱段传递的正能量；《信陵公子》通过古代的一个公子的故事表达爱国情感；《绣红旗》通过江姐和一群难友的共同演绎，传递的是坚强不屈的意志。现代改编版的《一峰更比一峰高》、谱上锡剧曲调的古诗《枫桥夜泊》、童谣《弟弟清早习功课》……都向学生传递的是积极、乐观、向上的情感。（20160320　无锡羊尖中心小学　X副校长）

（二）智育价值

学校教育的主要任务之一是向学生传递科学文化知识与技能，发展学生的智能，培养学生的创新精神和实践能力。智育主要是"在强调发展学生的基础知识、基本技能的同时，更加强调要发展学生的智力，要求学生具有适应终身学习的基础知识、基本技能和方法，要求培养学生的创新精神和实践能力，特别是要求培养学生具有搜集和处理信息的能力、获取新知识的能力、分析和解决问题的能力以及交流和合作的能力。"[1]

民俗文化是一种地方性知识，从表面来看，它与促进学生智能发展的基础知识和技能没有关联，但民俗文化元素却可以促进学科教学与生活的有机联系。例如，民俗文化可以融入学生作文教学，学生可以将传统饮食风俗、生活习惯或节日习俗融入写作之中。昆山中学建设"昆山水乡文化课程"，在国家课程中渗透水乡文化，将水乡文化元素与学科教学有机渗透，培养学生的探究能力、创新精神和实践能力。例如，"物理视角昆山水乡桥梁鉴赏"、生物学科的"昆山城市化建设与湿地生物多样性保护""技术课程中渗透水乡文化特色"以及研究性课程"昆山水资源、水环境保护及利用"等都有助于培养学生的创新精神和实践能力。苏州第一中学建设"吴文化课程基地"，鼓励教师将吴文化元素融入学科教学。以化学学科为例，教师着重打造与吴文化契合的化学课堂，以吴文化资源为情境进行学科知识学习。教师挖掘和开发文化

---

[1] 教育学原理编写组：《教育学原理》，高等教育出版社2019年版，第167页。

资源蕴含的化学知识,有冶金工艺、御窑金砖的烧制工艺、苏州丝绸的制造工艺、苏州美食的烹调工艺以及吴地茶叶的炒制工艺等。化学教师以丰富的吴文化资源为载体呈现化学教学意境,注重培养学生化学学习与生活实际的融合,不仅提高了学生的学习兴趣,也培养了学生知识的运用能力与问题解决能力。

民俗元素是学生进行研究性学习的重要载体。饮食文化、工艺文化、古镇、老街等都是很好的研究课题。很多学校以特色小吃为主题设计综合实践活动方案,让学生不仅了解地方小吃的历史、制作方法和文化内涵,重要的是可以通过撰写研究方案和活动计划,培养学生搜集和处理信息以及获取新知识、交流和合作的能力。各种民间工艺具有以艺启智的功能。南环实验小学的"苏灯"艺术工作坊,在继承发扬传统"精、细、美、巧"苏式灯彩的基础上,不断激发学生创意,从材料造型、绘画内容及形式上不断创新,创作出"新姑苏繁华图系列传统宫灯""老苏州老手艺系列纸箱灯""山塘风景系列创意灯"及各种手工手提灯。通过苏灯的制作,培养学生的创造力和想象力。

(三) 美育价值

对美的追求和享受是人的一种天性。马克思指出"人是按照美的规律来创造",席勒坚信"人是审美教育的产物"。人是审美的主体,生活在不同环境中就会产生不同的审美标准,而这些又会转化为"美"的具体意识、具体观念、具体风格,并在具体的民俗事项中展现出来,这是民众文化想象和审美趣味的直接体现。按照胡潇先生在《民间艺术的文化寻绎》一书中的阐述,主要包括以下几个方面:"(1) 口头文化传统。民间故事、神话、传说、史诗、民歌、歌曲、民间口语、谚语、谜语、儿歌、不成文法以及悼歌等。(2) 习惯行为上的传统。信仰、仪式、风俗、筵席与节庆、舞蹈与戏剧、游戏与手势等。(3) 物质文化的传统。如艺术品、工具、建筑、手工艺品、服饰、食物与药物、剧场、木偶、剪纸等。(4) 音乐传统。舞蹈、歌曲、戏剧、仪式与节庆中的音乐传统。……总之,凡民间社会创造和流传的各种文化事象,都多少不一地与民俗文化联系着。"[①] 民俗文化具有独特的审美价

---

① 胡潇:《民间艺术的文化寻绎》,湖南美术出版社1994年版,第108页。

值，不仅民间舞蹈、戏剧、曲艺、音乐等蕴含丰富而独特的审美意蕴，还包括口头文学、民间文学等也具有一定的审美特性。因此，民俗文化是学校开展美育教育的重要资源，尤其要全面关注民俗艺术的教育价值。

2015年9月15日，国务院办公厅颁发《关于全面加强和改进学校美育工作的意见》提出："……以立德树人为根本任务……根植中华优秀传统文化深厚土壤，汲取人类文明优秀成果，引领学生树立正确的审美观念、陶冶高尚的道德情操、培育深厚的民族情感、激发想象力和创新意识……""……学习优秀民族民间艺术……要以书法、剪纸、扎染等中华优秀传统文化艺术为重点，形成本地本校的特色和传统。"[①] 艺术教育对培养学生的审美能力至关重要。民间艺术来源于生活，具有地域特征，不仅是形成学校艺术特色教育的关键，更是丰富了学校的美育内容。

手工技艺作为一种审美与造物活动，体现不同地区的历史与文化。宜兴紫砂陶器在其发展和流变过程中，紫砂艺人与文人及书画家相结合，融入了诗、书、画、印等艺术，既是日用品，又是具有鉴赏价值的艺术品。宜兴中学通过教授学生紫砂艺术品的欣赏和制作，让学生在同神奇的紫砂泥亲密接触中触摸宜兴地域文化的根，培养学生的审美和艺术鉴赏能力。无锡五爱小学注重对惠山泥人和宜兴紫砂等民间泥塑艺术进行系列整理、开发，利用泥塑艺术培养学生的审美能力。无锡市连元街小学践行"立美育人"的艺术教育理念，形成了以版画为首的系列民间文化特色课程，尤其是对无锡地区的民间版画——"纸马"进行寻找、整理、转化和教学，将家乡丰富的艺术资源融进现代美术课堂。这不仅传授了传统手工艺知识，还陶冶学生的审美情操，提高学生的审美修养。苏州跨塘实验小学普及"苏式艺术"教育，让评弹、桃花坞木刻、昆曲等走进课堂，让每一位学生有机会接触这些苏式古典艺术。学生在体验和操作"苏式艺术"的过程中，感受其中的艺术和文化魅力，从而培养他们作为"新苏州人"的品格素养和审美情趣。可见，

---

① 《国务院办公厅关于全面加强和改进学校美育工作的意见》，中国政府网，http://www.gov.cn/zhengce/content/2015-09/28/content_10196.htm。

审美教育绝不是一般的知识技能传授，它包括审美感知、审美反思和审美鉴赏等能力，最终指向人的自由生存和精神自主，是一种让人具有高尚品格的教育。

（四）体育价值

民俗体育是由广大人民群众所创造、传承和享用并融入日常生活的具有地域特色的体育活动。民俗体育是指"人民群众（民间庶民百姓）在社会生活中世代传承、相沿习成的体育生活模式，它是一个社会群体在体育语言、行为、心理上的集体习惯"。[①] 民俗体育包含的内容相当广泛，依据发展的特性将其分成下列三类：①与节日、祭祀相关的体育活动：如登高、龙舟、民族舞蹈、舞龙、舞狮等。②以强身为主要目的之体育活动：五禽戏、太极拳等。③游戏中发展出的体育活动：踢毽、跳绳、陀螺等。民俗体育可以成为学校体育课程的直接来源，有利于丰富学校体育项目供给，满足学生娱乐性、健身性和多元文化的需求。学校在民俗体育项目的传承和发展中扮演着重要的角色。民俗体育走进校园，不仅使学生的身体基本素质、动作技术技能得到锻炼，也让他们了解、体验、感悟丰富的民俗体育文化。

无锡洛社镇雅西小学将流传于民间多年的体育项目、民间游戏等开发成学校民间体育校本课程，制订《民间体育兴趣活动方案》和《大课间体育活动方案》。为了保证民间体育活动时间，学校开设民间体育兴趣活动课，每天下午第三节课组织学生练习活动。根据各年级学生的特点，组建威风锣鼓、舞龙、功夫扇、秧歌舞、打腰鼓、打陀螺、武术操、抖空竹、呼啦圈、花样跳绳、花样踢毽、跳皮筋、滚铁环、玩沙包、踩高跷、竹竿舞等十多个民间活动队。邀请民间文体骨干老师担任威风锣鼓、功夫扇、秧歌舞、腰鼓队的教练，指导活动开展情况。民间体育不仅充实了体育课和大课间体育活动，丰富学生的课外生活，还传承民间体育文化，留住学生快乐童年，逐步形成学校的民间体育特色。

江南船拳盛行于太湖流域，是一种独具江南水乡特色的民间武术。随着时代发展和人们生产生活方式的变化，船拳赖以生存的生态环境已

---

① 谢军：《闽台民俗体育文化的渊源及其在两岸关系中的作用》，《武汉体育学院学报》2007年第7期。

经消失，亟须对这一文化遗产进行抢救、保护和传承。从 2008 年起，苏州越溪实验小学将越溪船拳引入校园，发动全校学生习武练拳。多次举办"校园船拳文化节"，编制了船拳校本教材。同时改良大课间活动，用集体打船拳来代替广播体操。将民俗体育融入学校体育教育，不仅仅是强身健体的目的，更重要的是挖掘民俗体育所蕴含的育人价值。在 X 老师看来，学生学习拳法招式不仅能够强身健体，而且在练习过程中培养学生的韧性和毅力，同时明白船拳武术所表达的善。

> 沙家浜船拳是一门渗透着广大劳动人民智慧结晶，具有无限精神魅力的一种强健人体魄、锻炼人意志、陶冶人情操的具有水乡特色的东方搏击术。它还提倡以孝为先，以忠为本的互帮互助精神，使得练习船拳的人在练习过程中个人的内在修养也逐渐得到提高。学习船拳还是一种对勇气及毅力的锻炼，不仅提高人的身体素质，还能培养一个人勇往直前不怕困难的精神以及坚韧不拔的毅力。在沙家浜船拳教学中，我特别注重对学生的思想品德教育，始终贯彻习武强身，不可伤人的祖训，教育学生以德服人，养成谦逊，宽容礼让的高尚品德和尊师重道，讲礼守信的原则。（20160420　常熟市沙家浜镇唐市中心小学　X 老师）

（五）劳动教育价值

2015 年 7 月 20 日，《教育部　共青团中央　全国少工委关于加强中小学劳动教育的意见》明确提出："通过劳动教育，提高广大中小学生的劳动素养，形成良好的劳动习惯和积极的劳动态度"，"各地各校可结合实际在地方和学校课程中加强劳动教育，开设家政、烹饪、手工、园艺、非物质文化遗产等相关课程"。[1] 劳动是立身之本，是人的全面发展的重要维度。习近平总书记在 2018 年 9 月 10 日全国教育大会的讲话《坚持中国特色社会主义发展道路　培养德智体美劳全面发展的社会主义建设者和接班人》中提出："要在学生中弘扬劳动精神，教

---

[1] 《教育部　共青团中央　全国少工委关于加强中小学劳动教育的意见》，http://www.moe.gov.cn/srcsite/A06/s3325/201507/t20150731_197068.html。

育引导学生崇尚劳动、尊重劳动,懂得劳动最光荣、劳动最伟大、劳动最美丽的道理,长大后能够辛勤劳动、诚实劳动、创造性劳动。""'劳动教育'是以促进学生形成劳动价值观(即确立正确的劳动观点、积极的劳动态度,热爱劳动和劳动人民等)和养成劳动素养(有一定劳动知识与技能、形成良好的劳动习惯等)为目的的教育活动。"[①]

新时代的劳动教育应以培养学生劳动素养为核心,关注学生对辛勤劳动、诚实劳动和创造性劳动的教育。民俗文化的产生与民众的生产生活密切相关,是进行劳动教育的重要资源。尤其是与劳动生产有关的民俗是开展劳动教育、培养学生劳动意识的有效载体。苏南地区盛产茶叶,有苏州的碧螺春,无锡的二泉银毫、荆溪云片、宜兴红茶,常州的前锋雪莲、金坛雀舌、茅山青峰等,学校通过组织采茶、炒茶等各种实践活动,培养学生的劳动意识和习惯。同时苏南地区是富庶之地,是江南文人的聚集地,具有独特的饮食文化。很多传统小吃、美食的制作可以是学校开展家政、烹饪相关劳动教育的素材。例如,宜兴是竹之故乡,有的小学把挖笋、竹工艺和制作乌米饭作为课程内容。

将劳动教育课程与传统技艺相结合,可以拓展和丰富劳动教育内容。苏南地区特色技艺丰富,苏州有很多绝妙工艺,如苏绣、缂丝、砖雕、核雕、刻碑、苏式船点、苏扇、苏裱、苏派盆景、年画等。无锡的精微绣、宜兴紫砂制作工艺、均陶制作技艺、惠山泥人制作等,常州传统手工艺有乱针绣、金坛刻纸等。将这些传统技艺融入劳动课程,学生不仅习术,亦习道,既可以传承传统文化,还有利于培养学生的劳动素养和正确的劳动价值观。丁山实验小学坐落在著名"陶都"——宜兴市丁蜀镇,学生的父母 70% 以上从事陶瓷职业,学校开展紫砂文化特色教育,让学生了解父母的职业,改变认为父母是"做泥活"的想法,培养学生的乡土情结和劳动自豪感。苏州太湖国家旅游度假区中心小学的学生大部分来自核雕世家,学校以核雕课程文化为指导教会学生核雕工艺,动手又动脑,传承香山匠人精神。

学农实践是劳动教育的重要组成部分,让学生在学农活动中认识劳

[①] 檀传宝:《劳动教育的概念理解——如何认识劳动教育概念的基本内涵与基本特征》,《中国教育学刊》2019 年第 2 期。

动价值，掌握劳动技能，提高劳动素养。民俗文化产生于农耕社会，通过让学生体验传统的生产劳作，可以获得对农耕文化生活的记忆。无锡藕塘实验小学以"传承'农耕文明'培塑有根之人"为主题，建构"农耕文明"儿童体验空间。主要让学生围绕农业生产开展各种农事活动，并进行相应的研究性学习，从而传承农耕文明所蕴含的优秀品格。

  具有江南园林特色的微农场，包含"趣"为主题的"菜趣""花趣""树趣"三大区域、二十四节气彩绘墙、江南园林特色墙、36块方桌田、智能灌溉装置、农具小木屋等。微农场内，四周建成富有江南园林特色的围墙，黑瓦白墙上以彩绘的形式呈现出能体现"农耕文明"的二十四节气农事图。"菜趣""花趣""树趣"充分体现地域性、代表性与审美性。其中"菜趣"区域根据学校班级数，利用好原有的36块方桌地，每班种植一块。开学初，全校举行了简朴隆重的"金秋播种节"启动仪式。启动仪式上，学校为36个班级发放了启动资金，用于师生购买种子、肥料等。各班根据抽签号码，领到了各自的方桌田。目前，师生和家长志愿者们一起在方桌田里种植了大蒜、韭菜、青菜、葱、香菜、萝卜等蔬菜。学生们主要利用部分班队课、综合实践活动课、社团、午间等时间段进行蔬菜的种植管理。蔬菜成熟后，学生们将进行义卖、赠送、出售、烹饪等丰富多彩的活动，体验"小菜农"的酸甜苦辣。"树趣"区域种上无锡驰名中外的水蜜桃，让学生进行"桃文化"研究。而"花趣"区域，我们充分发挥协作单位江苏省农科院的优势，种植品种优良的花卉。智能灌溉装置将科学、合理地完成微农场内植物的灌溉工作。园林风格的农具小木屋里摆放着孩子们进行农事劳作的水桶、铁耙、镰刀、锄头等老农具，让学生不仅可以了解这些老农具的作用，还可以动手实践。孩子们在小荷微农场里根据时节，选择合适的劳动工具，种植自己感兴趣的作物，感受种植的乐趣、分享收获的喜悦，提升实践能力，培养勤劳节俭、自律乐群等品格。（20171015 无锡市藕塘实验小学 L校长）

四 民俗文化关照人之文化素养的养成

人是在两种进化——生物进化和文化进化——过程中的产物。在人身上，除了生物学的生命基因，还有文化层面的生命基因。"把人作为'人'加以培养的所谓文化，意味着某一社会成员固有的共通的行为方式（behavior pattern）。行为方式也是多样的，它贯穿于人的生活。行为也不仅指活动和举止，还包括思想、感情和信仰。"① 文化是人的第二天性，人的成长和发展强烈地受文化因素的决定，而不是受遗传因素的决定。人是创造社会文化的人，也是为社会文化所塑造的人。"在人类中，生活很少以自然的安排为基础，而是以在文化上被塑造成的形式和惯例为基础。"② 我们是由生活在其中生长和存在的共同群体的传统塑造而成的，我们是由自己的过去塑造成的。"个人生活的历史中，首要的就是对他所属的那个社群传统上手把手传下来的那些模式和准则的适应。落地伊始，社群的习俗便开始塑造他的经验和行为。"③ 人是生活于某种文化中的个体，人需要通过文化表达人之为人的规定性。

文化与个人的关系是互动共生的，而且往往通过教育表现出来。一直以来，学校教育的主要目的在很大程度上从经济术语定义，而不是从社会和文化发展的角度定义。"诚然现代化的教育方式能更为高效集中地让个体能力凸显，但这样的教育模式并未将人当作文化产物而追究其生存发展的背景，而仅仅将人当做技能的集合体。"④ 因此，教育需要回归人之文化存在的属性，从文化素养的维度关注个体生命成长。民俗文化是我国传统文化的一个重要组成部分，是培养学生文化素养的素材。"人的文化生命基因是由以民俗为核心的第二生命系统构建。"⑤ 一个人所接受的民俗教育奠定了他的文化底色，民俗则是文化塑造人格的

---

① [日] 筑波大学教育学研究会编：《现代教育学基础》，钟启泉译，上海教育出版社2003年版，第90页。
② [德] M. 兰德曼：《哲学人类学》，阎嘉译，贵州人民出版社1988年版，第242页。
③ [美] 露丝·本尼迪克特：《文化模式》，王炜译，社会科学文献出版社2009年版，第5页。
④ 柯玲：《民俗教育原理》，光明日报出版社2015年版，第42页。
⑤ 同上书，第40页。

重要方面。"作为民族文化最重要组成部分的民俗文化,不仅代表着人类生活中行为和价值的复合体,规约人类的思想和行为,更是影响儿童成长过程中的决定性因子,是儿童社会化的自然之师和文化之基。"[1] 民俗文化对人的发展的影响,所实现的不仅是经验的复制,主要是文化心理的沿传。学校可以将当地传统文化中的优秀民俗文化因子融入教育教学活动,用民俗文化滋润学生心灵、陶冶情操,增强其文化自信意识。苏州在 2018 年开始建立基础教育课程中心校,除了有语文、数学、英语、自然科学、艺术修养、生命健康、综合实践课程外,专门设立"文化研究"课程,鼓励学校探索文化育人模式。首批文化研究类的基础教育课程中心校有:江苏常熟中学的"虞山文化课程基地",苏州田家炳实验初级中学的"姑苏文化课程基地",苏州相城区湘城小学的"沈周文化课程建设"。

人是一种文化的存在,"心灵是文化的心灵,其成长来源于文化的演化和塑造,并通过文化的演化实现世界在心灵内部的存在。"[2] 文化素养指向深层的人的发展,诉诸人的情感和内心的文化形态。通过对文化的挖掘、体验、生成,将文化精神内化到人的意义世界中,从而成为人之核心素养的有机构成。这不仅可以增长学生对民俗文化的认识,使学生更好地了解文化的多样性、趣味性和复杂性,从而提高学生的自身文化素养,增强自信心和自豪感。

第四节 学校教育在民俗文化传承中的独特作用

人是民俗文化的载体,倘若离开了人,民俗文化的传承就属空谈。在民俗文化保护实践中应高度重视人的因素。民俗文化要传承发展,既要延承民俗文化的"文脉",也要关注作为民俗文化载体的"人脉"。学校教育在保护传承民俗文化方面发挥独特的作用。

---

[1] 李卫英:《民俗文化与幼儿园园本课程的耦合逻辑与实现路径》,《齐齐哈尔大学学报》(哲学社会科学版) 2018 年第 1 期。
[2] 曹文明、O. A. 玛什基娜:《论布鲁纳的民间教育学》,《外国教育研究》2015 年第 3 期。

一 学校成为民俗文化活态传承的实践基地

当前对民俗文化的保护常常采用建立文化保护点、博物馆与图书馆收藏、古籍整理和建立数据库等措施,这是把文化看作是实体性对象的静态式保护。静态保护有一定的局限性,容易将动态鲜活的民俗文化变成僵死的遗产。随着民俗文化根植的土壤和空间日益被压缩,探索活态保护和传承的方式非常迫切。民俗文化的"活态"与"静态",最大区别在于"人"的价值呈现,对其采取活态而不是僵化的方式来传承,才能保证民俗文化的生命力。传统民俗文化是依托于人这个主体而存在的,人是民俗得以生生不息活态传承的基础。教育体系负有传递传统价值的职责,实现文化的传承、传播和延续是现代学校教育的文化功能之一。因此,学校在民俗文化传承中扮演着重要的角色。在民俗文化传承中,不仅需要培养直接的技艺传承者和间接的文化参与者,也需要拓展新的"文化空间"来实践民俗文化。通过学校教育让年轻的新生代了解和熟悉祖先遗留下的宝贵文化遗产,形成对民俗文化的记忆和认同,是学校对民俗文化进行传承性保护的重要机制。

优秀的民俗文化很多被认定为非物质文化遗产,学校在保护和传承非物质文化遗产方面责无旁贷。《国家级非物质文化遗产代表作申报评定暂行办法》指出:"通过社会教育和学校教育等途径,使该项非物质文化遗产的传承后继有人,能够继续作为活的文化传统在相关社区尤其是青少年当中得到继承和发扬。"[①] 文化传承体现一种"生"的力量,民俗的传承和发展离不开人的世代相传,苏南地区的学校一直自觉努力探索非物质文化遗产传承的实践。为了抓好锡剧传人培养重点学校,无锡市有12所中小学、幼儿园被命名为"无锡市锡剧传承特色学校"。苏州高新区学校依托本土资源,让非遗文化在校园开花。苏州外国语学校、高新区第三中学、镇湖实验小学、东渚实验小学等8所中小学成为"苏州高新区非物质文化遗产教育实践基地"。苏州姑苏区授予平江实验学校等10所学校为首批"姑苏区非物质文化遗产传承教育示范基

---

① 《国务院办公厅关于加强我国非物质文化遗产保护工作的意见》,中国非物质文化遗产网,http://www.ihchina.cn/zhengce_details/11571。

地",强化非遗项目在学校的开展,推动非遗的传承。努力在基地学校营造人人知晓"非物质文化遗产"、人人热爱"非物质文化遗产"、人人学习传承"非物质文化遗产"的浓厚氛围。常州把非物质文化遗产和教育相结合,已有20多家小学将非遗文化编成适合学生的课本教材,并纳入学校的教学计划;10多家大中专院校开设了金坛刻纸、常州吟诵、留青竹刻、锡剧等多个非遗项目的培训课程,建立了活态传承活动基地,如常州刘国钧高等职业技术学校建立了常州乱针绣实践基地。

二 学校教育是民俗文化传播的重要路径

保护和整理只是民俗文化传承的第一步,如果没有理解和懂得使用这些文化因子的人,民俗文化就丧失了真正的意义。最好的办法就是让优秀民俗文化走进学校,让广大的学生群体接受相关的普及教育,认识并了解民俗文化的独特魅力。传承民俗文化要从儿童开始,学校教育是民俗文化一种重要的传播途径。"教育的基本功能之一就是重复,重复地把上一代从祖先那里继承下来的知识传递给下一代。"[1] 民俗文化的传承,除了需要专家学者、专业技艺人员的参与外,也需要年轻一代的积极参与。因此,要充分发挥教育的力量,将优秀民俗文化有目的、有计划地向学生推进,将文化的传播与具体的教育有机结合起来。尤其是在基础教育这个阶段,更应将优秀的民俗文化元素纳入教育内容,增强其在学生群体中的影响力。学校是传播和研究民俗文化的主阵地。学校将优秀的民俗文化进行课程建设和融入教学过程,在不同学科和领域开展多种渗透方式,增强学生对优秀民俗文化的兴趣和了解,掌握特有的文化技能。苏州镇湖实验小学以苏绣文化为依托,将其引入学校教育。苏州枫桥实验小学自2006年就开设了评弹社团,利用枫桥"评弹之乡"的文化土壤,聘请评弹专家来校指导,通过各种方式让评弹文化植根孩子心中。江阴市实验小学自2012年起,学校开设了"二胡班",通过二胡艺术的学习提升学生发现美、欣赏美、创造美的能力,并成为

---

[1] 联合国教科文组织国际教育发展委员会编著:《学会生存——教育世界的今天和明天》,教育科学出版社1996年版,第92页。

江阴市二胡协会首个二胡教学实践基地。

民俗文化的基因能不能保证存活并且继续传承下去取决于"人"的参与，尤其是民俗艺术的继承和发扬必须具有一定的民众。这里的民众不单单指民俗艺术的专业传承人，还包括民俗艺术的爱好者。由于各种新式传媒的出现和普及，人们的艺术品位呈多元化，作为传统的民俗艺术在各种时尚文化、快餐文化的冲击下逐渐被遗忘，人们对其不了解，无法感受到其中的魅力，导致观众越来越少。通过学校教育可以为民俗艺术的传承和发展提供未来的观众。无锡羊尖中心小学利用"锡剧之乡"的优势，将锡剧作为特色，将锡剧带入师生生活，让学生在尽情感受锡剧美、享受锡剧美、创造锡剧美，培养了大量的锡剧爱好者。

> 羊尖人爱看戏，村里有"百姓舞台"。这边的老百姓还是愿意唱锡剧的，每周我们这边有好几个地方。严家桥锡剧院每周都会有爱好者去表演，还有锡剧博物馆等。主要还是老年人。我们学校如果不学的话，孩子根本不知道更不会喜欢锡剧。我在为社会培养观众，现在这些人学了，出去就是一个好观众。我做的工作都是默默无闻，学生唱的再好，参加比赛的只能是一两个孩子。我们年纪大了，所做的事情对得起孩子，对得起社会就好了。（20160321 无锡羊尖中心小学 H老师）

民俗文化传承需要有更多的力量参与，尤其是年轻一代的文化自觉和保护意识。将民俗文化融入学校教育和学生生活，通过学生全方位、多角度的参与，深入理解和感受民俗文化的魅力和内涵，让学生在成长的过程中参与到地方民俗艺术的传承和保护中来，激发对家乡的眷恋和热爱之情。从宜兴丁山实验小学史自远同学《歌颂陶都》的短文中我们可以看到这一点。

歌颂陶都[①]

五9 史自远　宜兴市丁山实验小学

中国——现代强国。1949 年 10 月 1 日前，中国备受欺凌。而如今，中华人民站起来了！经过改革，中国古代经典文化已逐步迈向世界！今天，咱们就以宜兴的紫砂茶壶为例。在古代，壶已经随处可见，人们用壶装水、喝酒、泡茶，当时壶是那么平淡无奇。而如今，用紫砂壶泡出的茶，已有了品味之美。人们细细品味、琢磨出茶中韵味，细品那沁人心脾的芳香带来的大自然的气息自己也仿佛融入进了这股芬芳之中。一旦饮下第一口，就会去饮第二口、第三口……直到一壶茶饮完，品茶者还会不由自主地去倾下一壶更浓的茶。

茶壶的外形千变万化。有方的、圆的、半圆的、花的等，都是为了满足需求者。

茶壶，凝聚着制壶人的心血。一把壶要经过几十道细致的工序才最终成型。古人云：台上一分钟，台下十年功。他们经过不断努力、琢磨钻研才能成为一位合格的紫砂艺人。正是他们，我们的文化经典得以迈向世界。

紫砂之都——陶都宜兴的黄龙山，是紫砂泥的发源地。同时，陶都宜兴也是制壶人最多的地方。这里的制壶人，一代又一代，坚守着古典文化精髓——茶壶。才得以让茶壶从宜兴到江苏，江苏到中国，再逐步迈向广大的世界，在世界文化链顶端闪闪发光。为了那些让紫砂壶流传至今的制壶人，我郑重奉上诗歌：

《摸着紫砂问壶》

制壶的指纹

磨灭在光滑里

他们的名字

谦恭地刻在壶底

[①] 2018 年 12 月 20 日实地考察资料。

把时光烧进陶瓷里

需要上千年

与时光融合

才能成为文化

是的，他们成就了紫砂壶的名声

自己也在文化的洪流中浪花般跳起

当指尖触及紫砂

一柄壶上的竹子苍翠起来

早起捣衣的女子

正临水盈盈而行

壶中茶水

暗藏着涛声

一遍遍敲打着

心中的木鱼

制壶人将心声默默无闻地刻在了此诗中，他们也会继续将紫砂文化传承下去。加油吧，大宜兴，我们为您点赞！

三 学校教育培育民俗文化传承的种子

民俗文化存续的前提取决于后继有人，如今"民俗文化传承所面临的，不是变化的危机，而是消亡的危机。"① 在民俗传承的链条上，面临"人走技失"的困局，传承人出现断代的问题。民俗文化传承机制中的一个核心问题是传承人问题。由于传承人递减现象非常严重，如何为富有特色的民俗传统技艺和艺术培育民俗文化传承的种子成为迫切考虑的问题。面对白茆山歌日益衰微的现状，L馆长表达了深深的忧虑：

白茆山歌作为吴歌的重要一脉，她是当地劳动人民在长期的劳动生活实践中依靠集体的智慧和艺术才能创造的一份极其珍贵的口

---

① [日]樱井龙彦：《人口稀疏化乡村的民俗文化传承危机及其对策——以爱知县"花祭"为例》，甘靖超译，《民俗研究》2012年第5期。

头文学遗产,是常熟文化的摇篮。山歌表演虽然有多种形式,但离不开生活,不管是田间地头唱山歌还是舞台作品,都应该有生活的底蕴和影子,比如劳动生产、生活情趣都在舞台上得以提升。随着时代的变迁,山歌这一宝贵的文化遗产已经不能像农耕时期那样茁壮成长。环境变迁,使山歌队伍出现了断层。当务之急是培养年轻人对山歌的兴趣,所以加强培训、传承以及有一个相对固定的展示平台是我的愿望。真诚地希望加强传承人机制的培养,对好的"山歌苗子"进行跟踪培养,重点培养,将好的苗子留在当地,担当传承重任。(20160623 常熟市白茆山歌文化馆 L馆长)

传承人是"在有重要价值的非物质文化遗产传承的过程中,代表某项遗产深厚的民族民间文化传统,掌握杰出的技术、技能、技艺,为社区、群体、族群所公认的人物"[①]。要想使民俗文化实现有生命力的积存,仅靠老一辈传承人的力量是远远不够的,还需要培养未来的传承者,未来传承者的传承意愿和传承能力则直接关系到传承链条的延续。民俗文化的延续方式主要是一种以人为载体的知识与技能的传承,传承的核心是人,与学校教育的对接需要的是探索传承人培养的有效机制。作为新时代的儿童,他们将会成为传承民俗的最有力成员。昆曲是昆山的文化名片,为了推进昆曲艺术的传承,发掘和培养昆曲后备人才,自20多年前首个"小昆班"创办以来,如今从娃娃抓起的"小昆班"已经在昆山12所学校开办,受过培训的历届小学员逾5000人,先后有数十位小学员考入专业戏曲院校深造。无锡江阴市大力实施"锡剧进校园"工程,现有17个镇(街道)20所小学开设"小锡班",近4000名小学生在业余时间学习锡剧表演,不仅激发了学生对传统文化艺术的热爱,也为发掘和培养锡剧后辈人才提供保障。儿童易于接受民俗文化传承教育,培养儿童种子是使民俗文化得以传承的一种良好形式。

无锡羊尖中心小学在普及锡剧教育的同时,组建锡剧兴趣班,外聘国家一级锡剧演员经常来学校授课着重培养。学校有3个专门教锡剧的

---

① 祁庆富:《论非物质文化遗产保护中的传承及传承人》,《西北民族研究》2006年第3期。

教师，对有潜力的好苗子强化训练、专门培养。一位负责锡剧教育的 H 老师介绍说："锡剧要用无锡方言唱，现在的孩子基本上都是说普通话。声音就是一节课一节课陪着训练出来的，至少 100 节课才会唱。这些好苗子通过不断的练习和参加比赛爱上了锡剧，我们现在已经有三位学生在专业戏校学习，一个在无锡市锡剧院，两个在江苏省戏剧学校。他们就是未来的锡剧传承者"。从以下 Z 学生的访谈，我们可以看出学校教育在培养民俗文化潜在的传承主体中的重要作用。

问：你是羊尖人？
答：算是吧。
问：在家里讲无锡话吗？
答：不太讲。
问：你为什么喜欢唱锡剧？
答：我觉得这样可以显示个人特色。
问：你是什么时候开始练锡剧的呢？
答：差不多二年级。
问：你每天在家练习锡剧吗？
答：有时候会表演给父母看。他们觉得还不错。
问：唱锡剧和你的课业学习有没有冲突？
答：没有。
问：你觉得唱锡剧苦不苦？
答：第一次觉得苦，后来不觉得苦。很有趣，还能学会方言。
问：你家里人会唱锡剧吗？
答：不会。我是在学校锡剧课程上喜欢上它的。
问：你都是怎么训练的？
答：每周练习几次。一开始感觉有点枯燥，以后就不觉得了。
问：你未来是如何打算的？
答：未来想去做锡剧演员。
（20160321　无锡羊尖中心小学　Z 学生）

传承地方民俗体育文化，根子也在中小学教育。江南船拳作为江南水乡特有的武术文化，船拳技艺在当代面临断代消亡的危险，吴中越溪实验小学、相城区北桥小学和沙家浜唐市中心小学主动将地方船拳技艺融入学校体育课程来培养船拳种子。民俗文化的保存不是靠拯救传承，而是要靠活态传承。教育是民俗文化活态传承的重要途径，学校既是传播、研究和实践民俗文化的阵地，也是培养未来民俗文化传承人才的重要场所。总之，学校教育在我国民俗文化遗产的保护和传承中发挥着重要作用。

第三章 文化记忆理论及其启示

文化传统是一个国家或民族最独特的身份证。"文化具备两项任务：一是协调，创造共时性使得交际/交往成为可能；二是持续，将共时性维度转移到历时性维度，保持文化的代际延续和再生产。"① 文化是不可遗传的记忆，文化记忆理论从历时性维度研究如何实现文化的可持续性。

第一节 文化记忆理论的发展历程

一 记忆研究的社会转向

19世纪末20世纪初，有学者意识到"记忆"不单单指个体，还存在集体层面。1902年霍夫曼斯塔尔首次使用"集体记忆"这个概念，但这只是关于集体记忆研究的萌芽，主要还是从生物学角度来理解记忆。1925年，法国社会历史学家莫里斯·哈布瓦赫（Maurice Halbwachs）的著作《记忆的社会框架》出版，这意味着记忆研究社会转向的真正开始。哈布瓦赫强调记忆的社会属性，明确提出"集体记忆"（collective memory）概念。他认为，"集体记忆是一个特定社会群体成员共享往事的过程与结果"，"集体记忆不是一个既定的概念，而是一

---

① ［德］阿莱达·阿斯曼：《昨日重现——媒介与社会记忆》，陈玲玲译，载［德］阿斯特莉特·埃尔、冯亚琳主编《文化记忆理论读本》，北京大学出版社2012年版，第21页。

个社会建构的过程"①。在他看来，记忆存在于集体中，集体记忆需依靠特定的社会空间架构，人们只有参与具体的社会互动与交往，记忆才有可能产生。哈布瓦赫将关于记忆的研究从生物学框架转向社会学框架，使记忆成为一种集体和社会的存在。他所提出的集体记忆观点具有划时代意义，所建立的记忆的社会框架为后来文化记忆理论的构建提供直接的理论来源。

作为艺术史和文化史学家的阿比·瓦尔堡（Aby Warburg）在20世纪20年代也将目光投向了"记忆"研究，发现了艺术中象征、图像、符号与集体记忆之间的关联。他认为，艺术形式重复起关键作用的是文化符号的记忆功能，而不能被简单地视为后代艺术家对古代艺术的有意识模仿。文化符号是一种"记忆痕迹"（Engramme）或者"动能痕迹"（Dynamogramme），可以存储记忆的能量，可以在不同的时空幻境中被引发并重新释放出来。瓦尔堡由此提出"集体图像记忆"的观点，并将其视为社会记忆②。从本质上来说，瓦尔堡的"社会记忆"观点与哈布瓦赫的"集体记忆"理论是一致的，都指向文化及其延续是人类活动的产物这一基本精神。

二 社会记忆研究的兴起

20世纪80年代以来，"社会记忆"这一概念在新的记忆研究框架中进一步丰富和拓展。

"法国历史学家皮埃尔·诺拉完成了记忆理论从哈布瓦赫研究的空间上和时间上共同出现的团体到抽象的、由超越空间、时间的符号来定义团体的超越。这种集体记忆的载体共享一个共同的身份认同。"③诺拉在其七卷本著作《记忆的场所》中重新审视历史与记忆的关系，提出"记忆场"的概念。在诺拉看来，记忆场是能唤起民族记忆意象的位点，涉及社会生活的诸多方面，包括物质和精神层面的象征或功能的

---

① [法]莫里斯·哈布瓦赫：《论集体记忆》，毕然、郭金华译，上海人民出版社2002年版，第39—40页。
② 张欣：《文化记忆理论研究》，硕士学位论文，中国海洋大学，2015年。
③ [德]阿莱达·阿斯曼：《回忆空间：文化记忆的形式和变迁》，潘璐译，北京大学出版社2016年版，第145页。

存在，"这些记忆场在指向过往的同时，却也指向当下对过去记忆的缺席"①。我们需要意识到，"记忆场"不仅是民族记忆的承载体，更是建构集体同一性的媒介。因此，应该认清"记忆场"的效应，关注记忆的形成和传承方式。

德国学者哈拉尔德·韦尔策（Harald Winzer）关注记忆与传承研究，将"社会记忆"界定为"一个大我群体的全体成员的社会经验的总和"，主要媒介是文字记载、图片、互动和空间，"承载着传承历史，而且在各自的社会应用中形成着过去"②。在韦尔策看来，对自我以及所属的"大我群体"的过去的认知和阐释，是个体和集体自我认同的起点，也影响人对当前和未来采取何种行动。美国社会人类学家保罗·康纳顿（Paul Connerton）一直致力于研究群体记忆的保持和延续问题。他对哈布瓦赫的集体记忆理论采用批判性接受的态度，在其代表作《社会如何记忆》（1989）一书中提出"社会记忆"的理论，主要说明社会如何记忆以及记忆如何传递等问题。康纳顿指出，"假如存在集体记忆或者社会记忆，那么很可能存在于各种仪式之中，有关过去的意象和记忆正是通过某种程度上具有仪式性的操演传递和保持的"③。因此，他把纪念仪式和身体实践视为"社会记忆"传递的分析工具。20世纪80年代社会记忆研究的兴起，为90年代文化记忆理论中的身份认同、媒介载体和记忆方法等方面提供了理论养分。

三 文化记忆理论的正式提出

20世纪90年代，德国学者扬·阿斯曼（Jan Assmann，有学者翻译成简·奥斯曼）和阿莱达·阿斯曼（Aleida Assmann）夫妇对已有的记忆研究进行梳理，并在此基础上发展出"文化记忆"理论。阿斯曼夫妇从人类文化发展史的高度思考记忆问题，他们认为可以从两个方面来

---

① 冯亚琳：《德语文学中的文化记忆与民族价值观》，中国社会科学出版社2013年版，第124页。

② ［德］哈拉尔德·韦尔策编：《社会回忆：历史、回忆、传承》，季斌、王立君、白锡堃译，北京大学出版社2007年版，第6页"序"。

③ ［美］保罗·康纳顿：《社会如何记忆》，纳日碧力戈译，上海人民出版社2000年版，第91页。

理解文化，第一方面人类为适应环境改变而推动的物质变化过程，主要是文化技术和文化功能层面等促使人类共同生活变得越来越复杂的与技术有关的传承积累；第二方面不同群体的自我建构过程以及他们为代际之间建立联系而进行的各种活动。我们可以看出，文化的第一个方面是科技知识的传承和积累，主要表现为信息存储和管理的记忆形式，而文化的第二个方面记忆则处于重要的位置。"从文化史（Kulturgeschichte）的整体来衡量，我们不得不承认，文化的第二个方面具有超越个体寿命的长远意义，能够帮助人在时间维度中自我调整，因此与第一个方面一样应当被视为人类社会的原始动力（Ur‐Impuls）和每个人的基本需求（Grundbedurfnis）。"① 正因如此，扬·阿斯曼指出所讨论的"文化记忆"概念特指并局限在文化的第二个方面进行讨论。

阿莱达·阿斯曼从神经、社会和文化三个维度来理解人类记忆。在神经维度上，记忆主要是一种个体大脑机制和生物学记忆；在社会维度上，主要是哈布瓦赫所说的"集体记忆"；在文化维度上，通过文化的客体化即象征来实现。在《文化记忆：早期高级文化中的文字、回忆和政治身份》一书中，扬·阿斯曼分析了从个人记忆到社会记忆，再通过沟通和分享的过程，最后形成一种具备较普遍而清晰形式的文化记忆，基本的过程即个人记忆—社会记忆—沟通记忆—文化记忆。"文化记忆理论是一种文化理论，同时也是一种记忆理论"②。

文化记忆理论吸收了集体记忆理论的社会文化取向，重在回答"我们是谁"和"从哪里来、要到哪里去"的文化身份问题。"记忆不是记忆术的学习记忆，而是指宽泛的文化传统，指把个人和某个民族或地区联系在一起的修养记忆，"③ 也是基于当下对社会群体共同拥有的过去的一种批判性记忆。"文化记忆也超越了集体记忆和连接性纽带记忆的视界，后者既由强化我们的共同体意识的记忆程式和记忆结构所决

---

① ［德］扬·阿斯曼：《关于文化记忆理论》，载陈新、彭刚主编《历史与思想（第1辑）：文化记忆与历史主义》，浙江大学出版社2014年版，第3页。
② 同上书，第5页。
③ ［德］阿莱达·阿斯曼：《回忆空间：文化记忆的形式和变迁》，潘璐译，北京大学出版社2016年版，第3页。

定，还由清晰界定'我们'是谁的记忆需求所决定。"① 在扬·阿斯曼看来，文化记忆关涉支配着人的行为和体验的社会知识概念，这些知识需要每一代群体反复了解和掌握它们。他将文化记忆定义为："每个社会和每个时代所特有的重新使用的全部文字材料、图片和礼仪仪式……的总和。通过对它们的'呵护'，每个社会和每个时代巩固和传达着自己的自我形象。它是一种集体使用的，主要（但不仅仅）涉及过去的知识，一个群体的认同性和独特性的意识就依靠这种知识。"② 可见，文化记忆不仅是构成社会延续性的一种方式，也是塑造个体对大我群体认同和归属感的重要机制。

第二节　文化记忆理论的基本观点

文化记忆理论的内容十分丰富，涉及"谁来记忆""记忆什么"以及"如何记忆"等问题。通过文化记忆赋予整体的过去某种意义并超越时间的有限性，这也是人之文化维度的体现。

一　文化记忆与集体记忆

社会并不是个体的简单累积或相加，而是通过社会心理和文化因素的纽带作用将群体内的成员组合并凝聚在一起，将这一群体与其他群体区别开来。文化记忆理论意在使记忆（发生的过去）、文化和群体（社会）这三个维度建立联结。阿斯曼夫妇将哈布瓦赫提出的"集体记忆"称为"交际记忆"。在他们看来，哈布瓦赫是"交际性"社会记忆的发现者，最先系统阐明了交际社会记忆的社会性、重建的框架及其主体相关性，但对于媒介、时间结构、社会记忆的不同功能的问题，则关注比较少。同时指出，社会记忆的跨度与生命节奏相连，总是受到生物学上的限制。不受时间限制的文化记忆则建立在图像、文本、仪式和文物等外部媒介基础之上。

---

① ［德］扬·阿斯曼：《什么是"文化记忆"》，陈国战译，《国外理论动态》2016年第6期。
② ［德］哈拉尔德·韦尔策：《社会回忆：历史、回忆、传承》，季斌、王立君、白锡堃译，北京大学出版社2007年版，第5—6页"序"。

文化记忆是记忆理论研究的逐步深化和发展。阿斯曼夫妇从文化传承的角度思考和解释人类文化发展规律而提出文化记忆理论。"我们把哈布瓦赫称为'集体记忆'的东西叫做'交流记忆'①，目的是把这种记忆与文化记忆加以区别。所谓交流记忆就是随着具体环境变化的记忆，这种记忆一般不超过三代人，内容主要包括回忆、想象俗语等。……哪些集体记忆最终转化为文化记忆，起决定作用的是时间，文化记忆与集体记忆之间的关系犹如长销书与畅销书。"② 集体记忆通过这些回忆固定到未来的符号支架，并以此与后代之间维持一种共同的回忆。在阿斯曼夫妇看来，文化记忆并非与集体记忆毫无关联，集体记忆或者说社会记忆只是一个很笼统的概念，而文化记忆概念则突出文化的延续性。"文化记忆是一个集体概念，它指所有通过一个社会的互动框架指导行为和经验的知识，都在反复进行的社会实践中一代代地获得的知识。"③ 文化记忆体现一个民族、国家或大我群体的集体记忆力，人们通过分享共同的历史传统、习俗规范以及无数的集体记忆，从而形成对某一共同体的归属感。

"共同体"的建构不仅与成员互动相关，还取决于成员的身份认同度。"集体记忆具有连续性和可再识别性的特征。它的功能在于设计一个独特的轮廓并保证集体的独特性以及持久性。"④ 集体记忆往往扎根于人的内心之中，它是保证族群延续性和认同一致性的重要支柱。在扬·阿斯曼看来，文化记忆是集体记忆的核心组成，这是一种被集体成员所共享的文化身份认同。集体记忆是文化记忆形成的基础成分，文化记忆是对集体记忆的升华。文化记忆强调主体建构的能动性，而集体记忆则被动接受来自社会框架的影响。文化记忆有两个特点：一是认同根本性，涉及记忆对一个大我群体集体认同的根本意义；二是时代重构

---

① 也有学者翻译成"交际记忆"。
② [德] 扬·阿斯曼：《"文化记忆"理论的形成和建构》，《光明日报》2016年3月26日第11版。
③ [德] 简·奥斯曼：《集体记忆与文化身份》，载陶东风、周宪主编《文化研究》第11辑，社会科学文献出版社2011年版，第4页。
④ [德] 阿莱达·阿斯曼、扬·阿斯曼：《昨日重现——媒介与社会记忆》，陈玲玲译，[德] 阿斯特莉特·埃尔、冯亚琳主编《文化记忆理论读本》，北京大学出版社2012年版，第24页。

性，大我群体的如何适应现在。可见，文化记忆的价值不仅在于探究过去的成果有了更为牢固和精确的储存、记录方式，更在于实施道德教化和确立集体认同所具有的重要作用。为此，文化记忆是一个地区人民共同的精神财富和文化纽带，是其生存基础和力量之源。

二 文化记忆与身份认同

记忆塑造人的身份认知。当人对身份感到困惑或不确定时，往往会求助于历史去找到自我的原初归宿，通过回忆自我的过去来建构当下的身份或者确立身份的合法性。记忆、传统与身份认同通过相互联系而共同作用，回忆着的群体通过回忆起过去，来确认、巩固自己的身份认同。"社会信念，无论其起源如何，都具有双重性质，它们是集体的传统或回忆，但也是从对现在的理解中产生的观念或习俗。……因为这些回忆使得人们既是昨日社会的成员，又是今日社会的成员。"[①] 当记忆成为我们探求过去和自我的一个新视角时，文化记忆就提供了人用以维持其本质代代相传的方法。可见，文化记忆是社会历时性的基础，通过文化的代际延续来获得身份识别的内在依据。它所提供的身份认同是一个群体获得的关于自己的整体性和独特性的意识。

阿斯曼夫妇的文化记忆概念围绕"过去"（我从哪里来）和"身份"（我是谁）这两个焦点建构起来的。"文化记忆所提供的知识的根本特点，就是我们属于谁和不属于谁的清晰区别，亦即什么和我们相关、什么和我们不相关的区别。对这种知识的使用和传播，不是由所谓的'理论的好奇'控制，而是由汉斯·莫尔（Hans Mol）描述的'认同需要'控制的。"[②] 文化记忆是身份定位的重要机制。通过共同拥有对过去的回忆，遵守共同的规范和认可共同的价值，从而推动文化的延续和自我的认知。关注记忆的"自我认知功能"是扬·阿斯曼文化记忆理论的重要观点。记忆对身份的认同也意味着记忆具有选择性和重构性，"我们才有必要融合确立身份的冲动和长生的愿望发展出一个长效

---

① ［法］莫里斯·哈布瓦赫：《论集体记忆》，毕然、郭金华译，上海人民出版社 2002 年版，第 311 页。

② ［德］简·奥斯曼：《集体记忆与文化身份》，载陶东风、周宪主编《文化研究》（第 11 辑），社会科学文献出版社 2011 年版，第 7 页。

记忆，目的是在日常生活的短暂记忆尽头构建起一个空间，以便我们能够从容地作出取舍，不断地回想，在文化的深厚时间中正确地自我定位。"①

文化记忆中被回忆和记忆的内容常常具有身份认同的成分，这种认同往往体现的是民族主体性，是一种大我群体的认同。人们通过审思和确定"我们是谁"，从"这个与我们相同"或"与我们相反"来进行认同上的决断。文化记忆的重要特征之一就是"身份固化"或"群体关系"。"所谓身份的固化，即是一个文化群体，通过把一种整体性的意识建基于文化客观化的知识上，从而获得形式冲动与规范冲动（formative and normative impulses），并凭借这种冲动获得自己的群体性文化身份认同。"② 文化认同的力量恰恰来源于它的历史积淀。每个社会都有自己的象征和符号，并通过记忆形成一套文化式样和维持身份。扬·阿斯曼认为，每个文化体系都存在一种包含时间和社会层面的"凝聚性结构"。从时间层面来说，它把过去重要的事件及其回忆以某种形式固定和保存下来并不断地使其再现以获得现实意义；从社会层面来说，它是对所有成员具有约束力的共同价值体系和行为规则，源于对共同体过去的记忆和回忆。"这种凝聚性结构是一个文化体系中最基本的结构之一，它的产生和维护，便是'文化记忆'的职责。"③ 扬·阿斯曼提出的凝聚性结构使得个体有条件说"我们"，它构成了"我们"的归属感和身份认同的基石。把"我们"和"我们"身边的人连接在一起，从而形成一个共同的经验、期待和行为空间——文化共同体。社会、群体通过塑造共享的文化记忆产生凝聚力和向心力，从而维系社会、群体的身份认同。如果社会、群体成员不能享有共同的知识系统、意义系统和共同记忆，就会面临身份认同危机。

扬·阿斯曼认为，文化记忆及其组织形式决定了民族认同和持久性。记忆的组织形式和身份构成之间存在紧密的无法抹除的联系。阿斯

---

① ［德］扬·阿斯曼：《关于文化记忆理论》，载陈新、彭刚主编《历史与思想（第 1 辑）：文化记忆与历史主义》，浙江大学出版社 2014 年版，第 24 页。

② ［德］简·奥斯曼：《集体记忆与文化身份》，载陶东风、周宪主编《文化研究》（第 11 辑），社会科学文献出版社 2011 年版，第 6 页。

③ 黄晓晨：《文化记忆》，《国外理论动态》2006 年第 6 期。

曼夫妇将文化记忆分为存储记忆（即无人栖居的记忆）和功能记忆（有人栖居的记忆），并对二者进行了详细的区分（见表3-1）。他们认为，存储记忆不能为集体同一性提供回忆的基础，而功能记忆则具有构建身份认同的功能，因为功能记忆会将无结构、无联系的成分进行建构和编排，并从中产生意义。"功能记忆作为一种构建是与一个主体相关联的。这个主体使自己成为功能记忆的载体或者内含主体。主体的构建有赖于功能记忆，即通过对过去进行有选择、有意识地支配。这些主体可以是集体、机构或者个体，但不管怎样，功能记忆与身份认同之间的关系都是一样的，相反地，存储记忆不是以身份认同为基础的，它有一个同样重要的作用，即比起功能记忆，它包含了更多且不同的回忆。"[①] 虽然存储记忆不能产生意义，但不能低估它对社会的作用。存储记忆为功能记忆提供了语境，并在一定程度上提供了外在依据。

表3-1　　　　　　　　功能记忆与存储记忆的差异

有人栖居的记忆（功能记忆）	无人栖居的记忆（存储记忆）
和一个载体相联系，这个载体可以是一个团体、一个机构或是一个人	脱离了特别的载体
在过去、现在和未来之间架起桥梁	把过去、现在、将来彻底分开
使用选择性的方法，有些东西记忆，有些东西忘却	对一切都感兴趣，一切都同样重要
传播构造身份认同和行为规范所需的价值	寻找真理，也就消解了价值和规范

资料来源：[德]阿莱达·阿斯曼：《回忆空间：文化记忆的形式和变迁》，潘璐译，北京大学出版社2016年版，第146页。

三　文化记忆与承载媒介

文化是一种不可遗传的集体记忆，它需要借助某些特定的实践和媒介表现出来，如语言、图像和重复的仪式等。群体成员通过互动建立他们的共同记忆。从集体记忆向文化记忆的过程中也离不开媒介的重要作

[①] [德]阿莱达·阿斯曼、扬·阿斯曼：《昨日重现——媒介与社会记忆》，陈玲玲译，载[德]阿斯特莉特·埃尔、冯亚琳主编《文化记忆理论读本》，北京大学出版社2012年版，第27页。

用。阿斯曼夫妇从记忆的技术性和媒介角度讨论文化记忆的形式和变迁问题，将文化记忆理解为"包含某特定时代、特定社会所特有的、可以反复使用的文本系统、意象系统、仪式系统，其'教化'作用服务于稳定和传达那个社会的自我形象"。① 文化记忆的重要媒介是文本系统、意象系统和仪式系统，通过发挥文字、图像和仪式的作用，群体的自我形象得以确定和延续。文化记忆借助社会所提供的各种形式和媒介形成、传播和延续，但这种记忆不会自动地传递下去，需要不断地重新建构、确立和习得。"文物、纪念碑、周年纪念日和仪式等通过物质符号或周期重复使代际间的回忆变得稳固，使后代不需要借助个人经验便能进入共同回忆。"②

文化记忆需要外部的存储媒介和文化实践来组织记忆。"在社会和文化语境中（文化作为记忆现象/集体记忆），对一个共同过去的阐释和知识的建构与传播只有通过媒介才能实现：通过口述和文字保存对于下一代富有意义的神话，通过印刷、广播、电视和因特网，完成在社会最大范围内的对于共同过去的传播，最后通过承载象征意义的媒介，例如纪念碑，唤起集体的、通常是被仪式化的记忆。"③ 媒介是记忆的支撑物和基石，也是个人和集体维度之间的交流和转换的工具。只有通过交流和媒介的帮助才能重新激活文化记忆，人才能进入社会文化的知识体系和模式内部。从集体记忆到文化记忆的过渡也是依靠媒介得以实现，因为媒介不是简单地传递信息，而是有一种影响力，对我们的思想、感知、记忆和交流的形式产生影响。

阿斯曼夫妇使用"交往记忆"和"文化记忆"这两个概念来具体区分集体记忆的层次。"交往记忆"主要指日常生活互动中所产生的记忆，而"文化记忆"则需要特定的社会群体借助文字、图像、节日、仪式、纪念碑、博物馆等载体来生成。"文化记忆有其固定点，它的范

---

① ［德］简·奥斯曼：《集体记忆与文化身份》，载陶东风、周宪主编《文化研究》第11辑，社会科学文献出版社2011年版，第3—10页。
② ［德］阿莱达·阿斯曼：《记忆的三个维度：神经维度、社会维度、文化维度》，王扬译，载［德］阿斯特莉特·埃尔、冯亚琳主编《文化记忆理论读本》，北京大学出版社2012年版，第45页。
③ ［德］简·奥斯曼：《集体记忆与文化身份》，载陶东风、周宪主编《文化研究》（第11辑），社会科学文献出版社2011年版，第3—10页。

围并不随着时间的变化而变化。这些固定点是过去一些至关重要的事件，其记忆是通过文化形式（文本、仪式、纪念碑等）以及机构化的交流（背诵、实践和庆典）维持的，我们称之为'记忆形象'（figures of memory）"[1]。这些"记忆形象"通过很多途径和方式来建构，如古老的仪式、地方史志、历史遗迹、档案馆以及散落民间的技艺或传统等，首要的目的是保持和延续社会认同。文化记忆不仅存在于文字文本、文化遗迹或场所、节日与仪式中，还可以通过艺术作品、歌曲、舞蹈、典礼活动等客观化的形式表达出来。这些文化符号通过周期性地重复使回忆在代际间延续下来，让后代不需要亲身体验便能拥有共同回忆。一个民俗或文化的传统通过这些文化载体或媒介而代代延续。

"记忆之场"是法国史学家皮埃尔·诺拉独创的概念。在他看来，"一切在物质或精神层面具有重大意义的统一体，经由人的意志或岁月的力量，这些统一体已转变为任意共同体的记忆产生的一个象征性元素"[2]"文化记忆场"是能够唤起一个民族深层次文化回忆的事物，包括代表性建筑、民俗、艺术作品、纪念日、经典文本等。这个事物不仅是物质性的具体存在，更会涉及象征性的行动或精神层面的认知建构。"'记忆场'是一个符号系统，它使生活在这个传统中的个体能够找到一种归属感，即意识到自己成为一个社会群体之一员的潜力，并在这个群体中学习、记忆、共享一种文化。"[3] 记忆场兼具实体性和精神性。例如，档案馆不仅是保存历史文献的地方，也是建构、生产过去的场所。博物馆拥有让时间"回到"过去的能力，这种"回到"是一种"重现"，里面所陈列的小物件都是过去时光的见证，小物件因此也就具备了"储存功能"。

四 文化记忆与身体实践

文化是民族的基因，而记忆则是对它的守护。记忆跟我们生活中互

---

[1] [德]简·奥斯曼：《集体记忆与文化身份》，载陶东风、周宪主编《文化研究》（第11辑），社会科学文献出版社2011年版，第3—10页。

[2] [法]皮埃尔·诺拉：《记忆之场：法国国民意识的文化社会史》，黄艳红译，南京大学出版社2015年版，第76页。

[3] [德]扬·阿斯曼：《什么是"文化记忆"》，陈国战译，《国外理论动态》2016年第6期。

动的人、事、时、地和经验相关。扬·阿斯曼认为，记忆媒介并非仅停留于技术层面，身体、环境、时间也应列入其中。他使用"扩张的情境"一词关注以身体为基础的活的记忆，"庆典和仪式是无文字的社会用来把文化内涵的扩张情境制度化的最典型的形式。仪式保证了信息的重新收录，使得内涵传媒性地显现出来。它保证了文化的'仪式纽带'。"① 记忆载体就是记忆展示的表演者，借助仪式重现过去，保持与过去的联系。阿莱达·阿斯曼在《回忆空间：文化记忆的形式和变迁》中将身体作为文化记忆的媒介之一，"在一个口传的记忆文化中，个人记忆再加上结绳、文身、节奏、舞蹈和音乐等身体或物质的支撑，构成了文化记忆的仓库。"② 记忆的媒介表现为多种身体实践形式，"身体可以通过形成某种习惯使回忆变得稳固，并且通过强烈情感的力量使回忆得到加强。"③

即使在文字作为主导媒介和记忆支撑的社会，身体在记忆中的作用仍然不可忽视，身体的参与可以保持文化记忆的活力。存储不等同于记忆，记忆中有能量、有活力的部分是文字作为媒介不能取代的，"因为它不能提供真正的智慧，而只能提供智慧的表象，不能提供真正的回忆而只能提供一种可怜的物质上的支撑。"④ 共同体的集体记忆往往是通过纪念仪式和集体化实践得以保持和延续的。"在这种可读性充满创造性的视角中，很少被注意到的是表演、参与、经历、相互作用、妥协、交换的过程，而正是这些都是文本范围之外进行的。"⑤ 为集体记忆提供认同绝不是文字本身，而是背后的象征和仪式。群体参与的特定仪式其实是一种加深集体记忆和传承文化的实践。每一种仪式都是一种"纪念"，仪式通过超越日常生活和日常行为的宗旨，不是局限在实践

---

① [德]扬·阿斯曼：《有文字的和无文字的社会——对记忆的记录及其发展》，载黄亚平、白瑞斯、王霄冰主编《广义文字研究》，齐鲁书社2009年版，第17页。
② [德]阿莱达·阿斯曼：《回忆空间：文化记忆的形式和变迁》，潘璐译，北京大学出版社2016年版，第150页。
③ 同上书，第13页。
④ 同上书，第207页。
⑤ [德]阿莱达·阿斯曼：《记忆作为文化学的核心概念》，吕欣译，载[德]阿斯特莉特·埃尔、冯亚琳主编《文化记忆理论读本》，北京大学出版社2012年版，第119—120页。

层面，还要上升到象征层面。

节日和仪式是文化记忆的要素。对于仪式和节日，不是回忆它，而是体现它，即通过复现和表现过去的时间使人产生记忆。纪念仪式就是重演过去的方式，通过让人重新体验和再现过去的情景让人产生记忆。"在纪念仪式中，我们的身体以自己的风格重演过去形象；也可以借助继续表演某些技艺动作的能力，完全有效地保存过去。"① 在仪式活动中，身体按照固定的套路做出相应的姿势或动作。"作为文化特有种类的身体实践，需要把认知记忆和习惯记忆结合起来。操演包括在群体全套活动中的动作，不仅让操演者回忆起该群体认为重要的分类系统，它也要求产生习惯记忆。"② 在仪式过程中，人们操演共同话语和身体实践，打开了鲜活的具体化回忆的视野，使得身体作为记忆系统的效用成为可能。在节日和仪式中，身体通过参与仪式活动表达思想和情感，它不是消极地保存过去的记忆，而是积极地参与对记忆的建构。"节日"中的习惯操演，对于表达和保持记忆十分重要，因为它巩固了与共同历史基础的联系。通过重构和创造共同的传统，不断重复构建出对族群的认同和持续发展的动力和活力，从而为民众缔造了身份认同。

第三节 对学校教育传承民俗文化的启示

阿斯曼夫妇所提出的文化记忆观点对于分析人类社会的文化传承现象具有重要的价值，对研究新时代的民俗文化保护和传承提供新的理论支撑。文化记忆理论为思考民俗文化的现代功能和教育传承提供了新的视角，我们需要把目光转向文化记忆层面来思考民俗文化如何实现代际的延续和再生产。

一 民俗文化传承是文化记忆的延续与呈现

民俗文化深深扎根于民间和族群个体的心灵深处，它是民众在特定

---

① ［美］保罗·康纳顿：《社会如何记忆》，纳日碧力戈译，上海人民出版社2000年版，第90页。
② 同上书，第108页。

的自然环境、社会环境和文化环境所长期积淀形成的生活方式,也是情感特征、价值观念和思维方式的体现。不同的民俗体现人们对生活愿景的畅想,也蕴含了不同的文化元素,承载的是维系人们情感的共同的文化记忆。民俗活动本身就是文化记忆的组成部分,"文化记忆是一个民族经过长期历史积淀而不断传承和延续的,进而彰显一个民族特质的通过文化形式和符号展现出来的共同记忆,这种记忆不仅包括文字和书面形式记载下来的知识,而且还包括风俗习惯、礼仪等通过日常生活体现出来的生活和生产方式。"① 民俗是群体共同遵循的生活惯例,通过民众重复实践而记忆,这些看起来琐碎而平常的民俗事项却是祖辈生活的沉淀和经验的总结。"文化身份既是'变成',也是'是',既属于未来也属于过去"②。具有地域特色的民俗文化具有独特的价值和无穷魅力,正是这些民俗传统和历史资源中的"民间叙事"与"历史记忆",能够产生"我们的"历史归属感和成员的亲密感。

文化记忆是国家、民族、社会重要的认同基础和精神磁场。民俗文化作为文化记忆所拥有的现代符号,是现代化尤其是文化全球化进程中应当保护与传承的文化资本。传统民俗是最温馨的文化记忆,也是塑造人的身份认同和代际延续的重要机制。通过日常生活中观察到的民俗表象系统,可以定位人的同质性内涵。这些同质性内涵既包括现在的同质性,也追溯到过去的历史记忆中去。通过追寻记忆的连续性,建构"想象的共同体",获得身份的历史连续感。今天,剧烈的社会转型不可避免地造成记忆的断裂,扬·阿斯曼所提出的"记忆的危机"也是当前各个民族与国家的传统文化遗产所面临的共同问题。"记忆的毁灭同样也是一种揭露。这种毁灭意味着一个旧身份关系的破碎,也意味着经历过的事物的结束:历史与记忆等同的结束。"③ 文化记忆的建构面临新的时代挑战,我们需要认识到记忆在本质上具有储存和重建两个功能,要让象征过去的记忆以丰富的文化内涵和对传统的新解释进入人们

---

① 左路平、吴学琴:《论文化记忆与文化自信》,《思想教育研究》2017年第11期。
② [英]拉雷恩:《意识形态与文化身份:现代性和第三世界的在场》,戴从容译,上海教育出版社2005年版,第230页。
③ [法]皮埃尔·诺拉:《历史与记忆之间:记忆场》,韩尚译,载[德]阿斯特莉特·埃尔、冯亚琳主编《文化记忆理论读本》,北京大学出版社2012年版,第97页。

当下的生活中。这样,既能实现文化基因的延续,也能够阻断传统的断裂并确保文化的再生产。

民俗不是僵死的遗留物,更包括活生生的材料。民俗文化蕴含着丰富的文化基因和历史记忆,它作为民众世代承袭的文化式样是生成记忆的材料养分。"乡愁文化和民俗文化具有共同基因,乡愁文化依托村落广场、民居建筑、弄堂巷道、老井古桥等记忆场所及俚谚俗语、歌谣传说、礼仪规约、习俗风尚、游戏方技等民俗文化,即便是物质性的记忆场所也渗透了村落邻里日常生活等民俗因素,离开了这些民俗因素,记忆场所也不复存在。"[1] 民俗文化可以复活关于传统生活方式的记忆,对民俗文化不仅是保护,更重要的是传承。从记忆理论阐发民俗概念,把民俗传承作为文化记忆的实现和实践,挖掘、活化独具特色的民俗文化,不仅使民俗文化的生命活力得到延续,还可以恢复民俗文化的自我生产功能。

民俗蕴含了丰富的文化意义,它的传承和保护不只是静态层面的资料保存,而且是动态的文化记忆的延续与重构。"记忆是生活:它总是由鲜活的载体所承载,因此,一直在发展……而历史始终是对不再存在的事物的有问题的不完整的重构。记忆始终是一个当前的现象,一个永远经历在当下的关系。相反,历史代表着过去。"[2] 文化记忆存在是为了传承文化,而传承不是把古老的文化按照原来的面目保留起来、传递下去,而是要随着时代的变化而进行更新。记忆与生活的地方联系在一起,地方在建构和储存个人与集体记忆中扮演着重要角色。我们要从文化记忆功能的角度思考民俗文化的保护与传承,深度挖掘民俗文化中的优秀文化遗产,进行创造性转化,重构人的文化记忆。文化遗产是集体成员创造性的成果,也是集体记忆的表达,尤其是非物质文化遗产与文化记忆有着极为一致的内在逻辑。关注民俗类非物质文化遗产作为文化之源的意义和价值,激发民众特别是儿童和青少年保护文化遗产的热情与责任感,不仅可以让历史和传统在一代代传承中延续,也更能促进与

---

[1] 刘爱华:《城镇化语境下的"乡愁"安放与民俗文化保护》,《民俗研究》2016年第6期。

[2] [法]皮埃尔·诺拉:《历史与记忆之间:记忆场》,韩尚译,载[德]阿斯特莉特·埃尔、冯亚琳主编《文化记忆理论读本》,北京大学出版社2012年版,第95页。

强化人的文化记忆和文化认同。

二 正视教育的文化记忆功能

人是一种取决于传统的存在，传统常常被看作某种基础或者文化力量，一个没有文化记忆的民族是贫乏和肤浅的民族。既然文化不能通过基因进行遗传，那么关于继承和保证传统的问题就摆在我们面前。这不仅仅是关于存储的问题，而是持久地保持记忆的显现，使其不断地被塑造、被保存和被循环。教育在文化传统的接力过程中发挥重要作用，文化记忆不仅是通过有意识地保存传统而连续进行的，还需要向更深的层次摸索一种新的方法，要教育承担起相应的责任。

首先，教育是文化记忆的重要媒介。文化记忆的核心是记忆，它既可以被理解为被发现和建构的结果，也可以理解为一个过程，即关于文化的传承、保存和延续的过程。教育在文化记忆的储存、复制和延续上发挥着重要作用，使其成为社会群体的共同认知，从而稳定地存续下来。"在社会和文化语境中（文化作为记忆现象/集体记忆），对一个共同过去的阐释和知识的建构与传播只有通过媒介才能实现。"[1] 教育则是阐释过去和建构知识的重要媒介，"传播和对文化意义形成的参与的重心从仪式和节日转移到教育机构和对文字的礼拜上。"[2] 对于人而言，不管是作为个体还是作为群体，注重的是精神世界的内心和文化如何在时间的长河中固定下来，这就需要通过教育重新唤醒关于自身民族的文化基因，使文化精神得到传承，进而建构个人和集体身份认同发挥作用的力量。

其次，教育是实现文化从存储记忆向功能记忆转变的途径之一。阿斯曼夫妇从将有人栖居的记忆称为功能记忆，它的特点是群体关联、选择性和价值联系；将与现实失去有生命联系的东西称为存储记忆。功能记忆与主体相关联，涉及有价值的知识和有活力的经验。"我们将记忆中真正被居住的那一面称为功能记忆。在功能记忆中，涉及一段'占

---

[1] ［德］阿莱达·阿斯曼：《记忆作为文化学的核心概念》，吕欣译，载［德］阿斯特莉特·埃尔、冯亚琳主编《文化记忆理论读本》，北京大学出版社2012年版，第229页。

[2] ［德］扬·阿斯曼：《文化记忆》，甄飞译，载［德］阿斯特莉特·埃尔、冯亚琳主编《文化记忆理论读本》，北京大学出版社2012年版，第14页。

为己有'的记忆，涉及它是如何产生于选择、联结、意义建构这一过程……那些无组织的、无关联的因素进入到功能记忆后，就成了整齐的、被建构的、有关联的因素。"① 教育将人视为文化承载的主体，关注文化知识的选择、联结与建构，从而将文化从存储记忆转向功能记忆。一方面，存储记忆和功能记忆的界限不是绝对性，存储记忆的文本经过选择和加工成为教育文本；另一方面，存储记忆的场所，如艺术、科学、博物馆等，可以成为教育的场所。"能通过教学法的或者美学的洞察方式被开发，例如某些能通过博物馆、电影、小说等一系列具有重现作用的媒介而被带回到共同意识的主题、提纲和事物；还有一部分信息在功能记忆里复活，在这些功能记忆中，不活跃的文化信息又一次被复活并被重新'居住'。"② 通过教育可以使文化记忆从物质储存转向复杂的意义建构并在传播中得以重建、阐释和更新。

再次，教育帮助文化从"术"的记忆上升到"力"的记忆。文化的记忆和传承更多以文字为媒介，然而"记忆的媒介自身并不是决定性的，起决定作用的还有和它们一起发展起来的不同的阐释方法。"③ 教育不是把文化记忆理解为一个保护性的容器，而是通过新的诠释和建构发展一种内在的力量。"回忆库存会在文字媒介中快速打开直接运用过去知识的视野，并且通过一个可以大步跨越的'教育记忆'来形成'联系性记忆'。"④ 通过教育对文化记忆进行深层次重构，保留值得延续的、有助于身份认同的和关涉价值的因素，这摆脱了对记忆"术"的依赖，关注记忆"力"的建构与生成。在教育过程中通过回忆将记忆唤醒并在过程中一次次地再生产，但"并不是把东西简单地取回，而是要重新制造某些新的东西。一种新的感情从原初的感知和加于其上

---

① ［德］阿莱达·阿斯曼、扬·阿斯曼：《昨日重现——媒介与社会记忆》，陈玲玲译，载［德］阿斯特莉特·埃尔、冯亚琳主编《文化记忆理论读本》，北京大学出版社 2012 年版，第 27 页。
② 同上书，第 32 页。
③ 同上书，第 243 页。
④ ［德］扬·阿斯曼：《文化记忆》，甄飞译，载［德］阿斯特莉特·埃尔、冯亚琳主编《文化记忆理论读本》，北京大学出版社 2012 年版，第 12 页。

的回忆组成的合成物中产生出来。"① 人是文化记忆缔造的参与者与践行者,经过教育的选择和加工,人对文化回忆的进行总是从当下出发,这从根本上来说是重构性的,它是一个新的感知的生产性的行为。

最后,教育可以作为"文化记忆之场"。文化记忆的传承与体现需要"载体",这个"载体"就是"文化记忆场"。教育是文化传承的重要机制,作为教育机构主体的学校扮演着"文化记忆之场"的角色。一方面,学校挖掘和利用地方文化的要素打造文化空间让自身成为文化记忆的场所,如文化长廊、展览馆、博物馆等;另一方面,学校梳理文化特色符号,挖掘文化特殊记忆,以仪式、典礼、节日等直观形式进行文化重现和实践,让学生参与、体验,从而让文化记忆在学生心中扎根。

三 开发蕴含民俗文化基因的课程

爱德华·希尔斯在《论传统》一书中说道:"人的每个行为和信念都有一种来龙去脉;这种行为和信念乃是一连串的传承、修改和对当今情况的适应的瞬间终极状态。尽管每个人都在自己的行为和信念中夹带着大量的过去的行为,却有许多人看不到这个事实。"② 人,作为文化的存在,一旦与自己的传统根脉失去关联,便将面临关于文化身份的追问。因此,必须要使儿童了解传统发挥作用的方式,关心社会群体的习惯和共同维持的记忆,这就需要开发蕴含民俗文化基因的课程通过学校教育弥补这个缺陷。

首先,将经典的文化文本纳入教育文本中来。文字是记忆的媒介,也是记忆的支撑。文化文本是文化身份同一性构建的素材,"文化文本为受遗传控制的身份认同提供了替代物。它通过文字促成了一系列的身份认同:宗教的、民族的、个人的。个人的身份认同有赖于文化文本,也有赖于特定的经典教育文本。"③ 因为这些文本不仅仅是一个抽象的

---

① [德]阿莱达·阿斯曼:《回忆空间:文化记忆的形式和变迁》,潘璐译,北京大学出版社2016年版,第112页。
② [德]哈拉尔德·韦尔策编:《社会回忆:历史、回忆、传承》,季斌、王立君、白锡堃译,北京大学出版社2007年版,第12页。
③ [德]阿莱达·阿斯曼:《什么是文化文本?》,张硕译,载[德]阿斯特莉特·埃尔、冯亚琳主编《文化记忆理论读本》,北京大学出版社2012年版,第136页。

记录系统，而是包含一种赋予生命和连续性的力量，人通过文本学习文化符号并激发回忆，而回忆则是建立个人和集体身份认同的一个关键组成部分。文化文本不同于一般的文学文本，"如果说文学文本的目的是享受，文化文本的目的则是为了获取，为了毫无保留的身份认同。它能为读者提供一种活跃的中介，让读者与文化文本产生认同，同时通过文化文本赢得和保证自己的认同。这些文本不仅能供人阅读，引起思考，还能为灵魂提供住所。"① 这些经典化的文本永远不会陈旧，他们会随着时代的进步自我更新。对民俗文化而言，民间传说、民间故事、童谣等蕴含民俗文化符码的经典文化文本都可以转化为教育文本，以此来探索承载和传达过去及其意义的事物。

其次，编写蕴含民俗文化符码的校本教材。为了让记忆能够发挥指导方向的作用，关于文化符号的成分要被收编起来，也就是说，按照重要性挑选出来进入课程，使学生能够接触到，并在一个意义结构中得到阐释。民俗文化符码的活力在于一个互动的过程，它同时也可以激活记忆，这就需要将民俗文化与学校教育结合起来进行考察、分析。将鲜活的民俗文化元素编排到校本课程中，通过有效地实施能够唤醒儿童对社区、家庭等生活环境的亲切感，使得学校成为"儿童、文化传统与共同体之间的延续"。苏州昆山中学努力挖掘江南水乡文化的广义内涵和传统符号，编成了《江南古建筑》《水乡风土情》《江南旧行当》《水乡现代化》《江南诗歌风》《水乡演艺秀》《昆山水文化》《水乡昆曲韵》《昆山名贤录》9本教材。这些校本教材涉及家乡的民俗文化元素，通过学习学生可以熟悉家乡的民俗文化，从而产生更多的文化依恋。

最后，设计与民俗元素相关的活动课程。每一个群体都有其共同的记忆，记忆根植于具象之中。民俗事项是民众生活文化经验的积淀，它存在于人们的日常生活中。学校应注重民俗文化这一特性，通过活动课程来实施，开展与民俗文化有关的实践体验活动，引发学生对民俗情境的真实反应，从而对民俗文化有更深刻的理解。学生对民俗文化的记忆

---

① ［德］阿莱达·阿斯曼：《什么是文化文本？》，张硕译，载［德］阿斯特莉特·埃尔、冯亚琳主编《文化记忆理论读本》，北京大学出版社2012年版，第140页。

不是从外部强加的，而是被直接编织到学生的经验结构中去的。

四 建构关切民俗文化的学习机制

文化记忆的塑造受主体因素的影响，它借助个体记忆形式得以传承。"文化记忆中的'记忆'主要是针对身份认同的、具有某种神圣的因素，是一种发生在'心灵当中'的、重生存式的意义学习。"[①] 民俗文化通过一代代鲜活的"人"这个主体生生不息地继承下来，有必要探索适宜民俗文化的学习方式，帮助学生形成对民俗文化记忆的主体意识和价值认同。

一是制定民俗文化学习的情感目标。文化记忆具有知识、情感和社会属性，其中情感属性对文化记忆的建构发挥动力功能。因此，民俗文化传承的不仅仅是技术和知识，更应当包括对文化情感和价值观的历史认同。民俗教育不单是帮助学生认识乡土生活环境的教育，它包含认知、技能与情感三方面，尤其要关注情感目标的达成。学生只有对文化赋予情感的自觉与自信，才会愿意深入地学习和了解家乡的文化习俗，也才能引导个体成为民俗文化意义建构的参与者，进而上升到个人和社会的文化认同。

二是重视民俗文化学习中的身体参与。文化总是被实践的产物，个人在文化活动中体验当下的"过去"并引发回忆，记忆在身体中积淀。民俗文化以身体为核心开展文化表述，传达和维系着有关过去的意象、知识和记忆，身体性是内嵌于民俗文化之中的最重要特点。在民俗文化学习的过程中，不能仅仅关注民俗知识的讲授，尤其要重视学生身体的参与。民间手工艺制作、游戏参与、戏曲表演、故事讲述等民俗事项都离不开身体的参与、感受。"学生有一个身体，他把身体和心智一起带到学校。他的身体不可避免地是精力的源泉；这个身体必须有所作为。"[②] 在民俗文化学习过程中，将学生的头脑、内心和身体共同参与，实现身体活动和意义建构的统一。同时，充分利用纪念碑、纪念场所、

[①] 邱昆树：《形塑"文化记忆"：当代教育的文化使命》，《教育发展研究》2017年第3期。

[②] [美]约翰·杜威：《民主主义与教育》，王承绪译，人民教育出版社2001年版，第154—155页。

博物馆、档案馆等记忆之地的场所，让学生实地参观、体验，不但地点把回忆重新激活，回忆也使地点重获新生。

三是关注仪式在民俗文化学习中的作用。仪式是一种使集体记忆得以存续的有效方式，通过仪式将过去的记忆在当下显现出来，并使之持久地存续下去。"当一种文化执着的价值从一代人传给下一代人时，借助于仪式可以变得更加容易。"① 为适应社会变迁，仪式也不断地被传承主体进行调整和重构，文化记忆就在仪式调整与重塑的过程中不断延续与重构。展现民俗文化的仪式也是记忆的一个过程，通过仪式提供给人一种力量与信念。学校通过挖掘和整理有关民俗文化的仪式将其引入学校教育中来，尤其是可以结合传统的节日教育复现有关的仪式，以培养学生对民族和地方的情感和记忆。节日中有着丰富的文化内涵，有着特定的仪式和习俗，这些程式化的仪式和习俗的呈现能培养和激发学生对国家和地方一种深厚的情感。

---

① ［英］菲奥纳·鲍伊：《宗教人类学导论》，金泽、何其敏译，中国人民大学出版社2004年版，第173页。

第四章　从民间到学校：苏南民俗符号的教育建构

教育是将先辈的文化遗产代代相传的重要机制，承载着人类文化延续和发展的重要使命。作为主要教育机构的学校，在新时代肩负起重大的文化传承使命。

第一节　文化符号是生成文化记忆的媒介

美国人类学家怀特认为："全部文化或文明都依赖于符号。正是使用符号的能力使文化得以产生，也正是对符号的运用使文化延续成为可能。"① 体现人类行为模式的民俗事项是由相应的表现体构成的，即各式各样民俗元素的象征符号，这些象征符号蕴含了代代相传的传统、神话、记忆和价值观，直到今天仍有巨大影响。仲富兰在《民俗传播学》一书中指出："民俗文化符号是民俗文化赖以世代传承的主要载体，它是以象征的方式，通过语言和某种物象、图像、事象作为符号，来表达特定意义，传递特定信息的。"② 这些符号包括戏曲、工艺、建筑、饮食、节日、绘画、音乐、歌舞、地方景观等。"每当人们在民俗文化生活中相互交往和交流的时候，始终要受到一个个或一连串的象征符号的触动，从而感受到它们所指代的或所象征的民俗内涵，进而体会到那些

---

① ［美］莱斯利·A. 怀特：《文化的科学——人类及其文明研究》，沈原等译，山东人民出版社1988年版，第33页。
② 仲富兰：《民俗传播学》，上海文化出版社2007年版，第89页。

民俗事象的价值所在。"① 因而，这些象征符号也是后辈群体生成文化记忆的媒介，"社会记忆是一种通过共同生活、语言交流和言语而产生的个人记忆的协调，而集体和文化记忆则建立在经验和知识的基础上。这一基础脱离活跃的载体，而转到物质数据载体上。通过这种方式，回忆可以越过代际界限而保持稳定。在社会记忆与支持它的人类总是一起消逝的时候，文化符号和标志则提供了更为持久的支持"。②

每一民族或地域都有自己独特的文化符号体系，这些文化符号构成民众文化记忆的重要媒介，正是这些符号媒介给予文化记忆持久的支持。当文化记忆被外化、对象化并以符号的形式储存时，代表着这种生活经验可以被感知和掌握，它在时间跨度上并非是具有有限生命的人，而是可以不断地与下一代活跃的记忆产生新的结合并被其掌握。个体在其中除产生个人认同和社会认同外，也获得了文化认同。因而，当民俗文化从民间传承进入学校场域时，教育者必须甄别和选择核心而关键的民俗象征符号，并将这些民俗象征符号进行教育转化，探究与学校教育的结合点。将民俗文化符号与学校教育相融合，不仅丰富了学校的课程设置，而且拓宽了传统民俗文化的有效传承路径。

第二节 苏南民俗符号与教育建构举隅

深受吴文化浸润的苏南地区的教育人主动将民俗文化的符号元素融入学校教育，探索独具特色的教育建构，形成了利用学校教育传承地方传统民俗文化的苏南经验。在这里选取一些学校的典型做法进行分析。

一 方言与童谣

人以及所使用的语言是传递文化的工具。美国人类学家爱尔乌德认为："一切文化都是学而得之的，在文化学习的过程中，人们所运用的各种交互传递的方法，通常都需借助于语言。……我们有充分的理由相

---

① 乌丙安：《走进民俗的象征世界——民俗符号论》，《江苏社会科学》2000 年第 3 期。
② ［德］阿莱达·阿斯曼、扬·阿斯曼：《昨日重现——媒介与社会记忆》，陈玲玲译，载［德］阿斯特莉特·埃尔、冯亚琳主编《文化记忆理论读本》，北京大学出版社 2012 年版，第 45 页。

信语言是文化中的第一元素,并且成为文化连续的中枢……和语言同时发现的,一定是经过语言的知识与技能之传达。"① 语言符号是文化传播和延续的工具。所谓掌握语言,并不停留于单纯地掌握知识和技术的手段,而是认识到语言是文化的结晶。方言体现当地民众独特的认识和交流方式,它不仅是语言符号,还是具有象征作用的民俗符号。"方言是一个地区民俗的载体,它是民俗文化赖以留存、传承的媒介,它不仅是民俗文化的表现形式,它也是内容。"②

方言是民俗文化特有的文化符号,反映特有的民间风俗习惯和文化传承。苏南地区的很多幼儿园和小学主动将吴地方言纳入学校教育活动。苏州沧浪实验小学附属幼儿园一直为孩子们提供一个说苏州话、唱苏州话、练苏州话的平台,创设说苏州话的环境。将苏州话以童谣、舞蹈、歌唱的形式渗透在幼儿的日常活动中,鼓励幼儿人人参与、人人知晓,爱讲、会讲苏州话。常州怀德苑幼儿园开展"学说常州方言,传承传统文化"的活动。无锡市实验幼儿园在中班普及方言教育课程,不仅让幼儿学会无锡话发音技巧,还同时了解无锡特有的民俗文化。在考察中,南长中心幼儿园 G 园长谈道:

> 外地家长很支持方言教育,因为他们想融入无锡,让孩子会讲无锡话,新无锡人期待自己的孩子能真正融入这个城市。
> (20160415　南长中心幼儿园　G 园长)

在泰伯奔吴的梅里(现:梅村),有历史悠久的稻作文化、蚕桑文化,有软软的梅里细语。无锡梅村中心幼儿园尝试从语言开始帮助幼儿走进梅里文化,创建适合幼儿的"梅里俚语库"(梅里趣语、梅里俗语、梅里谚语等),以"种植乐"活动和"蚕桑乐"活动为载体,教会孩子与稻作文化和蚕桑文化相关的梅里俚语,在具体的活动情境中渗透幼儿能够理解的梅里方言,如:桑果果(桑椹)、蚕蛾婆(蚕娥)……

---

① [美]爱尔乌德:《文化进化论》,钟兆麟译,上海社会科学院出版社 2017 年版,第 17—18 页。
② 王献忠:《中国民俗文化与现代文明》,中国书店出版社 1991 年版,第 296 页。

在访谈中，无锡梅村中心幼儿园 C 园长说道：

> 常常能听到年长家长的担忧：现在的梅村孩子不会说梅村话。的确，在推广普通话的大形势下，梅里俚语，梅里人的宝贵财富正悄然离我们远去。然而无论现代文明如何洗礼，乡音的基本信息永远丢不了，作为梅村的幼儿园教师，有责任把梅里俚语传递给孩子。（20160523　无锡梅村中心幼儿园　C 园长）

周作人指出，收集和研究歌谣的意义主要有两方面：一方面是"文艺的"，即文学审美意义；另一方面是"历史的"——"大抵是属于民俗学的"意义。① 童谣是歌谣的组成部分，经典的童谣具有一定的历史文化内涵，传达着地方的民俗文化传统。"童谣是对日常生活民俗事象的反映，民俗依靠童（歌）谣来加以流布传承。"② 童谣不仅有关于历史典故、民风民情的表达，也有关于景观风貌、饮食、谚语等方面的描绘。经典童谣留存着文化的基因和血脉，是重要的民俗文化资源，也反映了文化空间的建构和日常生活中文化记忆的传承。当儿童在传唱童谣时，地方文化经验也得到了传承。因此，我们要识别童谣独特的文化教育意蕴，选择和品鉴具有文化文本属性的传统童谣，将之纳入教育资源系统。"文化文本拥有一种能力，使作品所负载的能量不会消失殆尽，而是随着不断阅读而传播并储存在记忆之中，跨越历史的鸿沟结合在一起。"③ 通过儿童传唱这些经典的童谣文化文本，让他们接受更多的文化遗产，传承地方文化记忆，从传统民俗文化中获得更丰富的滋养。

苏南地区幼儿园以童谣为媒介，探索学习地方方言的方法，激发幼儿学说吴地方言的兴趣，同时加深幼儿对地方民俗文化的感受、理解和热爱。无锡市胡埭中心幼儿园建立童谣为教学内容的校本体系，通过"童谣"让幼儿了解、熟悉和学习无锡话，同时让幼儿喜欢吴地文化、

---

① 周作人：《周作人散文全集》（第 2 卷），广西师范大学出版社 2009 年版，第 546 页。
② 毕海、陈晖：《北京童谣的文化教育意义》，《北京社会科学》2015 年第 6 期。
③ ［德］阿莱达·阿斯曼：《什么是文化文本?》，张硕译，载［德］阿斯特莉特·埃尔、冯亚琳主编《文化记忆理论读本》，北京大学出版社 2012 年版，第 137 页。

感受吴歌的魅力。该园面向小班选择字数较少、充满趣味的吴地童谣，教学以游戏为主；中班选的童谣注重韵律，让幼儿体会韵律的美，学会哼唱简单的童谣；针对大班的童谣应多注重形式上的变化，鼓励他们的表现，并进行一些吴歌演唱，指导他们了解童谣反映的生活、文化价值和思想、道理等内涵。具体内容如表4-1所示。

表4-1　　　　　　　无锡胡埭中心幼儿园童谣内容一览

年龄段	童谣内容	
	上学期	下学期
小班	《虫虫飞》 《骑骑马》	《一箩麦》 《北斗星》
中班	《穆桂英的糕》 《你姓啥》 《无锡是个好地方》（吴歌）	《卖糖粥》 《啥个花开节节高》 《唱起山歌一条腔》（吴歌）
大班	《荷花荷花几月开》 《惠山泥人》 《江南文化泰伯头》（吴歌）	《说说倷伲格无锡》 《天上星》 《小小无锡景》（吴歌）
备选	《喔喔啼》《石门开》《小人小山歌》《落雨了，开会了，小兵辣子开会了》 《康铃康铃马来哉》《摇啊摇》	

资料来源：2016年4月16日实地考察资料。

二　民间艺术

民间艺术是民俗文化的一种表达形式，其内容和形式具有丰富的民俗元素，可以说是民俗文化的形象载体。民间艺术的表现形式多样，按照制作技艺的不同，可以分为塑作艺术、剪刻艺术、织绣工艺、表演艺术（民间音乐、舞蹈、戏曲）、绘画之类、雕镂艺术等。苏南地区的民间艺术门类多、品种也多，如苏州的苏绣、苏雕、苏扇、吴歌、桃花坞年画、昆曲等，无锡的锡剧、锡绣、惠山泥人、宜兴紫砂等，常州的木梳和篦子、留青竹刻、麦秆画、乱针锈等。这些民间艺术是苏南地区独特的文化标识，也是在一个文化记忆衰落的世界中最优秀和最重要的记忆媒介。挖掘当地民间艺术资源使之融入学校教育，不仅是苏南地区学校文化自觉的表现，也是将艺术从技艺层面转变为一种教育力量的尝试。接下来，将以刺绣、版画和昆曲为例进行说明。

（一）刺绣

苏南地区久有蚕桑生产的历史，其刺绣工艺历史十分悠久，经过几千年的延续和发展，已经形成一种独特的刺绣文化和刺绣工艺，这其中也积淀了丰富的民俗文化。保护刺绣工艺，也就是保护民俗文化。苏州高新区镇湖镇是苏绣的发源地，"镇湖刺绣，一枝独秀"，因而被江苏省命名为"民间艺术之乡"。镇湖实验小学是一所深受苏绣文化浸润的百年老校，学校以"苏绣文化"这一得天独厚的特色文化资源，将苏绣文化与学校教育有机整合，在学校课程内容中巧妙地渗透和浸润苏绣文化。既保护和传承了苏绣技艺和文化，又充分发挥了苏绣文化的育人价值。学校有自己的校本教材《绣中奇葩》，为适应每个年段的不同需求，课程分为启蒙篇、基础篇、中级篇和高级篇四类，在专业老师的指导下学校的每一位学生都对刺绣有一个基本的认识，越往高年级，认知程度越高。同时，镇湖实验小学还围绕苏绣文化开展课题研究。江苏省锡山高级中学实验学校从 2007 年开始探索"锡绣进校园"。学校从"锡绣工艺"到"课程植入校园"开展一系列相关的研究、思考和实践，2016 年 11 月该校入选"全国非物质文化遗产十大校本课程"。通过"走进无锡刺绣"课程，带动学生感知"锡绣"艺术，也让学生带动更多的人群投入对"锡绣"的宣传和保护、理解、体验与创造中。同时，为无锡其他学校提供了示范，无锡第一女子中学、堰桥实验小学、辅仁高中、山北中学、庐庄实验小学、塔影中心小学等学校都逐渐将"锡绣"引进校园。

（二）民间版画

作为视觉艺术的民间美术与民俗文化密不可分，图画形象中往往隐含着一定的民俗表达。"民间美术是民俗文化活动的重要组成部分，是民俗文化得以视觉显现的物化符号，是民俗文化的外在视觉形象符号。"[1] 图像是记忆的媒介，蕴含丰富的文化信息。在教师的引导下，

---

[1] 杨传喜：《对民间美术形象符号及其文化内涵的解读——一种民俗文化传承的视角》，硕士学位论文，福建师范大学，2006 年。

学生可以通过直观具体的形象符号理解所负载的民俗文化，从而对当地的民俗文化有所感知、了解和强化。苏州桃邬中心小学以其独特的地理位置优势——地处苏州市桃坞木刻年画发祥地，率先探究和承袭桃花坞木刻年画艺术，桃坞木刻年画研究活动已经形成办学特色，全校开展木刻年画教学。

无锡厚桥实验小学从2001年开始将儿童版画作为学校艺术教育特色项目。《儿童版画》立足江南本土文化形成创作主题，有"童年水乡""无锡艺人""江南民居"等。学校在发挥美术学科课堂主阵地的同时，组建第二课堂"厚泽版画院"。最美乡村谢埭荡、厚桥老街、做清白团子的乡亲们都成为学生画中的素材，尤其是谢埭荡天然的江南水乡风光为学生提供了创作渔家风情的素材。其中木版画的"老房子"系列则唤醒了学生对老式江南民居的关注。在访谈中，J老师介绍说：

> 我们这边是江南版画，特点是粉墙黛瓦、水多、鱼多。不同的老师创作不同，体现江南韵味。有的老师黑白灰系列，又称老房子系列，还有吹塑脂的。我们有四个美术老师，根据自己的风格，有不同的画风，经常到地方搜集素材。我们是在无锡市做版画是最早的学校。当时锡山区文体局局长比较喜欢版画，我们聘请他指导，开始扶持这一块，有意识地与当地文化结合起来，如"古镇人家""农闲乐悠悠"。版画的成本很低，我们从三年级开始有版画基础训练课，一周一节课。四年级会挑部分有特长的孩子过来。版画的内容以当地的景为主。我们经常带着孩子去写生，如荡口古镇。版画内容与当地文化对接蛮多的，如"老艺人"、"评书"、惠山泥人、锡绣、阿炳、"老街一景"等都是无锡特色的。我们有一堂美术课叫"老房子"，欣赏之后，孩子们用纸撕的方式，培养孩子对老房子的感觉。现在学校开始将儿童版画从特色项目向特色课程转化，注重培养少年儿童对自然、对社会、对自我的观察、感受和认识，凸显地域文化的特征。（20160316　无锡厚桥实验小学　J老师）

(三) 昆曲

不同的文化艺术以独特的方式成为文化记忆的特殊符码。昆曲最初叫作"昆山腔",诞生于苏州昆山,流传至今已有五六百年。早在2001年,昆曲就进入了世界级非物质文化遗产名录。"昆曲作为中华民族独特的舞台表演艺术样式,用特有的方式承载了中华民族的历史记忆和文化符号,从而将中华民族的过去和现在构建成为延绵不绝的统一体,在华夏民族的文化记忆总体中提供自己独特的历史文化坐标。"[①] 被誉为"百戏之祖"的昆曲,在今天也面临如何"活下去""传得开"的问题。让昆曲走进学校、让儿童和青少年接近昆曲成为昆曲传承的一种路径。苏州地区尤其是昆山的学校,积极挖掘和利用昆曲艺术的教育元素,促进昆曲与艺术美育、德育、学校文化与课程建设的有机结合。昆山千灯中心小学和炎武小学以"昆曲为学校塑美立魂"为宗旨,共同建设"昆曲文化课程"。"昆曲文化课程"是文化素养类校本课程,更是综合实践课程,通过丰富多彩的实践活动提高学生的艺术素养、审美情趣和文化自觉。昆山第一小学提出了"学昆曲、学做人、体验幸福人生"的昆曲教育理念,通过开展"特色文化"综合实践活动传承昆曲艺术,开发"走进昆曲"校本课程普及昆曲艺术,构建"和雅校园"物化环境彰显昆曲元素,培育"雅真一小"精神文化沐浴昆曲艺术等途径将昆曲教育与提高学生人文素质、培养地方文化认同有机结合起来,从而走出一条特色的昆曲文化传承之路。

三 江南船拳

民俗体育是民众为适应地域环境和生活条件而形成的特定身体活动符号。民俗体育以健体、防身、娱乐为主,但它从来不是单纯的体育活动形式,先天的民俗基因使它比一般体育携带更为丰富的文化因子。"民俗体育活动形式大多是和民间传说、神话一起传承下来的,其中携带着民俗心理、民俗精神、民族特色代代相传的文化基因。"[②] 民间武术是打拳和使用兵器的技术,是传统的体育项目。民间武术是民众在长

---

① 程艳:《昆曲与民族文化记忆》,《四川戏剧》2016年第12期。
② 柯玲:《民俗教育原理》,光明日报出版社2015年版,第118页。

期的社会实践中不断积累和丰富的宝贵文化遗产，具有典型的地方民俗文化特征。苏州是江南船拳的发源地。该拳种源于吴越争霸，兴于唐宋，明清时达顶峰，在中华武林中独树一帜。船拳主要是在船上打的拳，集各类拳种基本招式之长，为适应船身的移动而创设，体现了江南水乡的特色。明代以后的江南船拳不仅是反侵略和自卫防身的手段，更是地方百姓生活的方式。

越溪在每年8月18日都有祭祀活动，当天越溪人就摇着船去烧香，在船上表演船拳成了大家喜闻乐见的形式。船拳实际上起源于春秋争霸时期的吴越地区，至今有2000年的历史，既可以强身健体，也可抵御外敌。后来，成立了船拳队来保护村庄，维持秩序。但明清之后，民间武术逐渐势弱，如今民俗表演活动让船拳有了新的舞台。（20160610　越溪实验小学　W副校长）

苏州是江南船拳的核心文化圈，吴中区的越溪船拳、相城区的北桥船拳和常熟市的沙家浜船拳是典型的代表。北桥船拳是开口船拳，与越溪船拳和沙家浜船拳有很大不同。从唐代时船拳进入庙会表演，有的拳师会将历代英雄人物事迹编为拳歌并融入船头拳中。再加上北桥地区戏曲底蕴深厚，在拳歌中融合地方戏曲的腔韵，于是形成了富有北桥特色的"开口船头拳"。不幸的是，随着时代变迁和人们生产生活的变化，江南船拳面临失传的困境，对这一优秀的传统体育文化项目的保护和传承迫在眉睫。位于吴中区越溪镇的越溪实验小学、相城区北桥镇的北桥中心小学以及常熟沙家浜镇的唐市中心小学，积极挖掘当地船拳文化将其转化，使其成为体育必修课程内容，不仅拓展了学校素质教育的内涵，也弘扬和传承了地方特色的船拳文化。

吴中区越溪实验小学的副校长吴文祖是江南船拳传承人，他早在2008年和师傅吴根宝将江南船拳带入越溪实验小学，2010年开始将大课间活动变为集体打拳。在越溪实验小学全体师生的共同努力下，江南船拳的传承活动的影响和成效日益显现。北桥中心小学为弘扬传统优秀武术文化，把"开口船拳"引进校园作为体育特色项目来培育。2011年6月，该校成立"开口船拳特色班"。学校制作船拳校本教材，专门制作配套音乐,在大课间和体育课上学生唱着吴侬小调打船拳,真正将民俗体育与文化有机结合。通过科学合理的教学实践,北桥中心小学逐步将"开口船头拳"普及化,现已成为"苏州市体育传统项目学校"。唐市中心小学"以传古镇拳歌文化,育新时代水乡娃"为宗旨,从2014年开设船拳课程,由 X 老师在体育课教授船拳。在访谈中 X 老师特别谈到了体育教师在船拳教学和文化传承中的重要性。

> 江南船拳属于南拳种,动作幅度小,马步比较稳,打拳靠内劲,不像北方人幅度那么大。练到最后靠寸劲,锻炼身体为目的。很多男孩子都有练武术的梦想,我小时候在这所小学读书的时候就有武术队,但老师让我练田径,后来因为感兴趣自己在家里练。后来南下广州去拜师,都属于南拳类型。我现在也是当地船拳协会的成员。把民俗体育融入体育课中,不仅可以渗透德育,也让学生了解江南水乡过去的民俗文化。船拳协会希望这所学校发展传承人,就像撒种子一样,培养他们对船拳的兴趣,如果大一点,可以到基地练习。当然,儿童练习船拳也影响了父母,父母也知道他们的小孩在练船拳。体育老师就像传播者一样,我们的任务不轻。现在政府也对我们学校开展船拳教育非常支持,学生经常出去参加比赛。船拳以口述为主,没有拳谱。前面两套我已经和会长把拳谱弄出来了。我们最难的是编教材,其次是学生读中学以后是否坚持的问题。小学时把种子撒下去,我们到了中学不定时地问一下是否还在练,练的话吸收到学会中来。常熟有武术协会,协会有个船拳分会,这是一个民间组织。我们在学校撒下种子,不可能所有人都来学。有一两个学生继续练下去,就会有传人。船拳是个品牌,人们见到我,就在讨论船拳。(20160330 常熟唐市中心小学 X 老师)

四 饮食民俗

民以食为天,不同地区的人们在一定的历史文化、地理环境和生产力水平的影响下,形成了具有地域特色的饮食文化。司马迁在《史记·货殖列·江南菜传》中提出"饭稻羹鱼",是对吴地饮食文化的高度概括。饮食民俗本身融于当地的社会生活，不仅体现在制作过程中的智慧和匠心，更多的是所代表的生活方式和文化记忆。苏南地区拥有丰富的饮食资源，积淀了深厚的饮食文化。为了激活和重建乡土文化的价值，让民风民俗浸润下一代的成长，苏南地区的一些学校从饮食民俗入手，设计基于学生的认知和生活经验的相关活动，让学生在活动中形成对饮食民俗的认识，在实践中感悟，从而更好地了解和弘扬家乡的优秀文化传统。

让学生走出校园，开展实地考察，让学生亲自接触和了解家乡风味是学校开展饮食文化教育的有效路径。常州雪堰中心小学将探访雪堰十大碗的传统民俗文化与创新传承作为四年级传统民俗文化考察的综合课题实践活动之一。教师带领课题组成员到雪堰知名老店"九州饭店"就雪堰十大碗的具体内容、历史文化、制作传承人的访问以及制作技法的实践研究四个方面展开了全面探访，以了解其独特的乡土风味和体现的民俗文化内涵。除了进行实地考察，校园里还开展美食制作、品尝等体验活动。无锡胡埭中心幼儿园将太湖船文化纳入"吴地风物"特色模块课程，组织儿童制作"太湖船点"，感受鱼米之乡的特色文化。

让学生了解和认识当地的饮食习俗，与地方美食亲密接触，不仅可以探究美食的历史渊源，体验民俗民风的乐趣，更可以增强学生的地方文化认同。苏州善耕实验小学以《姑苏小吃》为系列主题开展综合性学习，指导学生通过采访、文献研究以及访问、调查美食达人，了解姑苏小吃的历史、种类、制作和市场前景，同时能够将制作方法学以致用，更加热爱家乡。活动包括选题指导、方案制订、研究活动、成果汇报等6课时内容。为了培养学生对无锡文化的感知和认同，发挥文化育人的功能，无锡市南丰小学开发"印象·无锡"（包括"行走中的无锡""舌尖上的无锡"和"心田里的无锡"三部分）综合实践课程。在"舌尖上的无锡"模块中，将美食探寻与游学课程巧妙结合，学生以无锡美食为主题进行研究性学习，探寻美食由来、象征意义和具体做法等内容。当学生对美食感兴趣后，开设相关的"烹饪"课程，让学生学会无锡美食的简单做法。同时，学校电台播放学生美食制作的视频和征集与美食主题有关的作文，以美食为切入点培养学生对无锡文化的认同。

学校担负着传承地方文化的责任，应该丰富课程内容为学生创造亲历地方民俗文化的机会。饮食习俗不仅可以作为学校实践活动的主题，也可以开发成校本课程进行系统的实施。苏州吴江区铜罗是江南特色的酒香古镇，素有"酿酒之乡""苏南酒都"的美誉。铜罗酒文化源远流长，迄今已有2500年的历史。酿酒业是铜罗的传统产业和当今的经济支柱。相当一部分学生初高中毕业后，从事与酒相关的行业。作为铜罗的学生，理应关心家乡的经济、历史和文化。铜罗中学结合校情，挖掘地方资源，开发了"酒文化研究课程"——《醉江南》《吴宫老酒》等。目的是通过"酒文化研究"课程的实施，关注酒文化，引导全体学生关注家乡发展，关心地方文化生活。以《醉江南》课程为例，该课程的主要内容有林海酒镇、酒的起源、酒的酿造、酒的礼俗、酒的典故、酒品酒德、酒诗酒词、酒的广告、诗咏铜罗、铜罗名酒。该课程对不同年级的学生制定相适合的目标[1]：①初一年级学生能掌握酒文化一般知识，了解铜罗酿酒历史，学会如何访谈、调查、记录、整理。能有感情地朗读酒诗酒词，背诵5—6首。能在教师的指导下创作关于酒的绘画。②初二年级学生能探究酒文化的历史成因，提出自己的见解。能结合所学语文知识赏析酒诗酒词，背诵6—10首。能欣赏和创作酒的广告语。③初三年级学生能了解酿酒的理化过程，掌握酒的理化指标。结合思想品德课知识，分析酒的礼俗、酒品酒德的历史成因，能为家乡名酒设计推销计划，提出工艺创新的建议。

五 节日习俗

过去既定的习俗之所以会被传承，主要原因之一是它使生活得以沿着既定的方式进行。为了让习俗产生有意义和价值的文化记忆，它需要在特定的时间不断地被表演。"习俗在从前是为了单纯完成某些功能而被实行，后来却在某种程度上由于历史化的影响而被表演。"[2] 节日是一个复杂的民俗事项，民俗文化的很多方面都可以在节日中找到自己的

---

[1] 根据苏州市吴江区铜锣中学《醉江南》校本课程实施方案整理而成。
[2] ［德］赫尔曼·鲍辛格：《技术世界的民间文化》，户晓辉译，广西师范大学出版社2014年版，第178页。

表现形式。节日是文化意义的时间概念,它包含了民族的情感和记忆,也蕴含了人们的信仰、知识和观念。每一个节日的文化内涵和外延都具有相对稳定的特征,节日从来都不是空洞的东西,它有丰富的仪式内容。节日的意义通过仪式活动和身体表达来实现,"节日和仪式定期重复,保证了巩固认同的知识的传达和传承,并由此保证了文化意义上的认同的再产生。"① 节日会标记记忆并创造记忆,并通过仪式化的方式表现出来。仪式所要传达的不是抽象的理念和知识,更重要的是"参与"和"知觉"这一过程。节日民俗是体现和形成阿斯曼所说的"凝聚性结构"的典型形态,它是塑造集体成员共同记忆和价值体系的有效方式。

传统节日承载文化记忆的活的灵魂,是值得传承和延续的文化遗产。中华传统节日包括春节、端午、中秋、重阳、冬至等,这些节日具有独特的历史渊源、神话传说、精神意蕴和群众基础,对人的发展具有重要作用。"当个人处在节日中时,他发现自己从日常生活中解放出来,而与原初节日的氛围和历史延续的维度接通了,他在节日中既感受到历史、传统、文化的积淀,也感受到个人与集体、民族相沟通。于是以个体为中介,将历史继承性和现实创造性结合起来成为可能。节日,成为学生加入民族文化之根的'特别仪式',成为使个体和群体结合为一体的永恒瞬间。节日战胜了时间性而把具有巨大差异性的传统文化与现代人统摄在自己名下。"② 我们要关注和发掘节日习俗在学校生活中的教育意义,通过设计活动和整合资源让学生亲身体验节日的内涵,承续文化记忆和文化基因。

常州局前街小学教育集团开展"我们的节日"专题特色活动,如"久久话重阳,浓浓敬老情""传统文化代代传——清明""识谷雨文化,品悠悠茶香"等。无锡育红梅园小学作为新市民子女学校,将乡土文化特色教育与二十四节气习俗文化相结合,辅以节日诗文诵读活动,重在培养学生扎实的文化素养和热爱家乡的情感。常州雕庄中心小

---

① [德] 扬·阿斯曼:《文化记忆:早期高级文化中的文字、回忆和政治身份》,金寿福、黄晓晨译,北京大学出版社2015年版,第89页。

② [美] 爱德华·希尔斯:《论传统》,傅铿、吕乐译,上海人民出版社2009年版,第157—158页。

学推动传统节日进课堂、进教材，让学生更好地了解、认同、喜爱传统节日，在节日活动中弘扬民俗文化。《家乡印象》读本中第一章内容为"民俗节演：节日里的家乡"，包括春节、元宵节、清明节、端午节、中元节、中秋节、重阳节和腊八节。该读本的特色是除介绍常州本地的习俗外，在"地方性习俗"板块也介绍了外来务工子女来源较多省份的节日习俗。

传统节日是特殊的时间，民间总会自发地操演或传承特定的仪式或活动。属于民间自发的遵循和继承的一种仪式和活动。不同地域的节日仪式各有风采，仪式中的每一个环节都蕴含了丰富的民俗文化信息。"仪式"不仅仅是象征性的，并且能够促使参加者投入情感的活动。人们在观看或表演仪式的过程中强化集体记忆，增强文化认同。传统节日不局限于中华民族共有的经典节日，还包括富有地方特色的节庆日，如苏州传统民俗文化的"姑苏三宝"（古胥门元宵灯会、"轧神仙"庙会和"吴地端午"节庆）。苏南地区很多小学和幼儿园将节日仪式转化为形式丰富的主题活动，元宵节组织赏灯笼、搓元宵、做灯笼和猜灯谜等，端午节包粽子、装饰龙舟、讲述屈原故事，立夏时节剥蚕豆、绘彩蛋等活动。苏州同里古镇除传统的端午节、清明节、重阳节外，还有三月廿八朱天会、四月十四神仙会、五月端午竞龙舟、六月廿三闸水龙、庙会等节庆日。人们通过串马灯、串花篮、舞狮子、踩高跷、荡河船、蚌壳精等一系列具有浓郁乡土气息的民俗表演来庆祝这些节日。苏州吴江区同里实验小学幼儿园就以古镇节庆活动的仪式表演为载体开发角色游戏，开发一系列适合幼儿表演的民俗活动，让他们在体验和扮演中获得扎根民俗文化的童年记忆。

传统节日沉淀并折射出千百年来的文化传统，它潜在的教育价值对儿童发展有着特别重要的意义，尤其是在文化全球化的时代关注本土的节日文化教育非常重要。无锡市新安实验小学自2005年创建"节日大观园"研究院，将节日文化作为少先队活动创新文化教育载体，开发节日文化队本课程体系。学校建立少先队节日文化研究基地、传统节日文化长廊和"节日大观园特色展示室"，将传统节庆、民俗文化与现代生活紧密结合，让学生参加各种形式的少先队实践活动，让学生在潜移默化中体味传统文化的精髓。无锡阳山中心小学以饮食习俗为抓手渗透节日文化教育，让学生通过做食物来感受节日文化。Q 校长介绍道：

> 我们这边以桃文化为主，阳山比较有名的糕团、年糕，这个与传统节日有非常大的联系。学校建设了中式格调的传统节日文化体验教室。一方面，是传统节日文化介绍，让学生对传统的节日有一个初步的了解。另一方面，让学生以体验的方式了解传统文化，清明节做青团，端午节让学生、家长、老师体验端午节包粽子，重阳节可以做重阳糕等。同时，将阳山节日里特色的饮食也纳入进来，如中秋节不仅体验做月饼，也做糯米饼、麦饼，我们小时候常吃这个，这是我们阳山的一个特色。（20160413 无锡阳山中心小学 Q 校长）

六 古镇与老街

文化和地点是相关联的，地点是记忆的媒介之一。有些地点承载着有意义的过去，通过有故事的景观邀请人去探索和诠释，进而发现生活的许多关键要素。"虽然地点之中并不拥有内在的记忆，但是它们对于文化记忆空间的建构却具有重要的意义。不仅因为它们能够通过把回忆固定在某一地点的土地上，使其得到固定和证实，它们还体现了一种持久的延续，这种持久性比起个人和甚至人造物为具体形态的时代的文化的短暂记忆来说都更加长久。"[1] 在现代化过程中，要关注地点和它的文化象征的回归。古镇就是这样的地点之一，它是社会历史发展的产物，在时间与空间上具有唯一性。古镇传承着数千年的乡村传统文化，具有丰富的文化元素，如民居、宗庙、祠堂、服饰、歌舞、工艺、美食以及生活习惯、风俗、礼仪等。

江南有很多文化遗产深厚的古镇，无锡的惠山古镇、荡口古镇、严家桥村、巡塘古镇等，苏州的周庄、同里古镇、锦溪古镇、千灯古镇、木渎古镇、甪直古镇等，常州的杨桥、孟河、焦溪等。这些古镇是江南

---

[1] ［德］阿莱达·阿斯曼：《回忆空间：文化记忆的形式和变迁》，潘璐译，北京大学出版社 2016 年版，第 344 页。

水乡传统文化的缩影和精华,担负着记忆历史、传承和发展文化的使命。每个古镇蕴含着丰富的教育资源,坐落在古镇的学校充分利用区位优势将潜在的教育资源进行挖掘和教育建构。比较低调的严家桥村吴文化是一个"无处不文化"的古镇,这里是近代有名的教授村,也是无锡六大工商财团之一——唐氏家族的发祥地。此外,锡剧与书码头也体现了严家桥深厚的历史文化底蕴。坐落在严家桥古镇的严家桥小学敏锐地意识到古镇所蕴含的教育资源,通过设计系统的综合实践活动课程体系来让学生采用调查、访问、观察、资料搜集等途径全面了解严家桥古镇悠久的历史文化,包括锡剧、唐氏家族、"教授村"等内容,使他们对自己的家乡和名人有深刻的了解和认识。

表4-2 基于严家桥古镇历史文化的综合实践活动课程的具体活动安排

研究主题	研究内容	实施年级	活动安排	师资保证
严家桥历史文化风貌	古房	三年级	查阅有关的书籍,网络搜索有关严家桥历史文化中有关资料,并分类整理,阐述自己的研究感受	综合教师信息技术教师
	古桥			
	古河			
严家桥历史文化溯源	严家桥锡剧文化调查	全校参与	搜索有关视频、录像,在老师指导下,欣赏并学唱锡剧经典唱段	班主任老师音乐老师
	严家桥唐氏家族调查	四年级	查阅搜索有关书籍和史料,了解"君远教育基金"的形成、使用、意义等情况。并分类整理,阐述自己的研究感受	综合教师信息技术教师
	严家桥"教授村"调查	五年级	通过查阅、网络搜索有关资料,了解从严家桥走出的高级知识分子的情况,并分类整理	综合教师信息技术教师
严家桥发展远景	远景规划调查	六年级	从小立志,让每一个严家桥学子描绘画卷,展望未来	综合教师信息技术教师

资料来源:2016年5月13日严家桥小学实地考察资料。

苏州昆山中学将蕴含丰富文化底蕴的周庄、锦溪、千灯等江南古镇作为校外教学和实践基地。该校将古镇作为研究性学习资源,研究性学习小组以昆山多个古镇为样本开展实地研究。通过对古镇的实地考察,学生更充分认识到古镇的文化价值,激活他们的文化记忆和深深的内在情感。学生亲身回忆着过去,又亲身感知着现在。从无锡钱桥中学王文美同学的《古色 古香 古韵——惠山古镇游记》一文中,我们可以感受到古镇对人的文化记忆生成的力量。

古色 古香 古韵[①]
——惠山古镇游记
一 (5) 班 王文美

不知为什么,一见到老井、青石、深巷、弄堂,我总会从内心发出一声声的感叹,这是欣喜和偏爱的感叹。或许是跟小时候我的成长环境有关吧。我从小是在老房子里长大的。那老房子是典型的粉墙黛瓦,屋顶上有精巧的图案装饰,屋后有个长着许多花草树木的小院。我的童年便是在院中细细长长的青石板上光着脚丫哼着童谣一路走来。记忆中依稀可寻的老房子的片断也只有这些了。如今,那老宅或许已湮没在钢筋水泥的丛林里了,它成了我的记忆。

我接触过一些古宅,或清秀灵动,或端庄古朴,岁月的洗礼,让人感受到扑面而来浓浓的历史气息。我们民俗社成员在晴朗的天空下游览了惠山古镇。果不其然,跟它名字一样,整个建筑群居然都保留着古老的痕迹,让我们这群在车流人海中待得厌烦的学生们眼前一亮。嗅一嗅,空气中似乎还弥漫着江南水乡独特的灵气;听一听,能感觉到小鸟清脆的鸣叫声。眼前的小街,凹凸不平的石板路,富有层次感。两旁是大大小小的灰黑色木质的房子,门窗都是镂空,透出一份优雅。远远望去,跟电视里中的画面差不多呢!

我满心好奇地走进一个名叫"惠泉酒坊"的屋子,一进门就看见许多陶制的棕黑色酒坛码放着,坛上清一色地包着红布,上书大大的"酒"字,让人很容易联想到古装剧中那一坛坛好酒。酒坊中还有一个澡盆模样的"榨酒器",经过老师一番介绍,我们不得不佩服古人酿酒的智慧。除了"榨酒器",还有真正的老物件儿——"煮酒壶"、"石磨"等等,如今它们都退出了历史舞台,这些物件见证了历史的进程,

---

[①] 2016年5月10日在无锡钱桥中学实地考察获取的学生民俗文化校本课程作业。

也折射出古人的智慧。古街上还有随处可见的砖雕、石刻和碑文,隽秀的字迹中无不透出这个地方的悠久历史。

走着走着,只见许多的祠堂陈列在街道两旁,建筑各具特色,古色古香的小桥流水、修葺一新的老房子,幽深得让人浮想联翩的小巷子,让我大开眼界。其中还有一些著名历史人物的祠堂,像纪念明代东林党人高攀龙的高忠宪祠、民国实业家杨藕芳祠、范文正公祠等,有一处祠堂门前还有郭沫若的亲笔题字呢。

我注意到了许多建筑门前都有石制的动物,或石狮,或石象,还有貔貅。这些"守门神"日夜忠心守护着宅院,风吹雨打,年复一年,都有些泛出了黑色,我还看见了一对小巧的石狮,有碗口那样粗细的两根方石柱,齐膝高,石柱上端雕刻着活灵活现的狮头,黑白相间,摸上去滑滑的,可爱得很呢。

古镇之中最有名的应该要数有着五百年历史的古典园林——寄畅园了吧。可惜那两扇紧闭着的黑漆木门挡住了去路。门口上方写着"寄畅园"三个大字,旁边还有精致的石刻。听说寄畅园本是秦氏家园,后来由造园名家张南桓重新设计施工,在园内精心叠石,延山引水,改造了一番,成了文人墨客到江南必游之地。连康熙、乾隆两朝帝王也对寄畅园十分垂青,每下江南,必到此园游览。康熙帝还特地为寄畅园题写了"山色溪光""松风水月"几个字,乾隆帝的题字则更多。至今,寄畅园与颐和园中的"谐趣园"两座名园,一南一北,交相辉映。

我们还参观了"泥人博物馆"和"石头展",惟妙惟肖的惠山泥人不禁使我们一一跷起了大拇指,而奇形怪状的山石更让我们赞叹造物主的神奇。

当然,来到古街,少不了尝一下那些名小吃。甜得腻人的棉花糖,栩栩如生的糖画,好吃好玩的绕绕糖,香喷喷的豆腐花,酥酥的千层饼,还有独特的油炸臭豆腐,想想都让人流口水。

走过,看过,吃过,惠山古镇果然名副其实。老街、古井、雕花窗格、石板小路,组成了历史文化的街区,让人流连忘返。

苏南地区不仅有名扬天下的古镇,也有很多历史悠久和富有江南特色风情的老街。苏州山塘街、斜塘老街、平江历史街区等,无锡的南长街、荣巷老街、礼舍古街等，常州的化龙巷、青果巷、篦箕巷等。老街是承载民俗文化的重要媒介，延续着地方特色的民间文化。老街渗透了很多民俗符号和文化记忆，如古宅庭院、故事传说、风土人情、文化传统等，这些是不可多得的课程资源。老街也是"根的教育"核心载体和价值体现。让学生了解老街巷中的人文历史、名人故居、百年老店、饮食民俗、传统技艺等非物质文化遗产，不仅有助于培养学生良好的传统文化底蕴和审美情趣，还可增强对故乡文化的认同感，从而积极参与保护地方非物质文化遗产活动。苏州太仓沙溪镇直塘小学意识到"直塘老街"不仅是学生的家乡，也是典型的民间文化宝地，将"直塘老街"的民间文化资源融入课程与教学中。通过开展《直塘老街：文化融合学科课程群的实践研究》的课题研究，深度挖掘直塘老街的饮食文化、建筑文化、民间技艺文化、历史文化及人文精神等资源，形成直塘老街的系列文化主题课程群，尤其以综合实践活动课程开发和实施最为突出。

"走进直塘老街"综合实践活动方案[①]

一、活动目的

1. 了解直塘古镇及直塘小学的历史，培养学生热爱家乡、热爱学校的情感。

2. 通过动手创作等形式，提高学生参与活动的积极性，培养学生爱家乡的意识。

3. 了解学校及家乡还存在的问题，并提出相应的解决办法。

4. 培养学生观察、反思和发明等综合实践能力。

二、活动程序

1. 文本阅读：提供"深厚的直塘故事"了解家乡故事。

2. 历史讲座：聘请校内外"老直塘"讲直塘的故事，体察家乡风貌。

3. 实践参观：带领学生参观直塘古镇，走近直塘老街，感受老街

[①] 2017年9月6日实地考察资料。

文化。

4. 成果展示：以绘画、小报、摄影、习作等形式表达活动感受。

三、活动过程

（一）提出实践课题

1. 自愿组合。确定活动主题，让学生自己组成小组。

2. 设计名片。讨论小组组名并设计小组名片。

3. 信息收集。动员家长力量参与承担家庭导师的指导角色。

（二）读《直塘的故事》，激发探索兴趣

见文本《深厚的直塘故事》。

（三）听直塘的故事，体察家乡风貌

邀请校内外的直塘人，来校做讲座。

（四）访直塘老街

附：参观直塘老街路线

1. 重岗桥（学校门口南）

2. 大凌家坟（指一下位置）

3. 普济寺（路过）

4. 冈身路（直塘商市）

5. 戚浦塘、大石桥（可以停留一下，和10陌巷桥一起讲）

6. 老街（摇手弯、老建筑、商市旧况）

7. 平弄（即贫弄、杨家厅）

8. 原直塘小学

9. 虹桥路（到安里街口指一下目前凌家位置及凌家祠堂）

10. 陌巷桥

（五）拓宽视野，抒发感情

每小组制作实践成果展示，形式可以是作文、小报、摄影、小制作等。

（六）体验成功的成果

学生交流心得体会，评选"最佳设计奖"。

第五章 苏南民俗文化传承的学校教育实践

将民俗文化融入学校教育，不仅对普及民俗文化知识和拓展学生的文化视野有积极价值，也对增强学生乡土和民俗文化的认同与传承发挥着至关重要的作用。对于民俗文化而言，学校应发挥文化传承基地的作用。这不仅需要对其进行理论层面的分析，更需要在实践领域探索如何将民俗文化纳入学校教育的视野。本书通过收集和整理苏南地区学校传承民俗文化的典型案例，从课程、教学、学生、共同体以及学校空间重塑的角度分析民俗文化传承的学校教育路径。

第一节 课程建构：联结民俗与教育

文化是课程的母体，课程则是文化传承的工具。"课程作为文化发展的主要手段或媒体，为文化的增殖、创新及其育人意义的形成、育人标准的定位提供核心与导向性的途径与机制，离开课程，文化便成为一池死水而终将枯竭。"[1] 教育文化功能的发挥，离不开相应的课程建设。课程是连接民俗文化与学生的媒介，起到承载、呈现、整合、传递民俗文化的功能，以课程为载体探索民俗文化传承是很多学校的常用策略。

一 立足地域文化建设课程基地

2011年6月，江苏省教育厅、省财政厅印发《关于启动普通高中

---

[1] 姜德刚、郝德永：《当代课程的文化建构使命》，《高等教育研究》2001年第6期。

课程基地建设的通知》,正式启动全省课程基地建设。课程基地建设的目标为:"以创设新型学习环境为特征,以改进课程内容实施方式为重点,以增强实践认知和学习能力为主线,以提高综合素质为目标,促进学生在自主、合作、探究中提高学习效能,发挥潜能特长。"① 江苏省教育厅高度重视中小学课程项目建设,除了推动普通高中课程基地建设,还于 2012 年启动薄弱初中质量提升工程,2013 年启动小学特色文化建设工程。课程基地通过创建支撑各项课程实践活动的平台,提高了学校课程能力,革新学习环境和丰富育人载体,从而推动人才培养模式的转型。为了提高学校的办学水平,推动课程与教学改革,苏州除了重视省级层面的课程基地建设,还同步开展市级层面的课程基地建设项目,包括苏州市幼儿园课程游戏化建设项目、苏州市小学特色文化建设项目、苏州市初中课程基地建设项目、苏州市高中课程基地建设项目以及苏州市中小学课程基地培育项目。

"江苏'课程基地'充分赋予了基地学校课程建设的自主权,学校也就有机会构建符合学校特殊情境的课程结构体系。"② 课程基地建设项目推动了学校课程意识的觉醒,很多学校领导者自觉思考如何将丰富的本土知识转化为课程资源服务于学生的发展,基于地域文化特色建设课程基地成为部分学校的探索方向,小学阶段更是以特色文化建设为主题。将学校课程建设与地域文化特性相关联,为地域文化融入学校教育找到切实可行的操作平台。无锡中小学校比较知名的与地域文化有关的课程基地是宜兴中学的"紫砂文化艺术"课程基地、无锡市第一中学的"文化自信·江南文脉"课程基地、厚桥实验小学的"儿童版画"课程文化建设、阳山中心小学的"桃文化"研究特色课程、藕塘中心小学的"少年农科院"课程文化建设、无锡东绛实验小学的"廷弼主题学习课程——彰显江南农耕文化精神的校本课程建设"、无锡市太湖实验小学的"吴地服饰文化"校本课程建设以及宜兴市新建小学"师竹故里"二胡文化课程基地。常州中小学比较有名的课程基地有:溧

---

① 教育厅、省财政厅印发《关于启动普通高中课程基地建设的通知》,苏教基〔2011〕27 号。
② 倪娟、马斌:《"课程基地"实践视域下的反思——以江苏省为例》,《课程·教材·教法》2015 年第 9 期。

阳市平桥小学的"竹文化特色"课程基地、埭头中学的"中国族谱文化课程基地"、常州市第二中学"府学文化"课程基地、春江中心小学的"春江非遗文化"课程基地等。

苏州是历史文化名城，诸多学校从苏州本地传统文化中挖掘教育资源，将其作为课程基地建设的核心支撑。苏州第六中学校以园林文化为因子，架构特色高中美育课程，有园林窗花设计、园林石、园林楹联、江南丝竹、评弹、昆曲、建筑模型等20门课程。吴江盛泽中学以苏州栽桑养蚕织绸的传统为载体建设"生态丝绸文化"课程基地，打造"一场四馆"［一场：红梨广场（丝绸文化展示广场），四馆："桑梓园""蚕花居""丝贤坊""锦绣馆"］，为学生提供富有绸都古镇特色的校内课外实践基地。表5-1为苏州市部分学校课程基地名单。

表5-1　　　　　苏州市部分学校课程基地名单

序号	学校	课程基地名称
1	苏州市第一中学校	吴文化教育课程基地
2	苏州市第六中学校	苏州园林文化艺术课程基地
3	江苏省黄埭中学	江南水乡生态文明建设课程基地
4	吴县中学	以千年古镇为载体的历史课程基地
5	苏州市相城区太平中学	船文化综合实践课程基地
6	太仓市实验中学	楹联教育课程基地
7	张家港高级中学	视觉江南美术课程基地
8	苏州市草桥中学校	山塘街区历史文化课程基地
9	吴江盛泽中学	生态丝绸文化课程基地
10	昆山市千灯镇炎武小学	昆曲文化课程特色项目
11	苏州太湖国家旅游度假区中心小学	"核雕课程文化"建设
12	太仓市沙溪实验中学	依托古镇文化的农村初中美育课程基地
13	吴江震泽初级中学	初中蚕丝文化课程基地
14	太仓市良辅中学	"良辅文化"校本课程基地
15	江苏省震泽中学	太极拳文化的校本研究课程基地

续表

序号	学校	课程基地名称
16	相城区湘城小学	沈周文化课程建设
17	苏州工业园区跨塘实验小学	桃花坞木刻年画课程建设
18	江苏省昆山中学	江南水乡文化课程基地
19	苏州田家炳实验初级中学	姑苏文化课程基地

民俗文化具有鲜明的地域特征，它是在特定的社会文化区域内形成的，因而是地域文化的核心构成。基于地域文化建设课程基地，为民俗文化进入学校教育提供了有效的平台。学校在建设课程基地时，常常会将反映地域特色的民俗元素建构课程资源。苏州田家炳实验初级中学建设姑苏文化课程基地时，努力挖掘姑苏传统文化的育人价值，尤其是承载苏州民俗文化的特色工艺（包括昆曲、刺绣、评弹、苏扇等）、江南船拳、苏州方言、小吃民俗等，将它们与国家课程、校本课程进行整合，不断充实和丰富课程群，提高课程价值，实现以文化人的目标。图 5-1 呈现了苏州田家炳实验初级中学的姑苏文化课程设置情况。

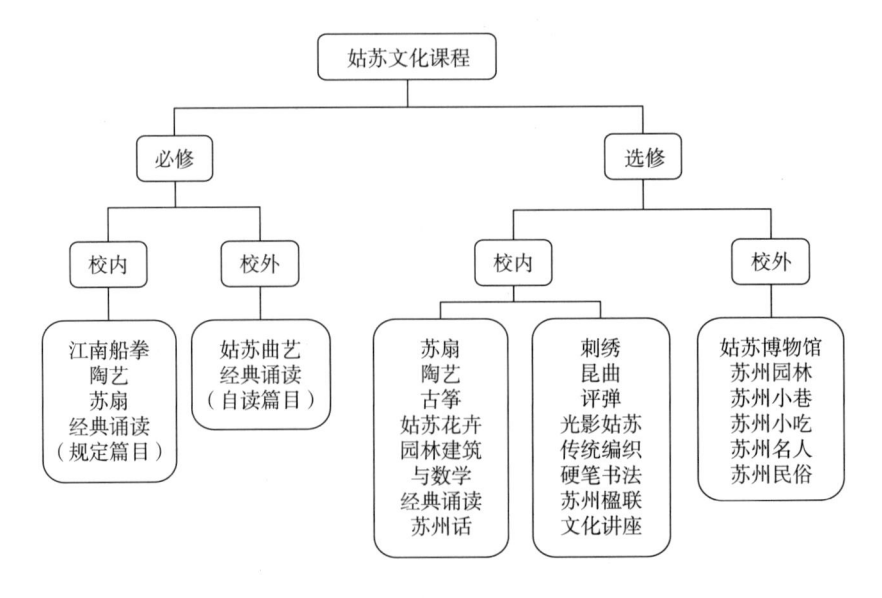

图 5-1　苏州田家炳实验初级中学姑苏文化课程设置

在对苏州田家炳实验初级中学的姑苏文化课程基地进行考察时，W教师介绍了姑苏文化课程建设的缘由，课程基地的建设、推进和实施情况以及所产生的可喜成果。

我们的课程从 2011 年黄裴莉校长来我们学校开始建设，有三方面的原因：第一，我们学校的特色本身有古筝和陶艺，是已经比较成熟的体系了。黄校长来了之后，盘整我们总的课程。随着大量外来务工子女涌入苏州，那么，如何把我们姑苏文化的精髓介绍给随迁子女，增强他们的融入感和促进多元文化，这是推进课程设计的原因之一。第二，对苏州本地的孩子而言，姑苏文化传统的流失非常严重，很多孩子都已经不会说苏州的方言了。从对姑苏文化流失的思考和外来随迁子女的融入感促使我们开展姑苏文化课程建设。第三，从招生的角度，教育局会给我们一个特色班。仅仅只是陶艺班、古筝班的话，没有办法进行综合。姑苏文化课程多元，总课程群可以综合发展学生，当时构想要开设这样一个课程体系。2011 年 9 月，我们就开始构思。

2012 年 9 月，有一个申请江苏省课程基地的契机，当时就聘请很多专家，主要是吴文化和传统民俗文化专家，为开发课程指南提供建议。先把整个体系初步设计出来，然后申报江苏省课程基地。在江苏省教育厅答辩的过程中，63 所学校我们是总分第二的高分通过课程基地申请。根据当时设计的课程体系，把国家课程和校本课程进行整合，每一门课程有对应的国家学科，不能把课程单独罗列出来，因为学生本身的课程任务已经很多了，如果额外添加，就会对学生增加负担。比如，最早开设了 7 门课程，经典诵读对应的是语文课程，陶艺、苏扇对应的是美术课程，古筝、评弹对应的是音乐课程，船拳对应的是体育课程。苏州园林和建筑对应的是数学课程。在苏州园林中，无论是花窗，还是假山石摆放、亭台楼阁的建筑，都是和数学有关系的。苏州话是为了"三话比赛"（普通话、苏州话、英语口语），苏州话也在里面，可以用来介绍苏州传统的内容和文化，这个是最早开设的七门课程。我们把所有的课程排在课程表里的，课表里分为选修课、必修课。最早的时候要开30门课程，现在慢慢减少17门左右常规的课程，因为我们觉得概念界定太散，也不是很好，要做精。在学生选修和必修的过程中，加强管理，学生走班授课。

这学期，我们有两门是必修的，周一是船拳，评弹是放在音乐课上的，书法也是放在美术课。选修课每周二是初一年级，周四是初二年级，周二是周四是一个课时的时间，40—60分钟，授课内容比较短。初三学生有升学压力，我们不再开设课程。周三初一、初二有一个半到两个小时的时间，相对授课时间比较长，开设评弹、舞蹈。在周六，学生自主选修的是刺绣课，绣工比较慢，需要长时间，主要是苏绣，有四个课时时间。这样是周一、周二、周三、周四都有课，注重课程实施的有效性。我校在基地视导以优秀的分数通过，也入选苏州市义务教育改革50所学校。我们入选项目组叫校外专家助推课程改革。我们这么多课程，没有专业的老师，所以要借助校外专家。去年一年我们是聘请了46位校外专家，但这些校外专家不都是授课的。我们最早聘请的是文化类专家给我们指导，第二年开始聘请具体能授课的专家。当我们发现不能把姑苏文化做成兴趣小组，而是要向课程推进的过程中，主要聘请课程类和教育类专家，对整个课程的再造和完善进行指导。比如，评弹，我们原来请的是苏州市评弹学校的副校长顾之芬，正好退休到我们这边来支教。校内聘请一位助教，助教老师原来是评弹学校毕业的。慢慢我们也在培养自己的专业队伍，但我们自己的老师不是专业出身，最多只是懂一些皮毛。顾老师授完课怎么办呢，剩下来就是我们这边的老师进行辅导。我们一学期要求能排出一个评弹节目，唱一首小曲，会弹一弹琵琶。

2014年年底，我们学校被评为江苏省文化建设特色学校。今年准备申报教育教学成果奖。当然我们不是太看重奖项，课程的最终受益人应该是老师和学生，更注重学生的获得。我们委托上海市教科院做了学生认同度的调研，学生认同度达95.8%，有部分数据可以高达98%—99%。学生普遍反映，课程对自己文化的修养是有提升的，对融入苏州城市有帮助的。我们有个毕业生特意写了一封信，说非常感谢学校这三年让她有机会学习刺绣、古筝。因为这些孩子的经济成本、家庭资本和社会资本比较低，学校给他们教育补偿，更能体现教育公平。因为以前从来没有摸过乐器，学了两年以后，她毕业的时候可以弹一首很好的古筝，刺绣的作品也可以拿的出手，对自己特别满意。同时教师的课程观有很大的提升，包括我自己，我以前是不做课程的，不能说课程领导力提升，但课程的意识确实在提高。(20160625　苏州田家炳实验初级中学　W 老师)

二　依托乡土民俗资源开发校本课程

学校教育是富有地方性的，帮助学生认识所生活的环境和对自己的家乡产生认同感，是学校教育的重要功能。校本课程的开发是彰显学校教育地方性的突破口。学校所在地的自然环境、人文环境、历史和文化传统是构成校本课程的教育材料。以校本课程为媒介挖掘乡土民俗资源的教育价值，不仅发挥了乡土文化的育人功能，而且能够更好地让学校彰显地方性和关照学生的现实生活。

乡土民俗不仅形态多样，而且具有丰富的内涵，是地域世代传承的本土知识、文化形态和价值表达。苏南地区很多学校充分利用当地乡土民俗传统优势，开发富有特色的校本教材。苏州昆山市周庄古镇有着丰富而独特的水乡文化资源，这构成周庄小学校本课程开发最有用的资源宝库。周庄小学开发的《"水乡文化"教育读本》分低、中、高三个年级段编写，分别为《走进周庄》《漫步周庄》和《情系周庄》。《走进周庄》节选美文，均加注了拼音，方便低年级学生诵读；每节美文后编有"水乡名片"，帮助学生了解周庄的主要景点。《漫步周庄》，除了节选美文外，还编入了拓展阅读的内容，其目的是让学生更多地获取周庄古镇的相关信息，感受周庄的"古韵"。《情系周庄》中的美文是部分获奖作品的全文选用，以便学生通过全文诵读，比较全面地体会文中所饱含的作者情感，从而激发学生热爱周庄的思想情感。同时在《情系周庄》中附录的"我探周庄"实践活动，旨在引导学生较全面地了解周庄的水乡文化特色，熟悉周庄的发展历史，学会关注家乡，表达自己热爱水乡的思想情感。①

无锡市阳山中心小学以《走进桃苑》为题编写校本教材，充分挖掘阳山的地域特点，以水蜜桃科技、桃文化研究为载体，积极探索开发校本教材，拓展实践课程。具体教材目录如表5-2所示。

表5-2　　　　无锡市阳山中心小学低、中、高年级
《走进桃苑》校本教材目录

低年级	中年级	高年级
1. 学儿歌	1. 我是一棵桃树	1. 好吃的桃花
2. 桃木典故	2. 小桃苗搬家啦	2. 桃花观光节
3. 小桃苗是怎么来的	3. 花粉的自述	3. 摘桃的学问
4. 桃树发芽啦	4. 人工授粉	4. 装箱的技巧
5. 桃花开了	5. 摘木叶	5. 成熟期的护理
6. 翠绿的桃叶	6. 疏果的诀窍	6. 落花后 勤管理
7. 小青桃	7. 套袋——水蜜桃的外衣	7. 嫁接真奇妙
8. 早桃上市	8. 学粘桃袋	8. 嫁接的奇思妙想
9. 水蜜桃品种多	9. 桃子的套袋	9. 给桃树整容
10. 有机水蜜桃	10. 采桃乐	10. 桃树病虫害的防护
11. 五彩的桃箱	11. "蜜桃皇后"——阳山蜜露	11. 雕刻工艺真绝妙
12. 水蜜桃市场真热闹	12. 黄豆——桃树的好伙伴	12. 诗中的桃文化
13. 小小嫁接刀	13. 桃树一身都是宝	13. 阳山水蜜桃广告语的由来
14. 桃胶——桃树又一宝	14. 蟠桃的传说	14. "太空种子"与水蜜桃
15. 石灰水——桃树的防护衣	15. 阳山的未来不是梦	15. 阳山蜜桃甲天下

国家、地方、学校三级课程管理模式的实施，学校具有课程开发的权利。学校充分利用所在地的区位优势和可利用的文化资源，将乡土民俗资源进行系统整理并纳入校本课程体系，这不仅使得校本课程开发对民俗传承意义变得明显，也为乡土民俗进入学校提供了可能性。将乡土民俗作为课程资源，不仅为学校发展找到了特色之处，也可以帮助学生了解和认识乡土民俗文化，也可以找到一条有效路径来保护和传承优秀的传统民俗文化。学校可以通过开设民间工艺制作渗透民俗教育、民俗

---

① 内部资料：昆山市周庄小学《挖掘"水乡文化"，开展特色教育的研究成果报告》。

文化与学科校本课程开发相结合等途径培养学生的民俗保护意识。苏州实验中学开发《吴文化与语文》校本课程，从名胜、名人、民俗、美食、曲艺和工艺等文化层面建立与语文学习的关联。该校创建《吴文化与语文》校本课程不单是编教材、写教案，更重要的是让校本课程成为文化自觉传承的途径，让学生成为有责任感的吴地人，继承吴文化的优良传统。

乡土民俗为学校校本课程开发提供了独特的资源。通过把民俗文化引入学校校本课程，有利于加强对学生的民俗文化教育。苏州庙港镇是鱼米之乡、丝绸之乡，庙港实验小学从2004年开始大力开发太湖文化资源构建校本课程，教师和学生一起开发挖掘太湖蚕桑文化、太湖养殖文化、太湖茶文化、太湖蔬菜文化、太湖民风民俗等近20个主题。2008年学校编写了《丝韵》《茶道》《蟹趣》《湖风》四本教材。2010年，不仅对原有教材进行修订完善，还重新编写《菜根滋味长》《三牲农家宝》《行行出状元》《五都留遗韵》四本教材。在访谈中，Y老师说道：

> 乡村民俗淡化，如果学校不承担这个使命，孩子就缺少乡土记忆。我们整理当地的风俗习惯，从国家鼓励建设校本课程时期就开始了，大约是2004年。2008年做了4本教材，2010年又做了4本教材。开发这些具有本土文化的特色课程，需要老师对地方文化很了解才可以。参与校本课程开发的老师都是本地老师。我们学校从三年级开始以综合实践活动课程为载体实施，每个星期安排一节课。蚕是分好组，有的是学生各自带回家。有的班级放在教室里养蚕。现在有的家庭还在养蚕，只不过比较少了。我们这边有养殖区，家长养殖大闸蟹。农田里养蟹苗，所以儿童对蟹文化一点也不陌生。养蚕是几代人的传承。有的传统手工艺，如缫丝，现在已经没有了。我们还是告诉儿童，让他们知道有这项工艺。中年级一般以体验类、操作类课程为主，高年级以文化渗透为主，侧重情感目标，强调学生动手、操作、实践、体验活动。校本教材中的民风民俗内容接地气，比如熏豆茶。这种茶不卖的，都是农家自己招待客人。儿童在家里跟着大人做熏豆茶。这个熏豆茶有点像汤，但茶叶作为佐料。（20160521　苏州庙港实验小学　Y老师）

三 基于民俗文化设计综合实践活动

进入 21 世纪之后,综合实践活动课程进入学校场域。"综合实践活动是从学生的真实生活和发展需要出发,从生活情境中发现问题,转化为活动主题,通过探究、服务、制作、体验等方式,培养学生综合素质的跨学科实践性课程。"① 综合实践活动课程内容强调与学生生活和社会生活的联系,注重培养学生的综合素质和社会责任感。富有特色的民俗元素可以成为综合实践活动的主题。将地方传统文化资源融入综合实践活动,让学生走进、认识和探究地方传统文化,这也是积极践行中华优秀传统文化传承与创新的重要路径。苏南地区的很多学校主动将地方文化融入综合实践活动课程设计中,如苏州吴江市实验小学以丝绸文化资源建设综合实践活动课程,常州勤业小学则开发出一系列基于民俗文化的综合实践活动项目。

勤业小学综合实践活动课程目标②

本学期,我们的综合实践活动可以在民俗文化课程的基础上,整合去年的校本课程,采用专题研究式的模式,选择两到三个专题,从选题开题到实践体验再到总结展示,完整地呈现给学生,给学生留下了深刻的烙印。

分段目标:

1. 小学中年级目标(三至四年级)

(1)培养儿童愉快、美好的民俗文化活动体验和积极的生活、学习态度。

(2)培养儿童参与探究活动的兴趣和初步能力。

(3)初步的责任感和行为规范。

(4)独立、安全活动的基本能力和技能。

---

① 《教育部关于印发〈中小学综合实践活动课程指导纲要〉的通知》,中华人民共和国教育部官网,http://www.moe.gov.cn/srcsite/A26/s8001/201710/t20171017_316616.html?from=timeline。

② 参见常州勤业小学《综合实践活动》课程校本化实施方案,2014 年 9 月。

2. 小学高年级目标（五至六年级）

（1）了解本地民俗，热爱家乡，初步形成保护非物质文化遗产的意识和能力。

①接触民俗文化，丰富对民俗文化的认识。

②欣赏民俗文化，发展对民俗文化的热爱情怀。

③通过丰富多彩的活动，理解家乡与民俗文化不可分割的内在联系。

④知道如何保护和继承民俗文化，并身体力行。

（2）考察周围的民俗文化，自觉保护继承当地非物质文化遗产，增长社会沟通能力，初步养成家乡自豪感、民俗自豪感。

①了解周边民俗资源，并能有效利用。

②走入社会，继承发扬当地民俗文化。

③发展人际交往，养成合作品质，融入集体。

（3）掌握一些简单的民俗技能，养成生活自理的习惯，初步具有认识自我的能力，养成勤奋、积极的生活态度。

（4）激发好奇心和求知欲，初步养成从事探究活动的正确态度，发展探究问题的初步能力。

常州雕庄中心小学85%以上的孩子是外来务工人员子女，针对学生群体的特殊性，学校将"爱我故乡，爱我第二故乡"为教育宗旨，注重培养学生的文化认同感和增强寻根意识，致力于基于民俗文化的小学综合实践活动研究。学校依托丰富而独特的民俗文化资源，从身边的雕庄开始，然后延伸至常州，同时积极吸纳广大新市民子女的家乡所在地资源，以综合实践活动为主要形式培养学生的人文素养和爱国爱乡情怀。在学校教师、学生和家长的共同努力下，形成了具有浓郁民俗特色和校本特色的《美丽的家乡》《可爱的龙城》《雕庄文化》等系列读本。同时，以特色项目"民俗研究"为载体，以"雕庄记忆""家乡印象""龙城风采"[1]为序列搭建课程框架，采用主题单元式推进综合实践活动的课程实施。

---

[1] 参照常州雕庄中心小学综合实践活动实施框架。

表 5-3　　　　　　　　　　《雕庄记忆》

项目	年段 内容	三年级	四年级	五年级	六年级
雕庄记忆	9月	我是雕庄人	京杭大运河	家乡新颜	独特的墩文化
	10月	家乡旧貌	留青竹刻	村名寻根	古老的祠堂
	11月	雕庄美称	雕庄镂空鸟笼	民间古迹	雕庄方言特点
	12月 次年1月	民间轶闻	民俗谚语	滩簧	留青竹刻 （竹刻宗师白士风） （农民竹刻家范遥青）
	2月 3月	民谣留香	本地歇后语	掉龙灯	雕花镂空鸟笼
	4月	称呼趣谈	名人连线	六苏班	文艺大家 革命志士
	5月	萝卜干	姓氏渊源	喜庆	节场大聚焦
	6月	芝麻糖等系列南糖	家乡的桥	过节	米酒文化滩源

表 5-4　　　　　　　　　　《家乡印象》

项目	年段 内容	三年级	四年级	五年级	六年级
家乡印象	9月	节日里的家乡民俗节演	雕庄印记	视觉下的家乡风景名胜	美在雕庄	艺术中的家乡游艺民俗	明眸雕庄	舌尖上的家乡饮食文化	雕庄味道
	10月		江苏回想		美在江苏		回望江苏		江苏故事
	11月		山东印象		美在山东		拾忆山东		山东馈赠
	12月 次年1月		徽豫记忆		美在徽豫		漫步徽豫		徽豫美食
	2月 3月		浙闽回忆		美在浙闽		寻迹浙闽		浙闽美味
	4月		四川缅想		美在四川		遥望四川		四川聚会
	5月		贵州影像		美在贵州		闲话贵州		贵州猎食
	6月		江西纵览		美在江西		游涉江西		江西风味

表 5-5　　　　　　　　　《龙城风采》

项目\内容	年段	三年级	四年级	五年级	六年级
龙城风采	9月	太阳居住的地方（雕庄朝阳花园）	枫林渡神鸦舞（跳幡神）	史上最完美男人（季札）	千年文人的口水（长江三鲜）
	10月	文笔塔下赞红梅（红梅公园）	征战与太平（太平锣鼓）	被逼出来的开国君主（萧道成）	船菜金字招牌（太湖三白）
	11月	城池奇观（春秋淹城）	稻香江南大地秧歌（谈庄秧歌灯）	乱世皇帝中的奇葩（萧衍）	一锅煮出满湖鲜（砂锅鱼头）
	12月次年1月	装饰者的天堂（雕庄万都家居城、东南陶瓷商城）	舞动乾坤跷走人生（常州高跷）	宦官子弟中的珍品（唐荆川）	乡野风味武进、溧阳十大农家菜
	2月3月	东经120看月季（紫荆公园）	龙舞吉祥（巨村舞龙）	名吏富商（盛宣怀）	馒头不等人（加蟹小笼包）
	4月	春放纸鸢秋观菊（青枫公园）	鱼贯而入（指前鱼灯）	最牛科考世家（常州庄氏家族）	未见饼家先闻香（蟹壳黄）
	5月	虚拟与现实（环球动漫嬉戏谷）	竹马非青梅（溧阳竹马舞）	江左衣冠之冠（雕庄胡氏家族）	好吃好彩头（四喜汤圆）
	6月	与史前怪物共舞（环球恐龙城）	夜色遥看灯摇曳（遥观鹞灯）	刘氏学派拓常州（刘海粟）	细如丝白似银（银丝面）
		娱眼常州	民俗节演	天下名士	吃货宝典

常州雕庄中心小学基于民俗文化的综合实践活动课程设计,不仅注重学生对民俗知识的了解和认识,更重要的是突出学生自主体验和实践探究的课程实施策略,真正让民俗文化成为学生成长的有效资源。主题探究是该校民俗文化校本化实施的主要形式,具体是以"学"为中心、让学生在开放的实践体验和合作探究中实现生命成长的最终目的。在课程实施中,着力培养学生的理性思考能力,挖掘民俗背后的深刻思想,形成对民俗传统的反思及批判性理解。通过一系列具体的主题更好地发展学生的批判力、思考力和鉴别力,从而达到传承民俗文化之精髓的目的。

第二节　日常教学中渗透民俗文化

教学是学校教育活动的核心构成,要想让民俗文化真正进入学校场域并落地生根,就必须与教学有机融合。巧妙挖掘民俗文化的教育价值,找准民俗文化与教学内容的对接点和共振点,结合教学环节有机整合民俗文化,这是民俗文化融入日常教学的关键。苏南地区的学校重视发挥教学活动在民俗文化传承中的主渠道作用。

一　民俗文化融入基础学科教学

民俗文化最体现地域特色,内容丰富多彩,与社会生产生活方面有紧密的联系,将民俗文化融入学科教学,可以打造更具活力和开放性的学科课程。学习民俗文化不仅可以扩展学生的人文视野,将生活与学习密切结合,最重要的是能唤起学生普遍缺失的文化自信和民族自豪感。让民俗文化走进学科教学,在学科内容上渗透民俗文化元素,不仅有利于培养学生的综合素质和文化素养,也有利于传承和弘扬民俗文化,从而构建立体、多维的学科教学。语文、政治、历史等人文学科本身的教材内容就涉及民俗文化元素,这为教师立足教材进行内容拓展和基于本土民俗文化资源设计相应的学科实践活动提供了合理依据。语文是一门与文化紧密联系的学科,《语文课程标准》在总目标的第二条中明确提出:"认识中华文化的丰厚博大,汲取民族文化智慧。关心当代文化生活，尊重多样文化，吸收人类优秀文化的营养，提高文化品位。"① 在语文教学中应让学生了解优秀民俗文化的内涵，感受民俗文化之美。Z 教师是一名初中语文教师，在执教苏教版七年级语文"民俗风情"单元教学中发现学生对当地的传统节日风俗知之甚少，而对西方的圣诞节、万圣节等节日却情绪高涨。面对民俗文化被冷落的现实，她结合语文学科所教内容开展民俗文化熏陶的活动。具体如下②：

第一，组织"到民间采风"活动。让学生在日常生活中多留意观察当地的民俗活动，如衣食住行、婚丧嫁娶、禁忌习俗等，并了解这些民俗的文化根源。比如端午节，除了沈从文笔下茶峒人的赛龙舟、追鸭子等活动，学生可以通过询问家中长辈、查阅书籍和网络资料等方式，了解到在江南水乡一带，还有在门上悬挂艾草和菖蒲，吃粽子和咸鸭蛋等风俗。

第二，成立专题研究小组。教师可组织学生选取感兴趣的话题，组成研究小组，深入研究民俗文化。"江南美食文化"和"吴侬软语文化"为主题，进行专题研究。整个活动方案如下：首先，利用教室板报营造民俗文化的氛围。布置学生把主题相关的内容整合在一起，使整个教室充满浓浓的民俗韵味。其次，组织学生分组报名。学生根据自己的喜好选择一个专题，并自行推举各组的组长和中心组成员，再安排布置每个成员的研究任务。整个活动过程很好地体现了学生分工合作的集体精神，无形中也增强了班级凝聚力。最后，整理汇总，报告结题。经过两个星期搜集和整理资料，两个小组都有了极大的收获，再交由中心组成员进行资料的分类汇总，最后由组长做出精彩的结题报告。此次活动为期整整一个月，但是每个小组成员都颇有成就感，激发了他们继承和发扬我国民俗文化精髓的热情。

---

① 中华人民共和国教育部：《义务教育语文课程标准（2011年修订版）》，北京师范大学出版社 2012 年版。
② 周怡秋：《民俗文化融入初中语文教学的策略研究》，《中学教学参考》2018 年第 10 期。

将民俗文化融入学科教学，仅依靠个体教师的文化自觉是不够的，更需要学校从整体上将民俗文化元素与学校学科教学有机整合，而这需要全体不同学科教师的共同努力。太仓沙溪镇直塘小学以直塘老街文化为基础，以学科特点和学生发展需要为出发点，基于不同学科特点进行系列课程资源开发。如：围绕直塘老街故事开展小学三年级学生起步作文教学，基于老街文化资源提高农村小学高年级学生英语口语能力等。该校通过建设"文化融合学科课程群"，让老街资源不断引入不同学科，融入课堂、渗透课堂，实现学科专业知识与直塘老街文化传承的深度融合。苏州跨塘实验小学基于"苏艺文化"传承构建"木樨"体验课程，开展丰富多彩的"主题式"和"渗透式"苏艺文化"木樨"体验课程，将"苏艺文化"巧妙地渗透到语文、数学、英语、音乐、美术等学科教学中，让学生受到"苏艺"传统文化的熏陶。以桃花坞木刻年画儿童体验课程体系为例，各学科老师将多姿多彩的木刻年画知识融入、渗透到基础学科中：语文教师和学生一起阅读桃花坞木刻年画的有趣故事；英语课上试着用英语说说木刻年画的工具；劳技课上观看桃花坞木刻年画的制作流程；美术课学生创造年画作品。苏州镇湖实验小学将苏绣文化融入各学科教学，探索苏绣的校本特色教育，尤其是苏绣文化与英语学科的融合实践值得借鉴。具体措施如下[①]：

（1）以校园文化为隐性教材，激发学生学习英语的兴趣。在镇湖实验小学，处处可见有关吴文化和苏绣知识的中英文标牌，这些标牌向儿童展示苏绣艺术的灿烂。

（2）以兴趣小组为活动载体，积累学生的英语词汇。把苏绣艺术融入兴趣小组。一是在丰富多彩的活动中积累词汇。教师有意识地加入苏绣的起源、历史、工具、制作过程、成品欣赏等内容。例如，可以在校园里找到关于苏绣的英语单词，用英语说一说苏绣制作需要的工具单词，如 needle、embroidery line、scissors、glass。在成品欣赏时可以让学生用一个词或者一句话来赞美一下苏绣这块

---

① 2016年5月25日实地考察资料。

民族艺术的瑰宝，也可以用一个词或者几句话来赞叹聪明勤劳的制作者。还可以顺便学习或者复习一些表示色彩的词。二是在生动活泼的活动形式中感受快乐。根据苏绣的制作过程，可以让学生画出自己最喜欢的图案，图上最喜欢的色彩。学习、复习一些形状和色彩的单词，说一说"I can""I like"之类的句子。画好底稿之后，让学生用真针实线来显身手。在绣稿逐渐变成绣品时，可以让学生来说自己的感受，如"I am tired.""I am happy.""I like this shape.""I can embroider."……用各种形式学习和巩固英语知识和展现艺术、英语技能。三是在赏心悦目活动中开阔视野。在展示绣品时，让学生用英语来评头论足，还可以用中英文来写一写制作过程、欣赏要点、心情感受。

（3）课后调查实践延伸，锻炼学生交际能力。精心设计课后实践活动，培养中国刺绣艺术馆小导游。作为土生土长的镇湖人，可以用英语为老外介绍苏绣。让学生以"我是刺绣艺术馆小导游"为主体搜集资料，模拟练习，锻炼他们的口语表达能力。绣品一条街，学生家长好多是绣品一条街的店主，或者绣坊里的绣娘。教师可以鼓励学生为外国友人介绍绣坊里的绣品，学以致用成为绣品一条街"娃娃售货员"。还有鼓励学生做关于苏绣的调查等，实现苏绣艺术与英语学科悄悄融合。

民俗文化元素不仅可以融入语文、英语、历史、地理等相关学科之中，还以与化学、物理等学科融合在一起。宜兴中学立足紫砂陶都的优势，探索化学课程与紫砂文化艺术的结合点，引导学生利用化学课程的独特视角审视紫砂文化。化学教师在全面系统梳理紫砂文化的脉络和深度研读化学新课程标准的基础上找准紫砂文化与化学教学内容的切入点。通过精心设计和周密部署实现了化学学科和紫砂文化的有机融合，并取得了意想不到的效果。

表5-6 部分紫砂文化内涵与化学课程关注的内容对应点①

部分紫砂文化内涵	化学课程关注的主要内容
紫砂原矿的形成机理	
紫砂原矿的组成成分主要有哪些	化学热力学、化学动力学等
紫砂泥为什么具有高塑性	元素化合物的性质、化学定性和定量分析
紫砂材料烧制过程主要的热变化	晶体结构、吸附作用
紫砂陶为什么会具有丰富的色泽	化学反应类型分析、化学反应条件的控制等
窑炉化学气氛组成与紫砂壶烧制的关系	元素化合物性质、化学定性分析等
窑炉、窑具与紫砂有何关系	氧化还原反应、反应条件的控制等
紫砂陶具的内部结构是什么	隔热、绝热耐高温材料，燃料化学等
紫砂陶特有的"双气孔"物理特性如何形成的	原子结构、分子结构、晶体结构，化学键理论、杂化理论等
紫砂材料的晶体结构与化学的关系	

二 民俗文化成为学校艺术教育的特色内容

民俗文化蕴含丰富的民间传统艺术形式，它们不仅是对民众生活方式、生活理念的反映，也是学校进行艺术教育的重要资源。民间艺术可以通过学校教育进行传承。注重民间艺术与学校艺术教育相融合，把本地的民间舞蹈、民歌、地方戏剧、民间手工艺及民间美术等作为学校音乐及美术学科内容的组成部分，也是苏南地区学校教育传承民俗文化的一种有效路径。民间艺术与音乐、美术等课程的实践属性相契合，这为课程渗透提供了可能。例如，惠山泥人、苏州泥塑、江南水墨画、无锡纸马、桃花坞版画、紫砂陶艺等可以引入学校美术课程，锡剧、昆曲、江南丝竹、评弹、二胡等可以引入学校音乐课程。例如：无锡羊尖中心小学在一、二年级普及锡剧教育，将锡剧作为音乐学科的必修内容；苏州白茆中心小学将白茆山歌引进音乐课堂，丰富音乐教学的内容，让音乐教学的素质化与特色化融合在一起，也让音乐课堂成为传承白茆山歌的基地；无锡连元街小学将民间版画艺术——无锡纸马作为六年级美术

---

① 莫明远：《探寻化学新课程与紫砂文化的渗透与融合——"紫砂原矿的组成元素"教学设计》，《江苏教育》2013年第38期。

课的主要内容等。

将民俗文化中的艺术元素与学校艺术教育有机整合，不仅为学校艺术教育找到新的生长点，也为学校特色建设提供了新的突破口。江阴顾山实验小学 W 校长在谈及锡剧教育对学校发展的重要影响时从以下三点做了说明①：

第一，锡剧艺术的传承与学校内涵发展是互为促进的。锡剧进校园、进课堂更丰富了校园生活，醇厚了学校文化内涵，拓宽了育人途径，可谓相得益彰。

第二，锡剧艺术的传承与学校艺术教育是相通相融的。锡剧是一种丰富多彩的艺术表现形式，传唱锡剧能够修身养性，陶冶情操，潜移默化地提高学生文雅的气质。创办小锡班，给了学校艺术教育一个新的生长点和突破点，既能够提高学生感受美、鉴赏美、表现美的能力，又能传承和弘扬锡剧艺术的发展，培养锡剧的受众队伍。

第三，锡剧艺术的传承与培育核心素养是目标一致的。唱词中的优秀品质熏陶，唱念做打的历练，学生不仅在学戏，也是在学做事、学做人，传承锡剧，是学生学习、唱戏、人格魅力多元发展的过程。

三 民俗文化作为班队活动的主题

民俗文化融入学校日常教学活动，不仅可以通过融入基础学科教学和艺术教育的方式，也可以作为班队活动的主题。昆山市周庄小学挖掘"水乡文化"资源开展教育实践活动，"水乡文化"主题班队活动便是其中之一。常州花园第二小学针对学生群体特殊性（三分之二是外来务工子女），通过班队活动主题"爱我故乡，爱我第二故乡"来让学生了解常州民俗，培养他们对常州文化的认同。

---

① 2018 年 11 月 20 日实地考察资料。

表 5-7　　　　　　　　　班队活动设计方案①

学校：常州市花园第二小学	班级：四（2）班	人数：52 人
学科：班队	主题：爱我故乡，爱我第二故乡	教师：蒋丹卿	日期：2014 年 5 月

一、活动目标

1. 在活动中让学生了解常州民俗。
2. 学会观察与发现，发展探究问题的能力，学会运用各种方式搜集、整理资料。
3. 在活动中培养合作精神，增进友谊，体验合作的快乐。

二、制定依据

1. 活动背景

挖掘民俗文化资源，开展乡土文化教育，不仅能继承传统文化，感受乡土的亲和感，而且能重温前人的生活方式，重新发现先辈的智慧、典范和价值。以学生探究兴趣为根本，以激发学生热爱故乡、热爱第二故乡为目的。围绕"爱我故乡，爱我第二故乡"这个主题，充分发挥学校教师、学生的特长和积极性，同时，通过活动使得学生对常州民俗文化有更进一步的了解，对故乡、第二故乡产生浓郁的情感。

走进我们的校园，如果我们留心一下孩子的课间活动，不难发现，孩子现在的课间活动少得可怜，而且形式比较单一，有的孩子只是在教室和同学聊天，有的是在走廊上呆呆地站着，还有的男生则在教室里追跑闹着，这既影响了学校的纪律，又带有危险的隐患。这不由得让我想起了我小时读书时的情景，我记得我们一下课跳皮筋、挤油、抓雀……玩得不亦乐乎。因此，研究常州游戏也成为本次班队内容之一。

2. 学生分析

四年级学生使自我意识觉醒的事情，他们特别爱表现自己，自我建构的动机增强，希望给他人、同学或师长留下某种好印象，这种形象已经带有学生个性的特征。这个班是我从三年级带上来的，在一次次班队活动的磨练下，基本上都能自信大方的展示自我，在活动策划方面很有自己的想法，尤其是曾经当过多次小队长的同学，各方面能力很凸显。另外升入中年级后，学校社团活动也对他们进行招募，一些同学在社团的带领下，形成了一定的特长，所以，在一些班级活动中，他们会自主利用起自己在社团的所学，带动小队内的其他成员。如，彩虹小队内有 3 名同学都是学校歌唱班的成员，所以他们自主想到用编快板的形式来展示常州方言。因此，四下的学生，个性发展得越来越明显，能在班级里带动其他学生，使整个班集体都有一个整合性的提升。

我班同学三分之二是外来工子女，自从他们进入花二后，四年前，怀揣着一份特别的憧憬，一份特别美好的希望，孩子们来到常州，带着阳光般的笑容，带着一份甜甜的梦想……一切都还在进行之中，还有两年，他们要继续在这留下美好的一幕又一幕……在这样一个承

---

① 2016 年 5 月 27 日实地考察资料。

续表

学校：常州市花园第二小学	班级：四（2）班	人数：52人
学科：班队　主题：爱我故乡，爱我第二故乡	教师：蒋丹卿	日期：2014年5月

前启后的特殊时期，我们一起静下心来，带着一双发现的眼睛，带着一份思考，来细细地研读常州民俗，来想一想常州带给我们的无数快乐，这是多么美好的时刻，相信孩子们在活动中一定会激起对常州的热爱，感受到常州人民的智慧和勤劳。

三、"我爱龙城"主题活动

系列活动之一：常州名人我介绍

系列活动之二：常州民俗我介绍——"爱我故乡，爱我第二故乡"

系列活动之三：常州名景我介绍

活动环节	教师活动	学生活动	设计意图
开放式导入（8′）回顾前期活动	1. 老师：同学们，在前期"常州民俗我介绍活动"调查中，你们的表现非常突出。大家都纷纷拿起手中的相机、走访大街小巷，为自己寻找常州民俗定格，有的同学还能陪伴父母一起到常州大街小巷寻找。下面我们就一起来回顾一下，找找有没有你的身影。 2. 老师播放前面活动的一些学生活动过程。	学生观看图片	通过学生与家长的合作，充分常州民俗，并用自己的独特方式呈现出来，激发学生对常州的热爱
核心过程推进　彩虹小队：常州方言	1. 经过我们每个小队的精心挑选，各小队选择了几个最有代表意义的常州民俗，这就是我们今天班队课的活动内容——常州民俗我介绍。下面就请各小队进行推荐活动。 适时介入： 在没有一点常州方言的基础上，你们是怎样学习常州话的？	（1）吴方言介绍 （2）猜一猜 （3）学说常州话 （4）快板	让学生在学习方言的过程中体验说常州话的乐趣

续表

活动环节		教师活动	学生活动	设计意图
核心过程推进	光彩小队：常州游戏	适时介入：鼓励学生对常州游戏进行改进，让游戏更适合小学生。	（1）展示常州游戏 （2）介绍游戏的名称和玩法 （3）体验游戏	让学生体验玩游戏的快乐，培养学生的创造能力
	星光小队：常州特产	适时介入：感受常州人民的勤劳和智慧	（1）美食背后的故事 （2）寻访做小笼包师傅 （3）美食品尝	感受常州人民的勤劳和智慧
	阳光小队：常州古街	适时介入：小队长岗位意识强，积极组织组员走遍大街小巷。	（1）介绍名人故居 （2）了解古街的昨天与今天	进一步感受常州民俗，激发热爱常州的感情
	繁星小队：常州手工艺品	适时介入：对这个小队介绍的常州民俗有什么话要说？	（1）常州手工艺品介绍 （2）手工艺品的历史、辉煌和制作	尝试解决问题，寻找解决问题的策略
开放式延伸（2′）布置后续活动		走访常州东坡公园、红梅公园、天目湖等著名景点，选择最感兴趣的常州名景进行介绍		
反思重建				

第三节 以学生为主体开展多种实践活动

认同的文化内容及其含义取决于个人的理解和态度，文化认同建构的方式依赖于个人的自我建构的方式。"文化是被实践的，并且是从实践中建构出来的。它不是编码或范式，除非它是社会性地这样使用的，它也不是把从生产的情境中抽象出来的一组规则社会化或传递下去。"[①]只有通过特定真实的体验活动，集体文化意识的客观载体才会转向个体

---

① ［美］乔纳森·弗里德曼：《文化认同与全球性过程》，郭健如译，商务印书馆2003年版，第311页。

经验及其表达，人才会对特定的民俗文化有一种文化认同感和归属感。因而，以学生为主体开展丰富多彩的实践活动，是让文化因子植入学生心中并成为永久记忆的有效路径。

一　举办节日主题活动

记忆不只是一种知性的记忆，而且更是一种感情的记忆。也就是说，记忆不只是"知道"，还是感受。在实践中体验、在探究中认同是文化传承的关键，主要通过纪念仪式和身体实践来内化、保持和延续。节日是一种特殊的时间，在节日里人们往往通过特定的仪式进行身体的活动或行为，这些活动或行为具有特定的象征意义。"由庆祝者按照既定的规程操演并由原型的复活而获取意义，关于这样一种生活方式的观念，可能在任何时候在物质上都是可能的，而且在当代条件下也仍然是可操作的。现代发明的仪式标志了这种可能性的迹象，即企图重新把生活感受为用世俗语言表达的仪式重演。"[1] 把传统节日仪式融入学校教育，开展传统节日文化教育体验活动，让学生通过实践生活、亲身体验来生成文化记忆，是学校举办节日主题活动的方式之一。学校挖掘传统节日与时代主题、学生兴趣的结合点，让学生在亲身体验与积极互动中接触和感知民俗文化，从而形成民俗文化传承的意识。这些节日主题活动赋予文化认同以温暖和生命，不仅是一种知识学习过程，更像是一种寻找或发现记忆的过程。常州武进区新安小学的"我们的节日——中秋节"主题活动方案便是很好的例证。

我们的节日——中秋节[2]

一、活动目的

通过本次活动让学生充分了解我国中秋节日的渊源、形成，民间不同类型的庆祝方式以及其中所承载的中国所独有的文化内涵，以此体验

---

[1] ［美］保罗·康纳顿：《社会如何记忆》，纳日碧力戈译，上海人民出版社2000年版，第72—73页。

[2] 谈峰华：《我们的节日：中秋节主题活动方案》，武进区新安小学官网，http：//www.wjxaxx.net/html/article1351070.html。

中秋节吃月饼、庆丰收、庆团圆、送祝福的意义；体会班级就是一个大家庭，每个人都是班级大家庭的成员应该相互关心，相互爱护；增强学生爱父母爱家乡爱祖国的感情，同时通过这次活动，使学生真正了解中国传统文化，让节日给我们带来快乐与幸福。

二、活动时间：2018年9月17—24日

三、活动内容

（一）加强宣传

利用主题班队会、班级微信群、短信等形式，让学生了解和讲述与中秋有关的民间故事。

（二）具体活动

活动一：佳节诵月——午读活动

搜集与中秋节有关的故事、诗歌、书籍，各班开展主题午读。

活动二：佳节谈月——主题班会

开展"我们的节日——中秋节"主题班会

各班举行一次"我们的节日——中秋"主题班会（9月21日下午第一节课），在品月饼、谈中秋、猜谜语的过程中感受团圆、和谐的幸福，增进同伴之间的友谊。

活动三：佳节忆月——实践活动

1. 在报刊、网站上亲子共同搜集与查阅和中秋节有关的传说故事、经典文章，了解中秋节的风俗和来历，并将自己最感兴趣的内容记录或打印下来，做成剪贴画或手抄报。（三年级参加）

2. 在班主任老师带领下学做冰皮月饼。（四年级学生参加）

活动四：佳节赏月——亲子活动

中秋节当晚和家人一起品月饼、赏明月，感悟居家团圆的幸福。将"品月饼赏明月"中发生的令你最难忘记的一幕拍摄并记录下来，上传至班级微信群分享。班主任及时将学生分享的图片传至教师微信群，便于学校微信公众号制作。

四、活动总结

各班根据要求组织形式多样、丰富多彩的活动，在9月26日之前把活动相关资料上交学生成长中心。

1. 各班上交《我们的节日——中秋节》主题队会过程性材料。

2. "我们的节日——中秋节"剪贴画或手抄报每班上交5张（三年级班主任）。

3. 学生学做月饼感悟（四年级班主任）。

除了利用传统节日开展主题活动之外，为所传承的特色文化设定专门的校园节日开展系列活动则是学校的创新性实践，这是一种"被发明的传统"。"'被发明的传统'意味着一整套通常由已被公开或私下接受的规则所控制的实践活动，具有一定仪式或象征特性，试图通过重复来灌输一定的价值和行为规范，而且必然暗含与过去的连续性。事实上，只要有可能，它们通常就试图与某一适当的具有重大历史意义的过去建立连续性。"① 学校设专门的校园节日，借助良好的节日文化氛围，精心塑造民俗文化与学校教育相结合的文化活动。如：常州勤业小学的"校园民俗文化节"，常熟白茆中心小学的"山歌文化节"，越溪实验小学的"校园船拳文化节"，木渎中心小学的"地方文化传承月"，无锡钱桥中学"民俗文化宣传教育周"，昆山周庄小学的"水乡文化艺术节"，无锡羊尖中心小学的"红领巾锡剧节"等。无锡市羊尖中心小学已经举办十届红领巾锡剧节活动，锡剧节持续一周。根据不同年级的特点，既有围绕锡剧本身的传承性活动，也有依托锡剧元素设计的教育渗透活动。前者有观看前一期锡剧节汇报演出节目视频、锡剧知识竞赛、表演节目、参观严家桥锡剧博物馆，后者有锡剧儿童画比赛、锡剧小书签、小名片比赛，锡剧手抄报比赛等。这些活动的开展，让学生感受锡剧文化，在创作的过程中对锡剧有了进一步的了解，激发他们对锡剧艺术的喜爱之情。

学校专门设定的校园节日往往与学校的课程特色紧密相关。苏州第六中学围绕园林课程特色组织学生一年一度的课程展演活动，有舞台表演和成果展览两种形式。前者通过表演评弹、昆曲、江南丝竹等才艺形式进行，后者以与园林有关的科技小论文、个人作品（篆刻、创意盆景、摄影、园林窗花或建筑设计）等形式呈现。所有活动的设计、展

---

① ［英］霍布斯鲍姆、兰格编：《传统的发明》，顾杭、庞冠群译，译林出版社2004年版，第2页。

示和表演都由学生自主策划、自主完成。无锡市泰伯幼儿园立足吴文化特色，专门设立了泰幼孩子自己的独特节日——"吴风雏燕"幼儿吴文化才艺节和体育节。该校园长介绍了这两个独特节日的具体实施方式：

> 3—5月，我们有为期两个月的"吴风雏燕"幼儿吴文化才艺节，主要开展与吴文化有关的幼儿才艺展示。才艺节以周为单位开展主题活动，有吴文化特色体验周、吴文化环境创设周、吴韵创意周和成果展示周等几个阶段。在才艺节活动中，充分利用家长社区资源，将民间工艺与幼儿学习生活建立密切联系，将吴文化的精髓植根在幼心中。
>
> 9—11月，我们举办"吴风雏雁"幼儿吴文化体育节。在这两个月的每周三，我们举办富有吴文化特色的幼儿民俗体育活动比赛，有"抬花轿""抛铁环""骑竹马""拔河""两人三足"等。
> （20160417　无锡泰伯幼儿园　H园长）

二　成立学生社团

学生社团是为了实现共同愿望和满足个人兴趣爱好而自愿组成的非正式学生团体。学生利用课余时间开展丰富多彩的课外科技、文化、艺术等活动。富有特色的学生社团活动让民俗文化传承变得有形化。"一种同文化认同的关系是与特定类型的自我观的出现，与一种体验到源于自我生活轨迹的个体化主体的出现紧密相连的。"[①] 学生不仅要学习书本上民俗文化知识，更需要进行实践体验，学生社团则为开展民俗实践体验活动提供了组织保证。留下痕迹的体验不仅使学生在民俗文化活动中获得意义和价值，也内化在他们的观念和生命意识之中。无锡钱桥中学选取不同年级段对无锡民俗文化感兴趣的学生成立"民俗文化研究社"。以每半个学年为周期，开展各种主题活动，并定期展示活动成果。这不仅培养了社团学生了解和研究无锡民俗文化的能力，也发挥社

---

① ［美］乔纳森·弗里德曼：《文化认同与全球性过程》，郭健如译，商务印书馆2003年版，第58页。

团的影响力吸引更多的学生积极参与到民俗文化研究活动中来。"蚕丝创客"社团是震泽实验小学以"蚕丝文化"为特色课程展开教学的，学生在研学蚕桑的基础上，重点通过一些项目的学习、体验，增强对家乡蚕丝文化的认同，传承、创新古镇蚕丝文化。

为了让学生了解地方民俗文化，很多学校围绕不同的民俗元素组建了一系列学生社团。无锡堰桥实验小学为了让学生更好地走进民俗文化，成立阿福工坊（锡绣、泥人、蓝印花布）、小脚丫寻寻团（老地名）、吴歌剧社（吴歌、锡剧）、乡音小学堂（吴地方言）、吴韵吟诵社（吴地故事、诗文）等社团，拓展了学生学习无锡民俗文化的空间。吴江盛泽中学围绕"丝"文化元素着手打造丝文化生本社团，具体包括采桑子文学社、丝语记者社、丝粟集邮社、丝慧校园电视台、丝竹乐舞社、丝路创新社、丝韵书画社、丝熠科普社（机器人）、丝源志愿者等。社团以兴趣小组活动为载体，聘请经验丰富的相关教师作为指导教师，定期开展特色活动。常州勤业小学成立的"民俗文化娃娃艺术团"，在传承民俗文化、培养学生兴趣爱好上发挥了重要作用。文化活动是文化传承的有效载体。勤业小学"民俗文化娃娃艺术团"开展了丰富多彩的各种活动，通过活动扩大民俗文化的知晓面和影响力。"民俗文化娃娃艺术团"具体包括："老常州"画舫、"老房子"纸艺社、舞龙队、乱针绣、风筝社、童谣社、空竹社、锡剧社、常州方言研究社、民俗文化讲解团等。这些社团对学生选拔有一定的要求，也有其清晰的教育目标，从乱针绣社团我们可以看到这一点[1]：

> 在学校五、六年级中选拔一些学生（对刺绣艺术感兴趣，有一定绘画基础，性格安静，有耐心）参加乱针绣社团，其目标是：（1）让学生更好地了解常州历史，接受乡土文化教育，传承中华民族优秀的传统文化，激发青少年学生爱祖国、爱民族、爱家乡的朴素感情。（2）培养学生的耐心和专注力。在刺绣的时候，如果你不专心，就很容易绣错。刺绣是很需要时间的工作，如果你没有耐心，绣一段时间就半途而废，那么你就永远出不了作品。（3）帮

---

[1] 2016年6月3日实地考察资料：《勤业小学乱针绣社团活动总结》。

助学生获得美感和成就感。经过自己一针一线、日积月累、坚持不懈的努力，终于完成作品的那一刻所带来美好的喜悦是什么也替代不了的。（4）根据社团特色创作舞蹈节目，在"六一"民俗文化节展演。

三　组建儿童研究院

儿童研究院是学校围绕办学特色或自身优势而成立以学生为主体的研究机构。一种形式是围绕文化元素通过开展一系列小课题研究活动来培养学生的学习、思考和研究能力。小课题探究是一种以学生为主体的探究模式，通常以问题为契机，引导学生分小组设计活动方案，运用已有的知识综合分析和解决问题，进而提升学生的实践探究能力。关注地域文化的儿童研究院，不仅有利于培养儿童的文化保护意识和研究能力，也为学校文化传承找到了新的落脚点。仅就无锡地区的学校而言，有羊尖中心小学的"红领巾锡剧研究院"，新安实验小学"节日大观园"红领巾研究院，藕塘中心小学的"少年农科院"，徐霞客小学的"霞客研究院"以及堰桥实验小学的"吴文化少年科学院"等。

无锡堰桥实验小学早在1998年就成立全国第一个以人文科学为主题研究内容的"吴文化少年科学院"。该院模仿高等院所的研究机构，设立院长、副院长以及具体研究所等。最初的"吴文化少年科学院"依托旁边的吴文化公园开展主题研究。吴文化公园有19个展馆，包括物质文化区6个展馆、人文文化区7个展馆和民俗文化区6个展馆。选取适合作为学生主题的"吴地人文馆""吴地三百六十行""无锡名人厅""无锡院士馆""蚕桑巷""江南风情苑"等内容做专题研究。"吴文化少年科学院"依据展厅设置相应的研究所，学生根据自己的兴趣和专长加入自己喜爱的研究所。2003年学校易址之后，为了保证吴文化研究课题的持续开展，学校专门按照吴文化公园的展厅建立微型吴文化活动展览室，活动室呈现吴地鱼米之乡风貌的蚕桑文化区、泥塑区、农具铺展区等。这个少科院每月开展活动，取得了一系列课题研究和活动成果。随着时代变化，"吴文化少年科学院"研究课题不仅在更新，也更突显学生的创造性。如：开展"当代吴地创业名人寻访活动"、"寻找无锡发展的 100 个亮点"、关注无锡非物质文化遗产研究等。尤其在节日研究方面，小院士们不仅重点研究三月三堰桥庙会、阳山桃花节、南长古运河文化节、吴文化节等，还自创吴地节日，如吴地小状元节、游戏节、民俗节、蚕桑节、稻作文化节等。

小课题研究使学生走出校园，进入社会大课堂，通过社会调查培养学生的小组合作和研究能力。常州雕庄中心小学重视开展民俗文化探究活动，要求学生自己利用课余时间对传统民俗进行调查，开展形式多样。有的本地学生进行雕庄本地民俗活动调查，部分外地学生以共同的家乡作为小组一起合作调查。在"我以我手做米酒"活动中，教师首先由雕庄本地的米酒聊起，让学生说说对米酒已有哪些了解，接着再说说还对米酒的哪些方面感兴趣，由此引出探究主题及问题。在课题研究活动中，小组成员一起设计研究计划，齐心协力完成研究任务。

儿童研究院的另一种形式侧重于专门技能的学习，主要围绕发展学生对某一民俗艺术（技艺）特长或爱好而建立的专门学院或研究所。这种形式对于培养民俗艺术的后备人才或专业观众具有非常重要的意义。在这里以苏州姑苏区的三所学校为例来作说明。早在 1998 年，苏州大儒中心小学就成立"大儒行知戏曲艺术团"——"红领巾昆曲研究所"（小昆班），让学生学习古老的昆曲艺术。平江实验学校建立"银杏娃评弹艺术学院"，具体分为弹词组和评话组。每周安排固定时间对学生进行艺术指导和训练，主要是外聘评弹专家进行指点、本校音乐教师进行训练辅导的方式。采用新评弹演唱方式表演经典曲目《枫桥夜泊》《苏州好风光》等。苏州城东中心小学设立"小茶花民乐团"，举办二胡、扬琴、琵琶、古筝、笛子五个培训班，目的是让学生毕业时学会一项民族乐器。同时，该校创立了"小桂花民族乐器制作传习所"，让学生学会制作简单的乐器，传承和弘扬中华民间乐器文化。

四 开展特色少先队活动

2014 年 3 月，教育部印发《完善中华优秀传统文化教育指导纲要》

中指出:"要加强中华优秀传统文化的校园教育,依托少先队,开展主题教育、理论研讨、社会实践、志愿服务、文艺体育等形式多样、丰富多彩的活动。"①《少先队活动课程分年级实施参考》中"优秀传统文化在我身边"模块中,包括"在传统节日当天,感受传统习俗""分享自己最喜爱的民俗""参加家乡的传统文化民俗亲子游""发现家乡传统风俗,挖掘一些民俗的特点""了解家乡风俗;参观考察家乡传统文化、历史名胜""在春节、元宵节期间,参加写春联、画年画、猜灯谜的传统文化民俗活动""举办家乡民俗文化赶集活动"等一系列与优秀传统民俗文化传承有关的少先队活动。② 在少先队课程中融入民俗文化元素,不仅有助于儿童了解和认识家乡文化,也彰显了少先队活动课程的文化向度。

  苏南地区的教育人具有一定的文化自觉意识,重视以文化人,挖掘更多传统民俗文化元素设计少先队课程。传统民俗文化以多样灵活的形式融合在不同年级的少先队活动中。无锡市新安实验小学利用各大传统节日开展少先队活动,积极创建各类教育活动平台引导队员感受并传承优秀传统文化,发挥少先队员主体作用对中华传统节日进行专题研究,在节日文化探索中增强对文化的认同感。苏州木渎中心小学的"木渎文化展览馆""木渎文化长廊"由少先队收集资料、布置展馆,围绕木渎文化开展体现地方文化特色的少先队活动,培养学生爱家乡的情感。为了更好地传承和弘扬木刻文化,桃坞中心小学把木刻与少先队活动结合起来,以少先队组织为载体开展丰富多彩的活动,如"桃娃刻党史""情系桃花坞"等活动。桃花坞木刻年画,不仅是桃邬中心小学传统文化教育的两点,也是少先队的品牌活动。常熟白茆中心小学则围绕"山歌文化"开展丰富多彩的少先队活动。

---

  ① 《完善中华优秀传统文化教育指导纲要》,教育部网站,http://old.moe.gov.cn//publicfiles/business/htmlfiles/moe/s7061/201404/166543.html。
  ② 《少年队活动课程分年级实施参考》,中国少年先锋队,http://zgsxd.k618.cn/zyb/201801/t20180105_14912646.html。

白茆山歌代代传

（少先队主题活动）

常熟市白茆中心小学　殷美娟

一、活动目的

1. 以"山歌文化"为主线，加深学生对白茆山歌的热爱，弘扬"山歌文化"，体现主题活动的特色性。

2. 以"争章达标"为起点，培养学生的个性特长，体现活动的自主性。

3. 以"创新教育"为重点，丰富主题活动的形式，发展学生的实践能力，落实主题活动的创造性。

4. 以"情感熏陶"为着力点，提升主题活动的内涵，增强学生爱家乡的情感，实现主题活动的人本性。

二、结合章目：艺术章

三、活动形式：中队活动（表演式主题性活动）

四、活动准备

1. 收集高年级队员创作的山歌作品以及以山歌为题材的书法作品，利用课余时间朗诵、练唱。

2. 开展一次假日小队活动，去大自然中观察，向周围的人请教，发挥想象力，每人创作一首山歌或学唱一首山歌，或根据山歌歌词画一幅想象画，或排练一个山歌小节目，或写一幅山歌歌词为内容书法作品。

3. 摄制剪辑好录像带，布置好活动场地，准备好"艺术章"。

4. 准备好四块设置好栏目的版面，以便在活动过程中办出一期山歌作品展（书法、美术、歌词……）。

五、活动步骤

1. "我自豪，我是山歌之乡的新一辈"

播放录像，让全体队员跟随摄像机去参观和采访镇红豆山歌馆，了解白茆山歌源远流长的历史和灿烂辉煌的过去，展望未来美好前景。

2."我能行,唱山歌的娃儿有本领"

以小队为单位,让队员用独唱、对唱、小组唱、表演唱、舞蹈、朗诵等形式表现白茆山歌,并将自己创作的以山歌为表现内容作品粘贴至预先准备好的各个专栏版面上,最后集体创作一幅山歌长卷画(内容为队员们创作山歌、演唱山歌、表演山歌时的欢乐情景),命名为《唱山歌的娃儿欢乐多》。

3."我渴望,成为小小艺术家"

由队员自己评议自己在活动中的表现,并提出参评"小小艺术家"的申请,让队员投票评选出"小小艺术家",并颁发"艺术章"。

4."我誓言,我是白茆山歌的新传人"

中队长代表全体队员发言,总结本次活动取得的成绩和不足,并表示决心:要担负起弘扬白茆山歌的历史重任。

5."我欢乐,唱山歌的娃儿欢乐多"

在优美的校歌《唱山歌的娃儿欢乐多》歌声中,全体队员站起翩翩起舞,舞止,活动结束。

六、辅导提示

1. 本次活动涉及时间较长,前期活动成分居多,任务布置应在前期活动中,应注意必要的督促与支持,并适时布置阶段性要求,给予必要的指导。

2. 活动关键是让队员自己去发挥才能创造各类作品,让他们在活动中激发灵感,寻找美感,陶冶情操,锻炼能力。

七、活动建议

1. 活动开展过后,将四块版面在少先队画廊中展出,让各年级分批参观,也可让学生动员家长前来参观,扩大影响和知名度。

2. 活动中表现山歌的形式要突破传统,力求新颖,多样化,赋予山歌新的生命力。

五 组织实地考察活动

由于传统民俗就在学生身边,学校在开展传统民俗教育时,不应只局限于课堂,更需要拓展到校外,采用访谈、参观、调查等多种实地考察形式。民俗文化学习不仅仅是技能和事实的累积,更重要的是,建立对生活的兴趣,在真实的文化环境中去发现、感受民俗的意义。苏南地区的学校重视拓展校外学习空间,组织学生进行各种民俗文化考察活动,帮助他们深入了解所生活的地方。具体包括:学生实地调查家乡特有的民风习俗、民间故事、传说以及民间艺术等,参观家乡的历史古迹、名人故居、老街,走访民间的老艺人、非物质文化传承者等。常州实验小学为了让学生了解古老的梳篦手工艺文化,组织学生走进常州梳篦博物馆,拜访传统手工艺人,观看如何操作传统简单的木质工具制作出精致的梳篦,以及描花女工的技艺,让学生亲身感受地方民俗的文化魅力。宜兴丁蜀镇丁山小学注重带领学生走出校园,利用课外资源引导学生在游学、研讨过程中提升实践能力和获得审美享受。该校美术学科并负责紫砂陶艺教学的 S 教师介绍道:

> 我们还策划开展了"寻访家乡紫砂文化"的活动,每学期带领学生走出校园,探究家乡的紫砂文化资源。走进长乐弘实践基地,观摩大师制作作品;走进有五百年历史的前墅古龙窑,探寻紫砂陶原始的烧制流程;走进古朴典雅的陶瓷博物馆,欣赏琳琅满目的陶瓷产品;走进普通的民间紫砂作坊,了解紫砂艺人的生活……听他们讲述了从事紫砂艺术的生涯以及独具特色的紫砂陶制作技艺。在丰富的活动情景中,使学校师生更全面地了解紫砂艺术,认识到陶都的先民为我们创造宝贵的文化资源。(20181220 宜兴丁蜀镇丁山小学 S 教师)

实地考察让学生在有意义的情境中学习,密切了与地方的联系。"虽然地点之中并不拥有内在的记忆,但是它们对于文化回忆空间的建构却具有重要的意义。不仅因为他们能够通过把回忆固定在某一地点的土地之上,使其得到固定和证实,它们还体现了一种持久的延续,这种持久性比起个人的和以人造物为具体形态的时代的文化的短暂回忆来说都更加长久。"[①] 选取有纪念意义和富有象征物的地点进行实地考察,

---

① [德] 阿莱达·阿斯曼:《回忆空间:文化记忆的形式和变迁》,潘璐译,北京大学出版社2016年版,第344页。

对于学生了解和阐释民俗文化、建构文化记忆是非常重要的。苏州第一中学开展"寻根探源吴文化"和"我心中的园林"探访、展示活动,让学生走进姑苏城里的吴门宅院,游走于粉墙黛瓦、雕梁镂窗之间,沉浸在历史渊源、吴侬软语之中,用心感受姑苏情怀,明白吴文化的历史渊源。苏州实验中学在实施《吴文化与语文》校本课程时,指出直接参与和实践是感受吴文化的最佳途径。在进行"名胜文化与语文"教学时,直接带领学生前往拙政园、留园、沧浪亭,体会园林艺术文化;在教授"曲艺文化与语文"模块时,带领学生到昆曲博物馆和评弹艺术馆现场聆听昆曲和评弹,实地感受苏式慢生活;而在教授"工艺文化与语文"模块时,带领学生参观苏绣博物馆、镇湖绣品街感受苏绣的秀美和精湛,去桃花坞大街细细品味木刻年画的精美等。

第四节　建立共同体:寻求多方力量合作

要想充分发挥民俗文化的育人价值仅靠学校内部的力量是不够的。这就需要跨越学校边界,搭建合作平台,充分利用各种场馆、大学、同伴学校和社会资源,通过建立互惠共赢的合作共同体来凝聚合力共同推进学校传承民俗文化的教育实践。

一　馆校合作

"文化记忆是过去的文化在空间上通过图像、文本、文物、遗址等方式的聚合,然后在大众的集体意识中被重塑,进而成为社会集体记忆的重要组成部分。"[1] 文化记忆的载体不只停留在文本中,还包括各种蕴含文化记忆的"场",如博物馆、纪念馆、档案馆、美术馆以及文化遗迹等。开展民俗文化传承活动就不能仅仅局限于学校教育,还应包括发生在各种场馆环境中的教育。以博物馆为例,博物馆的作用不仅仅局限于保存物品,更是历史和文化记忆的独特载体,其在教育领域的社会使命可以是向下一代保持和传递文化经验。地方性博物馆的陈列展示和内涵发掘,就是以一种生动形象的直观方式向人们介绍地方传统文化。

---

[1] 陶成涛:《文化乡愁:文化记忆的情感维度》,《中州学刊》2015年第7期。

无锡博物院"吴风锡韵"展厅给人提供独特的体验感受无锡传统文化和历史变迁；常州博物馆"龙腾中吴"展厅反映常州历史文化的基本陈列；苏州博物馆的"吴地遗珍""吴地塔宝""吴中风雅""吴门书画"等展厅蕴含苏州悠久的历史文化，而"民俗博物馆"展厅围绕节令民俗、吉祥民俗与育子民俗展现了苏州的特色民俗。

除了综合性博物馆，苏南地区还有很多特色的反映地方民俗特色的博物馆。相关的博物馆有苏州园林博物馆、苏州民俗博物馆、苏州丝绸文化博物馆、中国昆曲博物馆、中国苏绣艺术博物馆、苏州评弹博物馆、桃花坞木刻年画博物馆、中国泥人博物馆、锡剧博物馆、阳山桃文化博物馆、民间蓝印花布博物馆、龙城梳篦博物馆、留青竹刻博物馆、常州市乱针绣博物馆、常州市非物质文化遗产展示馆、溧阳市傩文化博物馆、常州滆湖民俗博物馆、常州天目湖酒文化博物馆等。这些博物馆的建立，尤其是蕴含地方文化特色的博物馆，使人有了一种共同的文化记忆。同时，"这样的博物馆既可保护民俗文物以构成社区文化创造力的资源，又可作为乡土教育的中心，使民间智慧在社区内获得世代传承的新途径"[①]。在博物馆中，学生在互动的氛围中了解关于文化的记录，帮助他们理解所归属的特定地域和获得文化自信。因此，学校教育要加强与博物馆资源的有效衔接，推动博物馆与学校关系进入一种新的互惠水平。为了更好地将民俗文化与学校教育融为一体，无锡羊尖中心小学将锡剧博物馆作为"红领巾锡剧研究院实践基地"，常州勤业小学将留青竹刻博物馆、梳篦博物馆和乱针绣博物馆作为校外民俗教育基地。不仅学校注重寻求博物馆进行合作，博物馆也主动与学校共同肩负起文化传播和教育的重任。如：苏州博物馆致力于"博物馆课程"开发与推进，与学校展开深度合作；昆曲博物馆则主动为以昆曲为特色教育的学校提供教育资源和活动。

江阴市城西中心小学充分利用博物馆资源开展地方民俗文化教育，牵手江阴博物馆共同打造"城西博物院"，通过"一馆"（博物馆）、"双师"（馆内授课制和校内授课制）、"三阵地"（绘本博物馆、创享

[①] 周星：《本土常识的意味——人类学视野中的民俗研究》，北京大学出版社2016年版，第84页。

博物馆、研习博物馆）、"四式"（浸入式、体验式、自我引导式、动手学习式）的运作机制，使博物馆的教育功能和学校教育进行有机衔接，双方紧密结合，形成良好的互动关系。2017年1月，城西中心小学为了建设好紫砂文化教育特色，学校与江阴市宝壶斋茶具博物馆深入推进馆校合作计划，双方签订合作协议明确具体合作内容和方式。江阴市宝壶斋茶具博物馆成为城西中心小学学生的课外学习基地，为学生提供参观学习的空间并组织专业人员进行讲解。同时，博物馆的工作人员定期到学校举办文化艺术展览和开设《中国紫砂》茶文化课程等。

二 校际合作共同体

学校不是封闭的孤岛，它需要与同伴学校进行信息、能量和知识的转换与互动，因而，学校的发展不仅需要内部成员的努力，还需要外部伙伴提供支持性的关系网，"资源共享、优势互补、共同进步"是实现学校优质发展的有效路径。如今，很多学校不再作为个体行动，而是以相互联系和相互依存的方式开展校际合作。校际合作共同体的成员学校以共同愿景和教育使命为纽带，关注互动过程中不同学校能量的释放，走向彼此分担、共同成长和创生的发展之路。"共同体的一个固有成分是成员之间共享好处的'兄弟般'的责任。"[1] 同地域的学校可能会依托共同的文化资源进行学校特色建设，学校之间通过确立合作目标、制订合作规则和采取合作措施等建设合作发展共同体，共享优势和资源。苏州市吴江区震泽实验小学、震泽初级学校和吴江经济开发区实验初级中学共同合作开发"蚕丝文化课程"建设。昆山市千灯中心小学校和昆山市千灯镇炎武小学建立合作共同体的目的主要是实施昆曲文化课程项目，开展一系列校际联动策略。双方签订《好学校共同体建设协议》。协议指出："双方共同申报江苏省特色文化建设项目，根据规划实实在在地实施昆曲文化课程，在新的一年以显著的成绩顺利通过考评，成为昆山市最早的江苏省小学课程基地，成为共同体建设的一大成果。"[2]

---

[1] ［英］齐格蒙特·鲍曼：《共同体》，欧阳景根译，江苏人民出版社2003年版，第69页。
[2] 《"好学校共同体"建设协议》，昆山市千灯中心小学校，http://qdxx.ksedu.cn/page.aspx? SysID = 201492574544405529200。

行政力量的推动是学校之间围绕特色文化建设展开合作和互动的主要动力。尤其是江苏省教育厅推进的小学特色文化建设工程项目，由两所或两所以上学校围绕特色文化主题共同建设，这不仅有利于推进学校文化建设，也为学校展开互动共同建设和分享资源搭建了平台。苏州市教育局不仅落实省级的小学特色文化建设项目，也推动实施了市级层面的小学特色文化建设项目。这些项目对学校充分挖掘苏州文化、寻找办学特色和展开校际合作提供了助推力。表5-8为2017—2018年苏州市小学特色文化建设的部分项目。

表5-8　　2017—2018年苏州市小学特色文化建设部分项目

序号	学校名称	项目名称	共建学校
1	苏州市实验小学校	三味学庐：指向吴地"非遗"传承的课程基地建设	吴江明珠学校、苏州相城实验小学校
2	苏州市平江实验学校	植根百年文化基因，塑造特色文化课程	苏州市立达中学校
3	苏州科技城实验小学校	生活中的二十四节气	苏州新区枫桥实验小学校
4	苏州工业园区星汇学校	"吴音传习"特色文化课程项目	苏州市姑苏区山塘街中心小学
5	太仓市城厢镇第四小学	苏南地方文化视野中的"工匠课程"基地建设	无锡市宜兴陶城实验小学
6	苏州新区枫桥实验小学	传承评弹艺术，创新文化生活	苏州新区镇湖实验小学
7	苏州市吴中区越溪实验小学	越溪船拳特色文化建设	苏州市吴中区宝带实验小学
8	常熟市唐市中心小学	湿地里的江南古镇文化特色课程建设	常熟市义庄小学
9	苏州市吴江区屯村实验小学	基于"耕墨"课程开发的学校特色文化建设	苏州市吴江区实验小学
10	苏州市相城区阳澄湖小学	根植乡土，打造阳澄农事文化	苏州市相城区珍珠湖小学
11	苏州市吴江区同里实验小学	剪纸课程特色文化建设	苏州市吴江区屯村实验小学
12	常熟市兴福中心小学	"一山一世界"虞山文化课程建设	常熟市报慈小学
13	盛泽实验小学南校区	"耕读文化"课程基地建设	吴江区程开甲实验小学

续表

序号	学校名称	项目名称	共建学校
14	太仓市双凤镇新湖小学	太仓市双凤镇新湖小学"龙狮舞"特色课程基地	太仓市朱棣文小学
15	苏州市虎丘实验小学	"士文化"课程建设项目	苏州市三元实验小学
16	张家港市金港中心小学	创意版画 印刻童年——版画课程文化项目建设	张家港市白鹿小学
17	苏州市相城区陆慕实验小学	翰墨书香润童心——书画特色文化建设	苏州市相城区第一实验小学
18	吴江区震泽实验小学	蚕丝文化校本课程	吴江区震泽初级中学

三 大学—中小学合作

苏南地区学校开展民俗文化教育适应了新时代重视传统文化传承的要求，旨在寻找民俗文化传承的教育力量。但仅靠学校自身的努力，在挖掘民俗教育资源及其价值上存在诸多困难，再加上中小学教师研究和了解地方文化资源能力有限，这就需要寻求大学专业人员的帮助，共同探讨如何在中小学校开展民俗文化教育。"坚持共同的教育信念与主张，有着共同的价值追求，努力将精力与智慧投向共同的教育问题与现象之中，会促使大学与中小学组织有意地开放组织边界，召唤或主动要求对方更多地进入自身组织生活之中，参与更多的教育理论与实践研究活动，从而建构一种生动的教育日常生活。"[①] 为了共同的目标和愿景，大学和中小学组成合作实践共同体，成员之间相互探讨、相互支持、频繁互动。通过关注共同的主题，定期开展活动，从而更好地完成预期目标。无锡藕塘中心小学聚焦农耕文明传承，学校设有蔬菜种植方桌田、红领巾小桃园、家禽养殖区、组培实验室、农业科普展览馆、玻璃花房、美食工坊等体验空间，为学生搭建了解和传承农耕文明的整体环境。针对教师组培知识和技术缺乏的问题，学校与江苏省农业科学研究院合作，定期邀请专家进行工作指导。同时，学校还派科学骨干教师到

---

① 苏尚锋：《大学与中小学合作共同体的特质及其构成》，《教育发展研究》2014年第20期。

江苏省农科院进行深入学习，掌握组培技术。

常州工学院师范学院非常重视与附属学校——飞龙中学的共建与发展，实行师资和科研共享。师范学院刘廷新教授利用自己的研究专长和积淀的科研资源，将常州国家级非遗项目"小热昏"和省级非遗项目"梨膏糖"引荐给飞龙中学，使其成为"小热昏"和"梨膏糖"二项非遗传承基地。"小热昏"和"梨膏糖"是常州代表性传统曲艺和传统手工制作技艺，是老一辈常州人难以磨灭的记忆。按照预设发展计划，飞龙中学将以"小热昏"和"梨膏糖"为传承目标，创办地方文化传承特色学校。一是成立"常州小热昏与梨膏糖兴趣小组"，每周一培训，作为特长教育培养小传承人；二是研制相关通识课程，编写校本教材；三是建设"小热昏与梨膏糖博物馆"，静动态结合保护和传承文化遗产；四是以非遗传承基地建设为方向，申报课题，开展研究，形成系列教研成果。

为了传承苏绣技艺，苏州技师学院传统工艺特色项目建设组主动支持中学教育，苏绣专业教师利用每个周六走进中学，为广大爱好姑苏文化、喜欢苏绣技艺的中学生提供苏绣技艺指导。苏州越溪实验小学位于越溪船拳的发源地，学校利用地理优势从越溪古船拳入手传承吴越文化精华。学校将越溪船拳引入体育学科教学，但由于体育教师对越溪古船拳历史和精神的领悟有限，也缺少分析具体动作的船拳教材，开展船拳教学面临困难。幸运的是，苏州大学体育学院也对江南船拳开展研究，越溪实验小学主动借助大学资源开展船拳课程建设。首先，二者共同编写教材《溪小拳影》，苏州大学体育学院提供历史资料，挖掘整理船拳套路，并提出适合小学生学习的拳法建议。其次，在体育教学方面，学校成为苏州大学体育学院武术教学实习基地，邀请武术专业的体育生到学校教授船拳。再次，共同建设江南船拳展馆和江南船拳文化研究中心。最后，依托苏州大学民族体育专业的科研力量，申报相关课题研究。课题《江南船拳文化的挖掘、整理与开发》被国家体育总局文化发展中心立项为体育文化研究科研项目。在课题的带动下，双方的合作逐步加深，学校的船拳特色的保护与传承工作向着更高目标迈进。学校现已评为"全国中小学中华优秀文化艺术传承学校""苏州市特色体育项目学校"。

四 学校与社会力量合作

文化是不可遗传的记忆，不是扎根在基因上，而是在社会性里。民俗作为文化传承的符号、观念、习惯、仪式等要素，需要公众的广泛参与。学校不能只是让学生在围墙内接受民俗文化知识，而是要建立一种开放的民俗文化教育模式，积极寻找社会力量让学生的学习更加多元和丰富，这也是助力民俗文化保护和传承的有效方式。

（一）邀请校外专家担任指导教师

常熟唐市中心小学在建设"古镇拳歌"特色文化课程中充分发挥校外辅导员的力量。江南船拳、石湾山歌、古镇小画师、古镇小书法家、水乡小象棋手、水乡小围棋手6个社团共聘任10名校外辅导员。常州勤业小学邀请民俗学会的专家进学校、进课堂，指导学校的民俗文化研究和教育工作。同时学校聘请部分知名民间艺人和民俗专家参与学校课程建设，成为学校民俗文化课程实施的外聘教师。庙港实验小学在实施"丝韵"时，学生亲自参与动手养蚕活动。然而，对养蚕知识的缺乏是校内指导教师最大的障碍，学校借助校外社区力量，将社区农科站的技术人员请进学校，通过做讲座、解疑问等方式指导学生的养蚕活动。

（二）整合资源，建立合作共建机制

仅靠学校自身的力量无法完成传统民俗进校园。面对学校缺乏传承民俗文化所需的师资、经费和场地的难题，与校外资源联合建立共建机制则是必由之路。苏州第一中学携手苏州市评弹团启动"苏州市'道德评谈'暨艺术评弹进校园"活动，将优秀传统文化资源与道德模范先进事迹转化为生动有效的教育资源。学校还与苏州昆曲传习所合作，推出"百年昆曲走进百年一中"工程：开办"音乐教师昆曲培训班"、昆曲进课堂、组织"学生幽兰昆剧社"、编辑校本教材《昆曲经典文本选读》等。江阴市实验小学与江阴市锡剧团联手，借智借力，创新锡剧内容与表达形态，在国家常规性课程的基础上，为孩子提供更多的锡剧实践课程，拓展更宽的锡剧展示平台，开展更多样的锡剧活动。苏州善耕实验小学联合苏州刺绣研究所有限公司举办苏绣传习所，选取三至五年级对苏绣感兴趣的学生作为学员，聘请知名苏绣技师进行指导。在

指导老师的教授下，研习所小学员的针法技艺日益精湛。张家港市实验小学"江南丝竹乐团"为了提高学生的艺术修养与张家港市保利剧院合作：每学期开展师生"走进保利剧院"艺术欣赏活动，开展"保利艺术进校园"活动，让学生与大师面对面切磋交流。学校除了与专门机构开展合作，还可以与其他文化单位、企业资源结成普及民俗文化共同体。例如，苏州平江实验学校与苏州评弹团、苏州园林博物馆、平江书画院、苏州市政有限公司结对，桃坞中心小学与苏州地税局、苏州民族民间文化保护中心、苏州礼安医药有限公司结对等，共同推进传统民俗文化进校园这一工程。

（三）利用社区资源搭建学生实践平台

传承民俗文化往往要和学校教育、社区参与紧密联系在一起，并且只有通过紧密地联系在一起才能让学生在民俗文化体验中生成文化记忆。常州勤业小学每年的"民俗文化节"成为学校的一项传统，学校联合社区和引进常州民俗学会一起实施。2016年6月6日，勤业小学在红星大剧院进行"乡音乡情"常州市非遗文化专场汇报演出，12个节目全部取材于该校的民俗文化课程，用艺术的方式阐释民俗文化的魅力。昆山第一小学开展送戏进社区活动，每年都组织学生深入社区向市民宣传昆曲知识，弘扬昆曲文化。通过建立昆曲博物馆校外实践基地、积极参加地方组织的文艺活动等形式把学校昆曲教育推向社会，大力拓宽学校艺术教育的舞台。无锡羊尖中心小学充分挖掘和整合社区资源推进锡剧校本课程的实施。学生走进社区的活动有"祭扫锡剧鼻祖"活动、"搭起社会舞台"活动，学生跟随业余锡剧团一起深入农村、街头、工厂同台演出。

第五节 空间建设：形塑文化记忆场

文化为了传递能指的实践，它必须被展示，文化可以通过空间再生产得以延续。"文化空间"作为文化人类学概念，最早被称为"文化场所"。1998年，被联合国教科文组织发布《宣布人类口头和非物质遗产代表作条例》，将"文化空间"（cultural space）定义为："一个可集中举行流行和传统文化活动的场所，也可定义为一段通常定期举行特定活动的时间。这一时间和自然空间是因空间中传统文化表现形式的存在而存在的。"文化空间既是一个视觉凝视场所,也是一种现实的文化保护实践。关昕认为,"文化空间"是一种由意义符号、价值载体构成的体现意义、价值的场所、场景和景观,其关键意旨是具有核心象征性。①学校传承民俗文化不仅要通过课程、教学和学生实践活动来进行,还要关注文化空间的架构,营造民俗文化传承的记忆场。以空间建设传承民俗文化,设计民俗文化传承的教育空间也是苏南地区学校传承民俗文化的实践路径之一。

一 构建具有民俗文化特色的校园环境

文化传承应该是一个潜移默化的、浸染熏陶的过程。学校场域中的民俗文化传承必然涉及建设具有民俗文化特色的校园环境。学校往往通过选择有代表性的地方性民俗文化元素,进行文化符号与教育的想象性对接,有机融入校园文化标识系统。将民俗文化元素融入校园环境建设,不仅凸显校园文化的地域特征和历史传承,也在形塑承载学生成长记忆的文化环境。学校建筑不仅是物理环境、社会环境,更在形塑一个意识环境与文化环境。"通过提炼一个地区所特有的地域文脉,包括各种自然和人文资源,从而将能够体现本地文化的建筑'基因'融入学校建筑,并成为学校体现本地文化的标识,同时也使学校成为了地域文化的重要媒介和传播者。"②

"学习不仅基于身体,也根植于环境。学习过程不是脱离情境、孤立于大脑的抽象符号运算,而是发生于一定文化环境中,受到情境因素的制约。"③ 以民俗文化为依托建设校园环境是民俗文化教育存在的另一种方式。学校以民俗文化元素来装饰校园,让校园呈现出浓浓的地域民俗特色。通过营造良好的民俗文化教育生态,让学生从小受到民俗文

---

① 关昕:《"文化空间:节日与社会生活的公共性"国际学术研讨会综述》,《民俗研究》2007年第2期。
② 邵兴江:《学校建筑:教育意蕴与文化价值》,教育科学出版社2012年版,第130页。
③ 叶浩生:《身体与学习:具身认知及其对传统教育观的挑战》,《教育研究》2015年第4期。

化的熏陶，培养他们对民俗文化的亲切感、认同感以及传承优秀民俗文化的责任意识。昆山高新区新华舍幼儿园以民俗文化为基调设计园所环境布局。走进校园，一眼就可以看到水乡牌坊，民间工艺展示区摆放的全都是体现水乡人家特色的由家长和幼儿共同制作的民间工艺作品。一楼走廊里布满了地方特色美食店，有青团子、奥灶面、万山蹄、袜底酥等；二楼是民间工艺坊，有水乡特色蓝印花布、草艺编织、土布印染等；三楼展现了戏曲主题的民俗文化，有脸谱、戏曲舞蹈、戏曲服装等。该幼儿园充分利用墙面、走廊、各种活动区域创设丰富的民俗文化环境，使幼儿在潜移默化中了解和认识传统民俗文化。昆山周庄小学开展"水乡文化"特色校园建设，将周庄水乡文化元素融入学校的环境建设，专门设立"水乡文化"特色长廊，让学生每天浸润在浓郁的水乡文化氛围中。江阴实验小学作为首批锡剧传承特色学校，非常重视锡剧人文环境的建设，努力让学校的"一花一树、一角一落"都蕴含丰富的锡剧元素。学校实施"锡剧主题园廊室"工程，花坛里随处可见的是锡剧小知识；楼梯间、走廊上，学生驻足休息时能欣赏锡剧的经典剧目、锡剧名角介绍；活动楼走廊分别打造成"锡剧人文""锡剧服饰"主题长廊。这些花园绿植、墙体文化、走廊过道，充满了锡剧经典的魅力。

二　打造专用的民俗文化体验空间

学校教育在保护和传承民俗文化过程中发挥着重要作用。有的学校不仅探索民俗文化融入学校教育的方式和路径，还创设一个实践民俗文化的文化空间，让学生能够充分地对民俗文化进行感知和体验。这样做的目的是将民俗文化成为精神成长的有机养料，自觉地进行保护和传承。民俗文化与其说是一个保护的问题，倒不如说是一个教育的问题。学校打造的民俗文化体验空间意在以一种教育的形式落实民俗文化传承的使命。这些民俗文化体验空间为课程实施找到具体的操作平台，也为学生的文化体验提供了丰富的机会。昆山中学建设江南水乡文化展览园区，打造江南水乡文化体验区。江阴实验小学围绕"锡剧进校园"精心打造了四个专用室："臻美剧场""锡剧训练室""锡剧形体训练室""小锡班乐队合成室"。常州勤业小学从"大课堂""中课堂""小教室"三个层面打造适合学生的民俗文化体验空间：充满民俗文化气息的整个学校是一个"大课堂"；"中课堂"是非遗剧场，举行有关民俗文化专场小演出，开展民俗专家真人秀活动，邀请家长、社会人士举办民俗讲坛；两间非遗教室是"小教室"，主要是民间工艺和常州美食的制作坊。

这些民俗文化体验空间不只是提供课程实施的场所，其本身就是极其重要的课程资源。无锡泰伯实验幼儿园就坐落在吴文化圣地鸿山脚下，为了让幼儿充分地认识和体验吴地民俗文化，专门建立六间吴文化特色活动室。在访谈中，无锡泰伯幼儿园的 H 园长介绍了吴文化特色教室的具体使用情况：

> 我们有六个吴文化特色活动室，分别是"太湖人家""稻草人家""养蚕人家""竹园""印染房""茶吧"，主要用于幼儿的实际操作和体验活动。我们根据不同年龄幼儿的特点和专用教室操作的难度系数分别划分给中班和大班幼儿使用，中班特色活动教室是"太湖人家""养蚕人家"和"印染房"，"稻草人家""竹园""茶吧"则是大班特色活动专用室。我们也试图打破传统的方式开展专用教室的活动，整合各种课程元素充分发挥幼儿的主体性。以"茶吧"为例，幼儿不仅可以品茶，体验茶文化，还在"茶吧"里投放故事书、吴地童谣，发挥"茶吧"的综合作用。此外，还设计了一个"说书"环节，幼儿轮流讲述自己知道的故事、童谣，也可以用方言讲述周边发生的趣事。这样，"茶吧"又成了语言学习的环境。我们在设计幼儿园的环境时，充分利用吴地文化的元素，让幼儿感受到浓浓的吴文化氛围。（20160417　泰伯实验幼儿园　H 园长）

三　构建以民俗文化为主体的记忆场所

记忆和空间存在一种牢不可破的关系。在现代社会中，根植于传统、风俗与流传下来的东西逐渐消失。记忆日益与日常生活脱离，它需要依赖于专门的"场所"来寄放、来保存。既然记忆的现场不复存在，就需要建立专门的记忆场所,让过去通过媒介进行象征性呈现。"记忆形式的核心由图像(以简明扼要的图像公式对记忆内容进行编纂)和场所(在一个具有某种结构的空间内,把这些图像安排在特定的地点)构成。"[①] 在记忆场所这个特定的空间中,记忆被建构、被彰显、被习得,重新建立与过去的联系。"记忆术的空间结构就像一份草图或一张地图一样发挥作用,是与它的具体的来源地分离的。从这种地点的抽象的力量来看,记忆术就近乎一种文字,这种文字不是把字母排列成行,而是把图像布置成一个空间性的句法结构。"[②] 从某种意义上讲,这既是对传统的一种"继承",也是对传统的一种"发明",更是一种文化的再造。

通过构建以民俗特色文化为主体的再现性空间,这种文化空间的再生产不仅让民俗传统文化的传承和弘扬有了活的载体,也使得学校本身成为"记忆场"。苏州天和小学的"苏州文化体验馆",通过丰富的图片资料,引导大家通过品美食、逛园林、走古桥、听评弹,印年画等方式结缘苏州,升华心灵,了解苏州传统民俗文化。苏州第一中学依托吴文化基地成立吴文化展馆,以吴文化发展为线索,涵盖政治历史、文化教育、科技创新、经济发展等诸多内容,是一项全面反映吴文化的立体工程。展馆的建筑结构、外形凸显了吴地建筑特色,展馆内容包含与吴文化有关的文字、图片、实物、视频、模型等,全方位展示吴地灿烂文明的结晶,成为中小学参观、学习吴文化的重要实践基地。为了让学生更直观深刻地了解本地的民俗文化,培养学生热爱家乡的情怀,无锡钱桥中学专门建立民俗文化展览馆。民俗文化展览馆占地约400平方米,馆内设有"倾听远古呼唤""触摸平民生活""感受旧时百工""体味先农辛劳""探寻无锡水韵""土与火的艺术"和"感悟江南营造"七个展区,实物展品2000多件。馆内还设有民俗文化工作坊,通过制作老物件和展示工艺流程,让学生体味老物件中蕴含的先辈智慧。一手创建这个民俗文化馆的 G 老师说:

---

① [德]阿莱达·阿斯曼:《论回忆的隐喻》,殷西环译,载[德]阿斯特莉特·埃尔、冯亚琳主编《文化记忆理论读本》,北京大学出版社 2012 年版,第 157 页。
② [德]阿莱达·阿斯曼:《回忆空间:文化记忆的形式和变迁》,潘璐译,北京大学出版社 2016 年版,第 362 页。

  我们的目的就是让学生亲手触摸民俗文化。我们的学生基本上已经不晓农事，对于乡土民俗物件也是基本不认识。自己去收集这些老物件，为的是让孩子们感受地方民俗文化，寻找到自己的根。
（20160510　无锡钱桥中学　G 老师）

  "文化记忆场"功能的标志是承载文化蕴涵，苏南地区还有很多学校也建立了类似的记忆场所，如：越溪实验小学的江南船拳文化馆，木渎中心小学的"木渎文化展览馆"，昆山中学的"江南水乡文化角""水乡文化展览室"，无锡堰桥实验小学的吴文化博物馆等。

第六章　苏南地区学校传承民俗文化的基本经验

学校是文化传承与传播的最重要阵地之一，它也是民俗文化生根萌芽的重要场域。要想让优秀的民俗文化通过学校教育有效地传承和弘扬，则是多方面因素共同作用的结果。通过分析苏南地区学校传承民俗文化的典型案例，提炼的基本经验是：学校的文化自觉、课题研究的驱动、学生主体的参与以及行政力量的推动。

第一节　学校的文化自觉是动力之源

费孝通先生最早提出"文化自觉概念"。1997年，他在《反思·对话·文化自觉》一文中，对其规定为"生活在既定文化中的人对自己文化有自知之明，明白它的来历，形成过程、所具有的特色和它发展的趋向，不带任何'文化回归'的意思，不是要'复旧'，同时也不主张'全盘西化'或'全盘他化'。自知之明是为了加强对文化转型具有自主能力，取得决定适应环境、新时代文化选择的自主地位。"[1] 认识和了解所处的文化是人产生文化自觉的基础，能够在文化转型和新时代文化选择中具有自主能力则是目的。文化传承是文化在代际之间的纵向传继，"文化传承涌动的绝不仅是简单的怀旧情绪，文化传承必须充分立足于文化自觉。"[2] 在新时代背景下，传承和保护日益衰微而富有地方

---

[1] 费孝通：《反思·对话·文化自觉》，《北京大学学报》1997年第3期。
[2] 张继梅：《文化自觉与文化传承》，《齐鲁学刊》2013年第4期。

特色的文化是当地学校肩负的责任。要实现这一点，学校自身的文化自觉是前提，也是动力之源。从苏南地区民俗文化传承的学校教育实践来看，学校的文化自觉包括相互关联的三个方面：一是充分认识和了解学校所在地的本土文化，学校领导者具有文化使命感，明确学校在文化传承和再生产中的作用；二是立足于学校自身的传统与现实，积极寻找民俗文化元素与学校教育的结合点；三是重视发挥教师的文化引领作用和责任担当。

一 学校领导者的文化使命感

从学校的地域性来看，学校是传承、传播和开发地方文化的主力军，文化自觉体现在对当地文化的传承和文化的再生产上。这需要学校领导者充分认识到地方文化的重要性，明确学校在民俗文化传承和建设中的作用。要自觉地承担起传承任务，校长对文化价值的觉醒所产生的文化使命感最为关键。昆山千灯中心小学以昆曲文化为学校特色文化建设，C校长认为："乡村学校办学必须有自知之明，'明'在有文化自觉、文化自信，最终实现文化自立。古镇千灯是昆曲的发源地，学校办学有责任与担当让昆曲这一'活化石'能够在千灯这块富饶的土地上代代继承、延续。"[1]

在谈到无锡羊尖中心小学的锡剧特色教育活动时，发起人前任Z校长提出"弘扬锡剧，我们有义不容辞的职责"：

> 素有"太湖一枝梅"之称的锡剧和京剧、昆剧等优秀剧种一样，剧团越来越少，即便是生长在锡剧的发源地——羊尖的孩子们，对锡剧艺术也非常陌生。在网络时代和快餐式文化纷至沓来的时代，学校应该给予孩子一些什么？在深深的思索中，我们决定以开展锡剧特色教育为抓手，让孩子们从小接受锡剧的训练和熏陶，这不仅可以培养孩子们对锡剧浓厚的兴趣，而且对传承锡剧艺术，弘扬锡剧文化，应该说是一件功德无量的好事。[2]

---

[1] 2017年11月18日实地考察资料。
[2] 2016年4月15日实地考察资料。

学校领导者不仅要认识到学校在传承和传播地方民俗文化的时代使命，同时还要思考地方民俗文化元素融入学校教育的意义与价值。苏州相城区太平中学地处阳澄湖畔，水域天然存在，船只自古至今都是人们日常生活的一部分。江南水乡的船文化已经浸润在当地民众的记忆中。在 X 校长的带领下，学校立足太平地域水乡的优势开发船文化课程，致力于将这种非物质的文化记忆传承下去。

> 太平是典型的江南水乡。船是乡土文化的基因。太平街道过去家家都有一条船，船是每家每户工作生活的基本家当，造船、修船是老一辈太平男人必备的基本技能。现在还有相当数量的渔民活跃在阳澄湖上，许多孩子仍然家住船上；甚至有些家长借助得天独厚的阳澄湖，利用废弃的船只开设了饭店，形成"前店后湖"的"船餐"模式。因此，开发船文化课程是我们学校义不容辞的责任。①

学校领导者的文化使命感促使他们不仅思考如何将民俗元素融入学校教育教学活动，还努力将学校打造成民俗文化的传播和研究中心。常州勤业小学已经申请并成为常州民俗文化研究会的理事单位，努力为常州民俗文化在学校的普及和推广做出应有的贡献。苏州一中作为"苏州未成年人昆曲传播基地"，已经举办四届全国昆曲艺术节学习传承活动。昆山中学建立"江南水乡文化研究室"，学校的"江南水乡文化"课程基地发挥辐射他校和服务社会的作用，江南水乡文化展览园区、体验湖区成为"昆山市民看昆山"的景点之一。苏州越溪实验小学建立"江南船拳文化研究中心"，组建"吴中区船拳俱乐部"，在学校及社会基层推动一系列竞赛与活动致力于江南船拳的研究、传承和保护。无锡钱桥中学还依托民俗文化高波工作室，开设"民俗文化大讲堂"，定期到周边学校举办民俗文化主题讲座，不断扩大民俗文化教育的影响力。

---

① 溪锁福：《依托乡土资源开发"船文化"校本课程》，《江苏教育研究》2015 年第 11A 期。

二 积极寻找民俗文化与学校教育的结合点

民俗文化不会自动地进入学校场域，它需要学校教育者立足学生立场挖掘和利用民俗文化的教育要素，对其现代性解释和创造性转化才能有效地将民俗文化与学校育人实践有机结合。所谓创造性转化，是将民俗文化系统中的符号或元素通过教育者的努力转化为适合学校发展和学生成长的教育资源。

（一）站在文化的高度审视学校的发展方向

一方面，把地方特色的民俗文化融入学校教育目标和人才培养计划中，认识到民俗文化的价值以及在人才培养中的作用。例如：常州局前街小学的"龙城娃"，常州市实验小学的"银杏娃"，无锡古运河实验幼儿园的"运河娃"，宜兴丁蜀镇丁山小学的"陶娃"，无锡阳山中心小学的"桃娃"等。在阳山中心小学进行考察时，Q校长说明了将"桃娃"作为培养目标的缘由："桃文化我们做了十五六年了。桃文化具有地域特点，生长在桃乡的孩子，称之为桃娃。我们这边有水蜜桃博物馆，也有桃文化展示室。"（20160413 无锡阳山中心小学Q校长）另一方面，以地方文化特色定位学校的发展之路。无锡南长区中心幼儿园坐落在古运河绝版地段、江南水弄堂旁，自2008年起幼儿园努力寻找教育的文化根基，以校本教研的方式开发民俗文化教育资源，形成了以江南水弄堂文化为特色的园所发展模式。

（二）努力挖掘民俗文化的课程资源

将民俗文化转化为课程资源是民俗文化融入学校教育的关键。这就需要学校教育者有意识地从民俗文化背景进行课程开发，挖掘文化符号，将环境中有价值的东西变为课程和特色发展的内容。为了让学生有文化之"根"的意识，钱桥中学开发校本教材《锡韵乡情——无锡是个好地方》，包含历史溯源、水乡行走、经济感知、人文寻访、民俗体验五部分内容。在初一年级实施这一校本课程的教学，向学生系统传授无锡民俗文化，让学生在浓浓的乡土味中找到自己的根。无锡市古运河幼儿园地处历史悠久的两条古运河的交汇处，一条是古代的，一条是现代的，蕴含着丰富的民俗文化资源。该幼儿园致力于将古运河有关的民俗文化转化为课程资源。Y园长介绍说：

古运河文化是无锡特有的地域文化，幼儿园的命名与古运河民俗文化研究是匹配的。无锡市有古运河研究会，会员是对古运河文化感兴趣的代表，包括各行各业的人，有摄影师、社区代表等。我们有幼儿园发展理事会，理事会很多成员都致力于古运河文化传播。古运河有个戏码头，就在大公桥附近，蕴含了很多运河元素在里面，包括牌坊文化、建筑等。南下塘有个亭子常常有人唱戏，还有和平书院。这些都是教师知道的东西，经过寻访、搜集、整理，最后转化为课程资源。比如，幼儿园美术活动的参赛，我们设计的活动是旗袍，南下塘有很多旗袍店。这些旗袍店之所以选在南下塘边上，和当地地域有机联系在一起。针对孩子们最近关注的"彭麻麻穿旗袍"这一内容，有位老师积极开展幼儿园特色美术课程开发与设计，有效挖掘旗袍色彩、花纹之美，将传统文化与美术游戏相融合。选用儿童生活中的材料，如爸爸用剩下的剃须膏、家庭中废旧的硬板纸、奶奶的白布等，帮助幼儿愉悦体验美术拓印的乐趣，引导幼儿合作完成旗袍 show 作品，表现和创造旗袍之美，在区级平台上展示了我们园所特色民俗文化的风采。开展民俗文化教育，一定要有抓手在里面，方言、锡剧、古船、铁箍、抛弹子在我们幼儿园都有，用这些抓手向孩子传递民俗文化。前两年我们的六一节是在大成巷那边的锡剧博物馆，主题是"美哉，无锡城；乐哉，运河湾"。孩子用无锡话做小主持人。同时，我们尽可能挖掘和使用人的资源，请主持无锡方言节目的家长，会唱锡剧的爷爷来教孩子。老师们做有心人发现资源，比如，我们一个新教师的外公会做工艺品的粽子，我们会请他来，给孩子表演，标题为"粽叶飘香运河边"。（20160620　无锡古运河幼儿园　Y 园长）

（三）以民俗文化为载体探索文化育人的实施模式

无锡新区各学校利用吴文化地理优势和资源优势，结合每年四月初的"国际吴文化节"，积极开展文化教育活动。苏州跨塘实验小学以吴文化传承教育为宗旨，把深挖吴地民俗文化与学校教育发展相结合起来，走出一条具有文化特色的素质教育之路。学校将吴文化中的精华——昆曲、评弹、桃花坞木刻等在学生中开展吴文化普及教育。不仅让学生学会才艺,增强自信,还帮助学生从了解苏州、热爱苏州到进一步融入苏州,为培养具有鲜明吴文化特色的一代新人而不断努力。如今,学校又以吴文化教育作为世界遗产教育的视角,将吴文化教育作为探索世遗教育的核心,培育学生的吴文化品格、人文素养及国际视野和理解能力。

(四)将民俗文化传承与学校特色建设融为一体

地方民俗资源既有利于形成学校教育的特色,也有利于塑造学校独特的精神特质与文化品格。因而,很多学校将民俗文化元素作为学校特色发展的突破口。自 2010 年 8 月起,江阴南闸中心小学开设了江苏省锡剧团在江阴试办了首个"锡剧班"。经过这几年的努力和探索,锡剧少儿学员班成果喜人。该小学欣然踏上了"传承锡剧,弘扬锡剧"之路,也让学校特色创建有了新的突破口。经过 50 多年的积淀和追求,昆山中学基本完成"江南水乡文化特色学校"的建设构想,从物质环境到精神文化全面融入江南水乡文化的优秀特质,走出一条"文化强校、特色立校"的内涵发展之路。苏州太湖国家旅游度假区中心小学"中国核雕第一村"——舟山村,学校有近 300 名学生来自核雕世家,学校以核雕课程文化建设助力学校内涵发展,核雕文化成为学校走向现代化特色学校的文化源泉。

三 教师的文化自觉和责任担当

民俗文化传承做出成就的学校有一个共同的特点,即学校领导者及所带领的教师团队具有强烈的民俗文化传承和保护意识。民俗文化的传承需要教师的文化自觉,教师要对标志地域文化的文化符号、民间故事、地方传说、重大节日和仪式有深入的了解,并弄明白其中所蕴含的教育价值。"文化传承只有首先在教育家和思想家等知识分子身上变成自觉的行为,然后才有可能成为全民的行为。"[1] 教师的文化自觉是教师要认识到自己所肩负的文化传承的使命。当教师有意识地将民俗文化教授给学生的时候,才有可能自觉担当起践行文化传承的责任。

---

[1] 卢德生、冯玉梓:《民族文化传承与教师的文化自觉》,《教育探索》2010 年第 11 期。

(一) 责任意识是教师文化自觉的首要品格

教师对文化传承的使命感源于主体的自觉意识，没有文化自觉意识，就不会有文化使命感。无锡钱桥中学民俗文化教育的有效实施，离不开学校美术教师高波的不懈努力。从2002年起，高波老师就致力于无锡地方民俗文化的挖掘、抢救和保护，把民俗文化的保护与学校德育工作有机结合。浦国治校长的《留住乡村记忆——江苏省无锡市钱桥中学创新民俗文化教育侧记》一文中详细谈到了高波老师收集老物件的辛苦历程[1]：

> 2002年春节后，无锡市惠山区钱桥镇华新村高草棚开始拆迁，住在这里的高波老师发现很多有价值的东西都被抛弃在了废墟中，其中很多是老乡村生活的记忆，丢掉了就再也找不回来了，将来查起来，连个资料都没有。高波看在眼里，急在心里。于是，他开始了对历史民俗文化的收集和影像记录。每逢双休日，他就骑上自行车，走村串乡，寻访老房子、老物件，并请教当地老人，讲清老物件的功能、历史，拍照并记录下来。从钱桥到整个惠山，然后再到全无锡的各个乡村，10多年来，高波地毯式搜罗着无锡的每一个乡村，少的时候一天跑五六个村庄，多的时候能跑20个村庄，收集到近千件藏品。2008年学校筹建无锡民俗文化展览馆，高波把自己收集到的藏品都捐献出来。

高波老师不仅致力于民俗文化的收集积累，更开展了深入系统的梳理。2005年编撰钱桥中学第一本校本读物《旧物新语——无锡民俗文化考察》，组建学生社团——民俗文化研究社。2012年策划建立民俗文化展览馆，该展馆被惠山区命名为爱国主义教育基地，同年惠山区德育名师"民俗文化高波工作室"成立，出版专著《无锡乡村记忆》。2013年展馆成为"国家级非物质文化遗产教学基地"，高波老师又出版校本读物《锡韵乡情——无锡是个好地方》。在保护民俗文化的道路上，高

---

[1] 浦国治：《留住乡村记忆——江苏省无锡市钱桥中学创新民俗文化教育侧记》，《创新时代》2015年第8期。

波老师走出了属于自己的一片天地,践行着自己"做一个有根的人"的承诺。

(二) 教师主动成为民俗文化传承的先行者

从民俗文化的传承实践来看,教师扮演着非常重要的角色。教师是一个负责传承、传播和传授民俗文化的人,他们的文化自觉是民俗文化得以传承的前提,因而,教师在弘扬和传承优秀民俗文化上要做个先知先觉的先行者。江苏省锡山高级中学实验学校的张小珺老师则是最好的例证。张老师2007年开始跟随锡绣大师赵红育学习无锡精微绣,属于无锡刺绣第五代传承人。"宣传、保护、传承!让锡绣进校园!"是张老师学绣后的一个教学设想。在学校领导的大力支持下,张老师将锡绣带进省锡中实验学校,在小学四、五、六、初一年级分层开展锡绣课程,同时在校园成立"锡绣工作室"和"锡绣公社"社团培养优秀小学员。如今,张老师已经开展十多年的锡绣教学,由"锡锈工作室"带动传授锡绣技艺,将普通美术课堂欣赏和浅层次体验相结合。2014年9月,由张老师编撰的校本教材《走进无锡刺绣》出版,这也是无锡地区第一本小学、初中乃至高中也适用的校本教材。因此,江苏省锡山高级实验学校锡绣教育特色的形成与张老师的努力和探索是分不开的。

(三) 教师对民俗文化教育目标清晰而准确的定位

教师作为民俗文化的传承者、反思者和创造者,是保持文化记忆的重要力量。教师的文化自觉还表现在对民俗文化元素教育功能的理解以及教育目标的正确定位上,并以自身的努力丰富民俗文化的教育内涵。无锡羊尖中心小学负责锡剧教学的H老师基于自身的教学实践表达了她的看法:

> 面对蕴含中华民族五千多年深厚文化底蕴的,拥有几乎能体现中国民族音乐最高水准的优美旋律,具备唱、念、做、打等独特而复杂形式的锡剧艺术,想在学校凭一个星期的一节锡剧校本课上,要想教会整个班级兴趣参差、基础不一,很多几乎对锡剧陌生的学生,培养他们具备锡剧素养似乎不太现实,甚至可以说好高骛远。我觉得还是先从培养和提高学生感受美的能力做起,从我做起,从

这节课做起，从一个小片段欣赏起，从一个小知识点接受起、从一句唱词、一招一式体验起，带动课外，让他们逐步了解锡剧，真正感受到锡剧艺术的魅力，让他们油然而生出身在锡剧发源地的自豪感、传承锡剧的光荣感。全班同学除了个别有天赋对锡剧特有兴趣的同学通过培训将来可能从事锡剧艺术工作外，其余的同学将来能有相当部分虽没天赋但因耳濡目染愿意欣赏，成为锡剧观众那也是不错的目标了，因为有观众，锡剧才有生命力。

要让锡剧这块蒙了尘灰的"金子"在学生面前发光，要让学生领略锡剧这支"太湖一枝梅"的"娇艳"，对锡剧产生审美趣味，老师必须得做"擦灰"人，必须得做"领路人"。要想让锡剧在学校普及，光欣赏是不够的，在学生跃跃欲试的情势下，教他们唱几下，教他们表演一番，效率会大大提高。不过锡剧艺术博大精深，什么腔、调、词格、唱、念、做、打……学点皮毛就够你花功夫的了，对于全班学生来讲选教的材料就一定要是皮毛中的皮毛。因此，课上我总是选校本课本上的或平时捕捉积累的四句的唱段来教唱一些最基本的调。有学生老忘记唱词，我便用图片、速写、表演等方式一方面帮助同学记住唱词，一方面还提高学生的形象思维能力，另外还有助于学生对唱段情感的理解。学完一段唱段后往往让学生有表演、有唱、有竹子板伴奏一起合作表演唱，在学生巩固演唱技巧的同时增强了他们的合作意识，逐渐培养他们的集体主义精神。我还在专家指导下根据学生的课本内容编了课本剧，根据学生事迹编了锡剧小品，让锡剧以学生喜闻乐见的"面貌"呈现给全班、甚至全校学生。在课堂上还可发现一些有天赋的苗子，借助学校的力量请专业人士指导，排练锡剧节目，让苗子们感到锡剧明星就在身边，无形中让他们对锡剧产生亲近感。再邀请这些校级的"锡剧明星"来表演一些获奖的锡剧节目给其他同学欣赏，也可以让学校培养出去的艺校的孩子表演锡剧的影像给大家品味，让他们感到原来锡剧艺术并非遥不可及。（20160415　无锡羊尖中心小学H老师）

（四）民俗文化教育活动的有效开展依靠教师群体的共同努力

教师的文化思考、文化素养决定教学的文化品质，也影响到学生对民俗文化的理解和吸收。当学校将民俗文化融入教育教学活动时，要动员教师群体的智慧和力量，通过自己的实际行动帮助学生认识和了解本土的历史和文化，把民俗文化的精华传递给未来的接班人。要让教师变成文化的研究者，这需要学校采取措施帮助教师提高文化能力，唤起他们的文化使命感、责任感和内在的创造力。在访谈中，无锡胡埭中心幼儿园负责教科研的 W 老师介绍了提高教师文化研究和开发能力的措施：

> 我们是通过各种培训让教师了解吴文化。先是资料搜集，走进吴文化。我们给每位老师发一本书叫《阖闾寻梦》，让每位老师阅读、了解吴地典故。找资料、阅读这是第一步。然后，走出去看，看阖闾城，或者周边有特色的地方，找找当地有特色的建筑。寻找有特色的老人或劳动工具。还有组建专门研究性社团，如"吴歌声声""吴地风物"等，参观吴地遗址。通过各种社团活动，教师慢慢接受、了解本地的文化。教科室组织全园教师进行民族体育技能培训，针对新教师对民族体育项目不熟悉、不精通的问题展开实践练习，同时纠正其他教师的技能实践误区，新老教师互相指导。
>
> 我们幼儿园 1—5 年的年轻教师很多，"一课一例"民俗文化课程开发活动是针对年轻教师的。教科室选好内容，要求名称、活动、内容全部是原创的。比如"买糖粥"，让老师选，然后排时间。每个月由老师来上这些课程，然后修改，慢慢积累起来。做了之后觉得挺有意思的，当教师的研究意识调动起来后，就会化被动为主动，主动找资料。有的教师也不是特别积极，需要我们去推动。骨干教师要考核，考核的一项就是每学期开放一次公开课，教科室规定要上关于课题的教学活动，最好是原创。经过磨课，就变成一个范本。这样设计出来，成为园本课程，不允许重复。其实是逼出来的。我们的"童心嬉乐"的园本课程，从"十五"开始所有老师必须参加，已经形成惯性。比如，文献搜集，列出几个板块，让教师来选择。我们的教师都是本地人，很淳朴，是一个比较听话的群体。胡埭特有的文化是阖闾文化，我们挖掘的就是附近的

民俗民风、风景、科技、现代元素。指定一个点，让教师深挖，他们觉得选择性太少，束手束脚，所以鼓励教师将自己的想法和创意放进去。(20160416 无锡胡埭中心幼儿园 W老师)

第二节 以课题研究引领和驱动实践探索

教育科研是推动学校自主创新、特色发展的动力源泉。"中小学的教育科研主要不是靠文献和人为的受控实验，而是在教育教学的实践中总结和提高；在研究的价值目标上，不刻意追求纯理论的研究、过程的十分精密、结论的十分严谨及超前，而十分重视研究结果的实际指导意义及可推广性。"[1] 课题研究引领实践探索，使课题研究和实践创新产生良性互动，促进学校教育与民俗文化的有机融合，是苏南地区学校传承民俗文化实践的重要特征。

一 发挥课题研究的引领作用

主要是重视申报与地方文化相关的教育课题，通过课题研究探索民俗文化教育转化的策略和方法。发挥和借助课题研究的科学性和指导性作用，准确定位、明确目标并调动所有力量参与，在课题引领下围绕目标、任务、主题等系统、有序地研究民俗文化如何融入学校教育，尤其是如何将民俗文化元素与课程教学有机整合以更好地贯通人才培养的过程。表6-1呈现了苏州市教育科学"十三五"规划2016年与地方文化传承有关的部分课题名单，从中我们可以看出学校的课题名称几乎都是从课程开发和学科教学的维度来进行实践研究的。

表6-1 苏州市教育科学"十三五"规划2016年度部分课题名单

序号	学校名称	课题名称
1	苏州高新区第三中学校	开发地方工艺特色课程，丰富校园综合实践活动

---

[1] 王绍华：《教育科研是学校发展的重要推动力》，《教育研究》1997年第2期。

续表

序号	学校名称	课题名称
2	苏州市第六中学	促进学生乡土文化素养的中小学德育课程资源开发研究
3	苏州市浒墅关中心小学校	浒墅关乡土文化校本课程开发与实施的研究
4	昆山市周庄中心小学校	水乡文化教育校本课程的研究
5	苏州高新区实验小学校	"太湖文化研究院"综合性学习课程的开发与实践研究
6	仓市沙溪镇直塘小学	直塘老街：文化融合学科课程群的实践研究
7	昆山市正仪中心小学校	小学田园课程教育的实践与研究
8	苏州市姑胥小学校	姑胥四季：小学生乡土德育课程开发与建构的实践研究
9	苏州市高新区东渚实验幼儿园	基于太湖民俗文化下的园本课程研究与实践
10	苏州高新区镇湖幼儿园	"苏绣文化"园本课程开发和运用的实践研究
11	苏州工业园区斜塘街道实验幼儿园	利用斜塘"水"文化，助力幼儿自主探究的实践研究
12	苏州工业园区跨塘实验小学	基于"苏艺文化"传承的学校体验课程统整实践研究
13	苏州工业园区金鸡湖学校	以苏州园林为载体的套色剪纸校本教材研究
14	苏州工业园区第二实验小学	古琴艺术在小学音乐教学中的传扬实践研究
15	苏州市相城区阳澄湖幼儿园	水乡民间艺术融入幼儿园活动的实践研究
16	苏州市相城区阳澄湖小学	从玩泥巴开始：苏式砖雕文化课程创设与体验教育研究
17	吴江盛泽中学	生态丝绸文化课程基地下高中地理教学模型构建研究
18	苏州市吴中区东山中学	充分挖掘吴中文化，打造具有地方特色校本课程的研究
19	苏州市吴中区临湖实验小学	探索与创新：学校"船文化"建设指向学生核心素养的实践研究

二　采用课题研究驱动传承实践的创新

课题研究促使教师研究和实践探索一体化，坚持做中研、研中做，以科学研究的方式进行整体设计、开发和实施，最终形成富有特色的课程资源库或活动体系。况且，在民俗文化与学校教育的融合过程中，不可能一帆风顺，会遇到各种各样的问题，解决问题的有效途径是通过不断研究、讨论、反思找到新的策略与途径，不断地推进传承实践深入发展。常州勤业小学以市级"十二五"重点课题《地方非遗资源的校本课程开发的实践研究》为指导，充分整合并利用常州的非遗资源开发校本课程，推动非遗进校园。在多年的研究中，建设常州民俗文化课程资源库，整体建构主题式民俗文化课程目标体系与内容体系，并积极使用课题研究的方式引领学校民俗文化尤其是非遗文化的研究和推广。

昆山市周庄小学在苏州市"十二五"规划课题《挖掘水乡文化，开展特色教育》引领和驱动下获得了一系列成果：一是学校成立"水乡文化挖掘小组"，编写教材《"水乡文化"教育读本》，低、中、高三个年级分别为《走进周庄》《漫步周庄》《情系周庄》，还有爱水、节水校本教材《水乡的孩子爱水乡》。二是通过课题研究驱动"水乡文化教育"特色校园建设，积极建设"水乡文化特色长廊""水乡文化"特色艺体室和建立"水乡文化"特色展示。三是在课题引领下以"水乡文化"为主要内容构建学校特色教育的活动体系，包括古镇综合实践活动、"水乡文化"读写画活动、"水乡文化"主题班队活动和"水乡文化"艺术节活动等。四是鼓励教师以小课题研究为抓手，开展"水乡文化"渗透教学研究，探寻学科特色教育。成功的案例有：《周庄民俗故事收集与演讲活动的实践》《"我写周庄"作文教学实践》《周庄船歌的收集与教学》《水乡民俗歌谣的挖掘与音乐教学中的渗透》等。

三 以课题研究深挖民俗文化的育人价值

教育科研是推动学校改革与发展的强大动力，也是学校探索文化育人途径的重要手段。学校围绕研究主题中的系列问题进行系统而持续的研究，不断提升民俗文化的教育性内涵，从而真正服务于学生的发展。常州雕庄中心小学在课题"基于民俗文化的小学综合实践活动研究"指引下，基于雕庄民俗文化设计综合实践活动课程，研究中除了形成校本读本《有趣的雕庄民俗》和主题单元式综合实践活动资源库外，更重要的是学生通过参与研究提高了实践研究、创新、探究等能力，使得雕庄民俗文化与流动儿童家乡民俗文化和谐交融，学生产生了对故乡、第二故乡浓郁的情感。从教育实际出发在课题研究中积极探索如何借助民俗文化培育学生，不仅拓宽了开发民俗元素课程资源的广度，还提高了挖掘民俗文化育人价值的深度，从而将民俗文化传承与学校特色建设、素质教育实施有机结合起来。苏州工业园区跨塘实验小学自市级课题《"苏艺文化"儿童体验课程建设的实践研究》立项以来，学校结合吴文化办学特色、苏式六艺课程以及核心素养的培养，为学生打造了六年十二个大主题活动，提高学生对地方文化的认同感。这不仅符合小学生核心素养发展的需求，更切实满足了学校传承吴地文化的特色。

四 持续的课题研究推动传承实践走向深入

学校的文化教育特色不是靠一次课题研究就能形成，而是多年来不断坚持和持续开展行动研究的产物。在推进民俗文化与学校教育融合的过程中，学校采用边研究、边实践、边探索、边反思的行动研究策略，以科研引领学校发展与创新。常熟白茆小学早在"九五"时期，学校就启动了以"山歌文化"为载体的教育科学研究，学校的特色建设也从此着手构建。随后每一个五年计划都有相应的课题研究来激励和引领白茆小学"山歌文化"特色建设工作，有"十五"课题《开发"山歌文化"资源，实施具有本地特色的小学素质教育研究》，"十一五"规划课题《以民间艺术为载体，提高学生综合素质》，以及"十二五"省陶研会重点课题《弘扬山歌文化，缔造特色品牌》等。无锡南长中心幼儿园的古运河民俗文化特色是一路慢慢走过来的。该园"九五"开始研究民间剪纸文化，"十五"研究民间泥塑，"十一五"全面推进开始研究锡剧、弄堂游戏、方言童谣，把泥塑和剪纸渗透到课程中，推进越来越深入。自2008年开始，在课题"基于古运河民俗文化的幼儿园课程资源的开发研究"指引和带动下，经过十多年的研究开发出五大系列古运河民俗文化课程体系，包括童谣吟诵、弄堂游戏、运河巡游、锡剧传唱、创意美术。

泰伯实验幼儿园地处吴文化的发源地——鸿山（铁山）脚下，地方教育资源极为丰富，从2001年开始通过富有前瞻性的课题研究使无锡泰伯实验幼儿园在不同时期、不断地将吴文化特色教育走向深入。这些年研究的课题有:《充分利用农村教育资源构建和实施园本课程》(2001);《利用乡土特色开展婴幼儿亲子活动研究》(2006年10月至2009年6月);《建构具有地方特色的幼儿美术园本课程的实践研究》(2006年9月至2009年12月);《吴文化传承视野中的幼儿生活德育实践研究》(2011年2月至2014年12月);《吴文化传承视野中的园所文化建设研究》(2008年2月至2011年12月);《吴文化园本课程审议及其序列化研究》(2012年12月至2016年12月);《吴文化传承视野中的幼儿生活德育实践研究》(2016年9月至2020年12月);《文化—生态理论视阈中吴地童谣童戏课程研究》(2016年8月至2020年12月)。通过这些课题研究使得园所发展与地域文化紧密结合,使特色活动扎根于吴文化深厚的土壤也使得传统文化不断鲜活起来,更适应现代幼儿的发展。在访谈中H园长说明了园所立足吴文化持续开展课题研究的缘由:

> 继承和弘扬本土文化应该是我们教育的责任和义务。为幼儿创设良好的吴文化教育环境,让他们从小接受吴文化的浸润,在耳听目染、说说唱唱、玩玩乐乐中自然而然的感受吴文化,更有利于加深孩子对吴文化的理解和认同,产生民族自豪感,从而促进文化传承的有效性和自觉性。(20160417 泰伯实验幼儿园 H园长)

第三节 学习方式上重视学生的身心参与

文化学习不是知识的识记,而是生命的跃动。马克斯·范梅南说:"教育需要转向体验世界,体验可以开启我们的理解力,恢复一种具体化的认知感。"[1] 民俗文化是一种生活文化,仅靠书本型的教育是不行的,它离不开个体的身心参与。"习俗只能是因个人的存在而不停地存在下去的,离开了所有的个人负载,习俗则毫无意义。每个儿童对于他

---

[1] [加]马克斯·范梅南:《教学机智:教育智慧的意蕴》,李树英译,教育科学出版社2002年版,第13页。

的习俗化过程有认同感,建立起一整套'我'在习俗中的位置和属于'自我'的习俗体系的观念,从而支配'我'的习俗行为。"[1] 因而,民俗文化学习需要重视身体的参与和个体直接经验的生成作用。学生通过感知、学习和参与传统民俗文化的实践,进而建构文化记忆和地方认同感。

一 通过身体实践塑造文化体验

民俗事项包含丰富的身体经验,人对传统民俗文化的体验是通过身体"塑造"出来的,因此,学校将民俗文化与课程教学进行整合时必然会认识到身体在民俗文化学习中发挥的作用。"学习是一种'嵌入'身体和环境的活动。嵌入身体意味着学习的实践性,意味着个体直接经验的重要作用;同时,嵌入环境意味着知识产生于情境,任何知识都是具体的、依赖于情境的,身体力行的实践经验是学习能否成功的关键。"[2] 民俗文化的学习需要通过体验来丰富文化记忆,将亲身经验转化为文化的意义世界。尤其是技艺型传统民俗文化,更需要学生积极参与、亲自体验。无锡辅仁高中通过与非遗合作室展开合作开设古琴、泥人、剪纸和锡绣选修课,课程实施主要以动手体验为主。苏州第一中学有效借鉴传统文化工作坊模式,针对性地开展"菜单式"综合研究选修课,具体主题有:评弹、昆曲、泥塑、桃花坞木刻、园林、刺绣等十几门课程,采用"听、看、学、做、悟、创"全过程体验与学习模式。学生在文化体验中深刻感悟到吴文化的魅力,也真正实现让吴文化走进课堂、走进学生的精神世界。苏州工业园区斜塘学校依托社团"小荷吴门医派研究所",多年来组织学生开展了树山采药、制作中草药标本、采摘晒制中草药、体验小小中医师、制作绿色驱蚊香等丰富有趣的活动,在实践体验中传承苏州吴门医派传统中医药文化。

身体是民俗文化学习的主体因素,它是认知、思维的主体。关注身体实践的文化学习往往采用主题统整的课程组织方式。"课程统整是以

---

[1] 乌丙安:《民俗学原理》,辽宁教育出版社 2001 年版,第 99 页。
[2] 叶浩生:《身体与学习:具身认知及其对传统教育观的挑战》,《教育研究》2015 年第 4 期。

真实世界中具有个人和社会意义的问题作为组织中心，透过与知识应用有关的内容和活动，使学生将课程经验统整到他的意义架构中，将民族文化知识与经验置于情境脉络中，并亲身经验解决问题的方法，以便使学生接近和更易感受到它的意义。"① 昆山周庄小学针对低、中、高三个年段学生的特点，配合学校的教育资源和学科的教学目标，确定水乡文化教育活动序列：从低年级、中年级到高年级依次为"水乡娃娃——我识周庄""水乡小导游——我说周庄"和"水乡小院士——我探周庄"三个板块。同时在全体学生中开展读写画周庄的活动，在低中高年级，分别以"读水乡美文，画我可爱家乡""读水乡美文，颂我可爱家乡""读水乡美文，写我可爱家乡"为主题抒发广大学生爱家乡的情怀。主题或问题是一个核心，课程内容的统整就是要通过这个核心把其他有关的事实或现象有组织地联系起来。无锡南长中心幼儿园的"南禅寺"主题活动就是例证：

> "南禅寺"主题分两周进行。一是"好玩的南禅寺"，就是去玩。南禅寺有很多好玩的地方，孩子在玩中学，回来交流。孩子讲授和看的过程，就是一个学习的过程。下午画，把看到的东西画出来。今天去古玩市场，明天去穆桂英广场。玩一个星期之后，孩子对南禅寺进行研究。他们有用图画表示的调查问卷。老师布置任务，"今天我们去南禅寺，你想知道什么？画一下。"南禅寺有什么人？哪些好玩的？孩子把自己的问卷画下来，带着问题出去。回来进行分享：把你们的问题拿出来，看看你的问题解决了吗？我们民俗文化的研究，不在乎孩子讲多少句方言，不在乎会讲多少童谣，不在乎会玩弄堂游戏，重要的是儿童的参与、快乐与体验。有没有学会，没有统一的评价标准。（20160410　南长中心幼儿园G园长）

民俗文化学习不能仅关注认知的成分，更要关注情感目标的达成，

---

① 刘茜、邱远：《论学校课程民族文化传承功能的实现》，《中国教育学刊》2010年第7期。

要实现身体和心智的统一,身体活动和理解意义的统一。具身认知理论专家艾斯特·西伦(Esther Thele)认为,"认知源于身体与世界的相互作用,心智依赖机体的各种经验,这些经验来自具有独特知觉和运动能力的身体,而这些能力不可分离地相连在一起,共同形成一个包含记忆、情绪、语言和生命的其他方面在内的有机体。"[1] 无锡钱桥中学围绕民俗文化开展丰富多彩的主题实践活动,让学生真实地体验和感知民俗。学生通过实践走进传统民俗文化,在独特的实践体验中点燃他们的真实情感。常州勤业小学积极探索民俗文化的评价机制,用《民俗文化学生成长体验册》记载成长的足迹,促进学生在民俗文化领域及一般能力等方面的不断进步。常州横林实验小学以节日民俗为主题,从知识与能力、过程与方法、情感态度价值三维目标设计适合小学生参与和实践的民俗文化校本课程。

表6-2　　常州横林实验小学"节日民俗"文化活动目标框架

总体目标		1. 知道传统节日有哪些?每个节日的由来,古今习俗的变迁,及古今有哪些节日习俗活动(包括文化活动); 2. 参与节日习俗活动,感觉家乡传统节日习俗的氛围,培养参加实践活动的能力; 3. 获得优秀文化的熏陶,培育民族文化意识与热爱生活的良好情操
分段目标	低 (一、二年级)	1. 知道我国有哪些传统节日?能背诵相关的诗词一至两首; 2. 参与简单的节日习俗活动,掌握简单的节日习俗劳动技能; 3. 对节日习俗活动有感知、认识和参与的兴趣
	中 (三、四年级)	1. 了解家乡节日习俗的种类及活动过程,能诵读相关的节日诗词; 2. 参与各项节日习俗活动,会上网搜集、整理相关信息资料,会参与节日习俗活动; 3. 乐于参与节日习俗活动

---

[1] 转引自张良《具身认知理论视域中课程知识观的重建》,《课程·教材·教法》2016年第11期。

续表

分段目标	高 （五、六年级）	1. 熟悉家乡节日活动的相关知识； 2. 能开展相应的节日习俗调查研究活动，能明辨节日习俗活动的优劣； 3. 能自主参与各项目节日习俗活动

资料来源：常州市武进区横林实验小学：《开发民俗文化活动课程，培养学生人文素养的研究中期研究报告》。

二 在研究性学习中增强文化传承与保护意识

"教育并不是一件'告诉'和被告知的事情，而是一个主动的和建设性的过程。"[①] 研究性学习是学生在教师的指导下，从自然、社会和生活中选取感兴趣的内容作为研究专题，通过自主探究和亲身体验主动地获取知识和解决问题的学习活动。钟启泉认为，"真实的情境是研究性学习的生命线。所谓真实性情境是指学习内容、学习方式、学习结果具有现实意义。倘若选题来自真实生活所遭遇的问题，那么这种学习就是一种回归'生活世界'的'真实性学习'"[②]。在研究性学习中，学生主动投入，积极地建构意义。研究性学习的主题和开展形式多样，以乡土民俗元素为载体的考察探究就是其中一种形式。"文化之旅实地研修"研究性学习活动是苏州田家炳实验初级中学对学生进行姑苏文化教育的"新常态"，在节假日教师带领学生走访苏州各地的名胜古迹或文化场所，让他们近距离感受姑苏文化之美。

"家乡的传统文化研究"也是 2017 年 9 月教育部颁布的《中小学综合实践活动课程指导纲要》的推荐主题。通多实地考察和研究使得学生对民俗文化有更深层次的认识，并感受和理解其中所蕴含的文化特质，培养了学生爱祖国、爱家乡的情感。江苏省震泽中学的《盛泽弄堂文化研究》通过对弄堂起源、弄堂名称由来、弄堂食文化、弄堂诗词、弄堂名人的研究，学生不仅对盛泽弄堂文化有更深入的了解，也深

[①] ［美］约翰·杜威：《民主主义与教育》，王承绪译，人民教育出版社 2001 年版，第 46 页。

[②] 钟启泉：《研究性学习："课程文化"的革命》，《教育研究》2003 年第 5 期。

刻感受到了保护盛泽弄堂文化的重要性。正如同学们所说[①]：

"小时候生活在弄堂中，感受到小桥流水的江南风光和安详悠然的江南生活。长大后，搬出弄堂，搬进现代的尚品居中，原汁原味的弄堂离我越来越远了，现在通过此次研究，让我对盛泽弄堂有了更深入的了解，重新感受到盛泽弄堂带来的熟悉感与亲切感。"（L同学）；"不是盛泽人，但通过这次研究性学习，我第一次去到了。古朴的小巷。陈旧的巷名，无一不让我们感到新奇。"（S同学）；"弄堂不仅仅是人们聊天的地方，同时也象征着文化传承"（Z同学）；"本次实践让我切身体会到了弄堂文化的独特魅力。一条老弄堂，叙写着小镇悠久的历史，我们应将这种旧时的味道一直保留下去。"（C同学）

基于民俗文化元素的研究性学习引导学生充分关注家乡的文化特色与文化变迁、人们的习俗惯例和生活方式以及经典景观、历史古迹，从中发现可以研究的课题。学生通过实地考察获取直接经验、发展实践能力和增强社会责任感。常州第一中学高一某班以常州的文化遗产为研究性学习主题，通过调查常州三宝之一"乱针绣"和政府对青果巷的修缮以及民间工艺传承的问题，使同学们都认识到个人身上承载的文化责任。苏州市第一中学在高一年级以班级或以班级小组为单位全面开展"吴文化前世今生"小课题研究。有3名学生组成古井调研小组，花费了六个多月的时间，对平江路进行深入的研究，最终形成《苏州市平江历史街区古井调研报告》。最后用具有说服力的数据向政府提出保护、开发和正确利用古井的建议。

第四节 行政力量助推学校发力

探索民俗文化传承的学校教育路径，离不开行政力量的推动。行政

[①] 资料源于盛泽中学2015—2016年研究性学习优秀课题《弄堂文化（以盛泽为主）研究》。

力量是激起、保持和推进学校场域中民俗文化传承实践的重要力量。我们需要全面和客观地认识行政力量对苏南地区学校文化传承实践的介入途径和可能产生的作用。

一 政策法规指明方向

近年来，国家发布一系列政策文件推动优秀传统文化融入学校教育，重视学校教育在传统文化传承中的基础性作用。相关的政策有：2014年3月，教育部颁布《完善中华优秀传统文化教育指导纲要》提出分学段有序推进中华优秀传统文化教育；2015年9月，国务院办公厅发布《关于全面加强和改进学校美育工作的意见》，提出要以戏曲、书法、篆刻、剪纸等中华优秀传统文化艺术为重点，形成本地本校的特色和传统；2017年1月底，中共中央办公厅、国务院办公厅印发《关于实施中华优秀传统文化传承发展工程的意见》强调把优秀传统文化贯穿国民教育始终。这些国家层面的政策为学校创造性开展优秀传统文化教育提供了政策性依据，也为学校开展工作指明了方向。

除了落实国家宏观层面的教育政策外，省、市级的政策规章也非常重视学校在传承发展优秀传统文化的作用。《江苏省非物质文化遗产保护条例》（2013修订）在"非物质文化遗产的传承与传播"部分，第三十四条规定："鼓励和支持教育机构将本地优秀的非物质文化遗产项目内容纳入素质教育，以开设相关课程等形式开展传播、弘扬优秀非物质文化遗产活动。鼓励和支持科研机构、教育机构开展非物质文化遗产保护的研究和培养专门人才。"苏州和常州也制定相应的非物质文化保护条例，并对学校的传承方式提出要求。2013年8月，《苏州市非物质文化遗产保护条例》第二十一条规定："教育行政部门应当会同文化主管部门编写有地方特色的读本，并支持中小学校开发校本教材，将本地非物质文化遗产知识列为特色教育的重要内容。保护单位、代表性传承人应当通过走进学校、社区等形式，传播非物质文化遗产知识。"2017年12月出台的《常州市非物质文化遗产保护办法》第三十二条规定："教育主管部门支持中小学学校开发校本教材，将非物质文化遗产项目及其保护知识列为特色教育的重要内容。支持非物质文化遗产代表性项目的保护单位、代表性传承人通过走进学校、社区等形式，传播非物质文化遗产知识。"这些政策和法规使得学校传承发展优秀传统文化更有底气，有利于落实学校在文化传承方面的规划，把更多资源配置于传统文化领域，让学生受益于优秀传统文化的熏陶。

二　主题活动实现校园落地

在政策法规的指引下，教育行政部门还常常联合其他部门一起发起各种活动，推动地方传统文化进校园。从2007年起，苏州启动了"昆曲为在校学生公益演出普及工程"，成立未成年人昆曲教育传播中心，启用昆曲剧场"沁兰厅"为学生公益演出，建立宣传、教育和文化部门协同配合机制传播昆曲艺术，力争让苏州市每一位中小学生一年至少可以观看一次演出。从2017年开始，苏州市文化广电新闻出版局和苏州市教育局联合组织开展苏州市"戏曲进校园"系列活动。以市直专业文艺院团为主体，努力将舞台艺术精品剧（节、书）目送进学校，创新学校艺术教育和艺术活动的内容和形式，丰富学校美育工作内涵。2013年，无锡市委宣传部、市文明办、市教育局、市文广新局、市文管中心、市演艺集团决定在全市范围内开展"锡剧艺术进校园"活动。以开展锡剧专业知识讲座、示范教学、选送经典锡剧节目进校园为主要形式，在全市未成年人中传播和普及锡剧艺术。2016年3月，江阴市教育局、江阴文化广电新闻出版局联合下发了《关于在全市中小学开展"锡剧进校园"活动的通知》，计划用三年时间由江阴市锡剧团将锡剧送到每一所学校，丰富学校文化生活，提高师生的传统文化素养，同时推动锡剧文化遗产的保护、传播和传承。

除了开展戏剧进校园活动外，教育行政部门还发起很多其他特色的主题活动推动学校保护和传承地方民俗文化。在常州市教育局的支持下，"学说常州话"已经列入很多小学校本课程。"方言教学进学校"已成为觅渡桥小学、局前街小学、勤业小学、龙虎塘小学等学校的特色教育。从2009年苏州市教育局、苏州市语委开始三话比赛——"普通话、苏州话、英语口语"。这一活动促使学校重视苏州方言教育，推动了苏州方言的保护和传承。苏州市教育局大力推进学生传统文化教育工程，通过"文化修养进校园"活动，将苏州本地传统文化融入学生素质教育当中。以姑苏区推进"吴文化入校园"效果最明显，要求学校将评弹、昆曲、苏剧、苏绣、吴门书画、桃花坞木刻等 13 种本地传统民俗文化融入学校课程，将它们安排进课表在学生中普及推广。除了"锡剧进校园"活动外，无锡市教育局还推动"锡绣进校园""二胡进校园""心头上的乡韵"等活动。

三 建设基地学校探索传承模式

为了更好地发挥学校教育在民俗文化传承的作用，尤其是非物质文化遗产小传承人的培养，建设特色学校或基地学校成为苏南地区学校文化传承的主要模式。早在 2010 年以来，苏州教育局建立中小学吴文化教育研究与指导中心，在 31 所中小学试点建设吴地文化教育基地①，积极推进吴地方言、评弹昆曲、园林艺术、桃花坞木刻、虎丘泥人等吴地优秀传统文化活动课程体系建设，探索吴地文化传承与弘扬的学校教育路径。

"苏州市昆曲教育传播基地学校"自 2012 年开始建设，到现在已经有 15 所中小学校、社区建立了"昆曲教育传承基地"，为昆曲的传承发展输送人才。昆山是昆曲的发源地，为探索昆曲传承发展创新之路，昆山打造昆曲教育品牌，在中小学校成立昆曲"小昆班"。目前有 15 个昆曲小昆班，实现区镇全覆盖，培育出一批专业戏曲人才。2013 年，无锡教育局将 12 所中小学、幼儿园命名为"无锡市锡剧传承特色学校"。特色校除开设"锡剧传承兴趣班"，学习《珍珠塔》等传统锡剧外，还陆续推出贴近生活的原创新作品，将校园文化、地方文化与传统文化相结合，积极培育热爱锡剧艺术的小观众，并从中发掘、培养、选拔锡剧艺术传承人。

---

① 31 所中小学为首批实验基地主要有：张家港市港口学校、张家港市凤凰中学、常熟市石梅小学、常熟市外国语初级中学、太仓市城厢镇第四小学、太仓市新区第三小学、昆山市第一中心小学、昆山市千灯中心小学校、吴江市七都中心小学、吴江市松陵镇中心小学、吴中区东湖小学、相城实验中学、苏州市桃坞中心小学校、苏州市杨枝小学、苏州市山塘中心小学、苏州市留园中心小学、苏州工业园区莲花学校、苏州工业园区跨塘实验小学、苏州新区枫桥实验小学、高新区东渚实验小学、江苏省苏州第十中学校、苏州市第一中学校、苏州市第四中学校、苏州市第五中学校、苏州草桥中学校、苏州市景范中学校、苏州市彩香中学校、苏州市南环中学校、苏州市觅渡中学校、苏州市第二十六中学校、苏州市胥江实验中学校。

无锡市"锡剧传承特色学校"申报标准[①]：

①有规划制度。锡剧传承教育列入学校中长期发展规划，有明确发展目标及保障措施，有切实可行的特色学校创建方案以及完善的特色教育工作规章制度。工作计划、小结等档案资料齐全。

②有教学活动。学校经常开展锡剧兴趣小组活动，学生参与面90%以上。常年开设锡剧传承教育兴趣班，按照校本教材的课程计划，安排锡剧特色教育课程。有锡剧传承教育专兼职老师和专兼用教室，配备相应设施及锡剧教学服装、道具等。

③有经费保障。学校安排一定经费用于锡剧传承教育活动，确保工作正常开展。选送锡剧节目参加各类艺术交流、比赛。加强锡剧传承教育的理论研究，做到有课题、有队伍、有经费、有成果。

④有浓厚氛围。校园具有浓郁的锡剧传承教育氛围，宣传栏有锡剧艺术介绍、锡剧名家展示等。校园广播、电视台在课余经常播放经典锡剧作品。

四 联合其他力量共同育人

仅仅靠政府或教育行政部门推动"传统文化进校园"是不够的，为了传统民俗文化更好地发挥育人价值，还需要建立相应的教育实践基地和动员专业力量的参与。苏州市教育局开展中小学综合素质发展活动基地评选工作，凤凰镇河阳山歌馆、江南农耕文化园、元和小学缂丝保护研究实践基地、震泽初级中学蚕丝文化园、吴江芦墟山歌馆、北厍小学制扇坊、白洋湾山歌基地、刺绣文化科普基地、镇湖实验小学校苏绣文化少儿研究院、吴江区横扇中学苏南花烛工作室、歇马桥村古村落等成为开展民俗文化教育的校外实践基地。

江阴"小锡班"在市委市政府的领导下，经过六年多来的探索和

---

① 《关于开展"锡剧艺术进校园"活动的通知》，无锡教育新闻信息网（http：//www.wxjy.com.cn/Item/48036.aspx）。

实践，为优秀文化传承提供了鲜活案例，走出了一条锡剧进校园的成功之路。如今，全市20所小学的近4000名学生成为锡剧小学员。在这个过程中，江阴市文化馆积极配合开展"锡剧进校园"工作，为"小锡班"的茁壮成长做出了突出贡献。主要表现在①：

  创设"锡剧进校园"教学新机制。为达到"统一教学理念、统一教学计划与进度、统一课程设置及教学内容"的三统一要求，市文化馆特邀请江苏省锡剧团专业人员，结合省戏校和省锡剧团教学中的经验，编辑印制了三年一贯制的《江阴市小锡班教学大纲（草案）》，编印后供各"小锡班"试行。

  创编"锡剧进校园"新教材。2014年，市文化馆专门组织人员编写了《江阴市中小学锡剧进课堂实验教材》，创作了24段用于教学的原创锡剧唱词，并配上锡剧曲调，编成乡土教材。这些举措有效地加强了"小锡班"教学的系统性、规范性和科学性。

  创排"锡剧进校园"新剧目。在欣赏和教唱传统经典曲目基础上，市文化馆还组织编剧，以校园生活中的人和事为素材，创作了30个校园小锡剧，由各个学校选拔学生排练演出。

  市文化馆还举办了各类戏曲比赛，为"小锡班"学员提供了检阅成绩的平台。还开设"田埂戏苑"，定期邀请锡剧名家来江阴讲课，极大提升了我市的锡剧表演、鉴赏水平。市文化馆邀请中央电视台戏曲频道《快乐戏园》栏目、《过把瘾》栏目、上海电视台戏曲频道《七彩人生》、江苏电视台等媒体录播了多期江阴"小锡班"节目。2015年，市文化馆还与江阴电视台合作开办《暨阳戏台》栏目，每月制作一期节目，为展示小锡班成果，搭建了专门的平台。

---

① 《厉害了！又一个单位进入国家级先进公示名单 TA 为锡剧进校园贡献力量》，文明江阴（http：//www.sohu.com/a/211942833_579044）。

第七章　学校教育传承民俗文化的实践困境

现代性生产和生活方式的变革给民俗文化造成前所未有的冲击，保护和传承民俗文化成为时代关注的热点话题。学校教育成为传承民俗文化的新路径，这种传承方式不是从连续的传统中生长起来的，它所代表的是延续传统的教育尝试。苏南地区学校教育传承民俗文化的实践探索取得一定成效，但也面临着诸多困境。

第一节　文化生态的变迁削弱传承的社会基础

学校教育不是在孤立的环境中进行的，而是需要与社会建立紧密的联系。学校所开展的教育活动渗透着社会与文化生活的诸多元素。伴随着文化全球化的推进和现代化进程的加快，使得地域社会的文化生态发生巨大变迁，产生于农耕时代的民俗文化生存的空间逐渐萎缩，与日常生活有关的传统技艺和习俗逐渐被民众遗弃。文化体现了人对生存环境适应的结果，一种文化的持续存在离不开赖以生存的社会大环境。民俗文化的传承不可能脱离相关的社会和人文条件孤立进行，文化生态的变迁削弱了学校教育传承民俗文化可以依赖的社会基础。

一　文化生境的断裂拉大学生与民俗的"文化距离"

"生境，乃生物生活的空间和其中全部生态因子的总和。用作特称，具体指某一个体、种群或群落的社会环境、生存空间和工作条件。"① 文化生境是某种文化在特定区域内延续所需要的具体条件，包括自然与人文环境、生产生活方式、文化空间等。文化生境构成民俗文化传承的文化土壤，它为民俗文化的传承提供基因和养分。每个地区的民俗文化是形式多样、内涵丰富的有机体，它受制于特殊的自然环境和社会因素，是传统农耕生活的产物。如钟敬文所说："中国社会在数千年的发展中形成了自己的民俗文化特色。这种特色是通过我国民俗文化的稳定性体现出来的。比起世界上一些发达资本主义国家，我国的民俗文化的稳定性，主要是农业小生产制度的产物。"② 民俗文化的存在离不开农耕社会的文化土壤，而文化土壤不可移植，不能复制，也不会再生。随着城镇化和工业化的发展，人们的生产生活日益现代化，围绕传统生产方式的习俗也就失去了存在的社会基础。社会生态环境、人文环境和自然环境的变化使得民俗文化传承的文化空间不断萎缩，其接受群体也必然不断减少，民俗文化传承面临巨大的困境。如今，民俗被视为"古迹"或遗风，在遥远的乡间找到最后的藏身之处，或者变成了历史的遗留物，多半是一种稀少或衰落的存在。

任何一项民俗在形成的时候都是与特定区域内群体的社会生活需要相适应的。现代化的生产生活方式使民俗丧失或部分丧失原生性功能，并引发传统民俗文化存续的生态环境的变迁。这种变迁不仅会使民俗文化逐渐丧失社会基础，在内容和形式上与民众之间的距离越来越远，而且正面临衰落失传的危险。苏州船拳历史上盛行于太湖流域，水乡环境的孕育和吴越文化的滋养是其产生的客观环境。作为一种独具江南水乡特色的民间武术，苏州船拳从最初用以军中水上交战，逐渐演变为习武健身、护卫货运、保家护村、防盗防匪为主。经过半个多世纪的沉寂，在重视文化传承的今天经过挖掘成为水乡节庆文化的表演节目。文化生态环境的变化使得船拳与民众的日常生产生活越来越远，部分拳术和器械套路也随之失传，古老的船拳技艺面临严重的生存危机。如今，船拳

---

① 安学斌：《民族文化传承人的历史价值与当代生境》，《云南民族大学学报》（哲学社会科学版）2007年第6期。
② 钟敬文：《民俗文化学·梗概与兴起》，中华书局1996年版，第13页。

传承人寥寥无几，吴中区越溪地区仅有 1 人，常熟沙家浜仅存两三人，相城区北桥"开口船拳"之乡虽有十几位之多，且已几十年未曾习练，且这些都是高龄老人，而中青年拜师学艺者仍属极少数，很多拳技套路都已经失传。虽然这些地方的中小学将船拳纳入体育教学或以特色文化融入学校教育，探索以学校为保护单位的传承模式，但由于船拳的社会传承基础相当薄弱，难以取得理想的效果。而且，船拳的练习相当枯燥，与平时开展的体育活动相差太远，很多学生兴趣不足，也难以坚持下去。

在现代化过程中，大多数民俗艺术丧失了其固有的社会与文化功能，不再是民众不可或缺的生活内容。正如约翰·费斯克所言，在现代文化空间中，只有大众文化是"我们的"，民间文化则是"他们的"，有着一种原初的陌生性，"郊区家室中'农民的'篮子或是'土产的'陶器，总带着某些异国情调"。[①] 苏南地区吴歌文化的生存空间是农耕环境，吴歌与苏南水乡的稻作文化是密不可分的，劳动人民在田间劳动和日常劳作中创作了大量的歌谣。常熟白茆山歌是典型口头传承的民间艺术，它不仅仅是山间地头的山歌号子，还包含着绚烂多彩的文化信息。随着现代工业的发展和城镇化进程的加快，机械化生产取代传统的田间劳作，白茆山歌发挥作用的原生环境已经消失，原先作为娱乐方式的山歌文化逐渐被人淡忘。通过在白茆地区调研发现，多数受访者并不了解白茆山歌这一文化遗产，部分人甚至完全不了解。本地居民尤其是中年居民，对白茆山歌了解较为匮乏，并且也表示不会唱白茆山歌。在访谈中还发现，大多数的被调查者都表示对白茆山歌的兴趣较小，山歌传承严重断层。一方面，白茆山歌是用当地方言谱曲而成，带着浓浓的地方特色，不会吴语的人完全听不懂白茆山歌的歌词内容，更别提欣赏。另一方面，山歌承载的内涵与如今的生活相脱轨，导致年轻一代对白茆山歌的内涵与意义不感兴趣，他们更偏爱西方的审美和娱乐方式。虽然白茆中学和白茆中心小学都将白茆山歌教学作为学校特色，但很多学生觉得山歌"土"。这也难怪，山歌本身是劳动的产物，内容多是讲

---

① ［美］约翰·费斯克：《理解大众文化》，王晓珏、宋伟杰译，中央编译出版社 2001 年版，第 179 页。

述劳动的场景，用于解乏，抒发情感，学生难以理解其中的内涵，自然不喜欢唱山歌。开展石湾山歌教学的唐市中心小学的 G 校长也谈到了这一点：

> 为了传承山歌，我们把山歌编写成册，结合音乐课展开教学，其实学生已脱离田间劳动。学生很难理解山歌的内涵，领悟不到其精神和老一辈人对山歌的热爱，也很难真正喜欢上山歌文化。（20160402 常熟唐市中心小学 G 校长）

二 文化形态的消失使得教学脱离现实情境

传统的村落空间是民俗文化得以滋生、扎根和延续的社会土壤。刘铁梁认为："村落是民俗传承的生活空间。这个概念的提出主要是有三方面的考虑：村落是中国农村广阔地域上和历史渐变中的一种实际存在的最稳定的时空坐落；村落是紧密结合的小群体，也是在其内部互动中构成的一个个有活力的传承文化和发挥功能的有机体；在村落中观察到的民俗文化意向，就某一类别的民俗而言，必然具有时空的限制意义。"[①] 在全球化和现代化进程加快的时代背景下，传统民俗文化存续所依赖的经济结构和社会生态发生重大变化，尤其是 21 世纪以来城镇化的快速推进，许多民俗文化随着村落的消失和人的空心化日益衰微直至逐渐消亡。"乡村其实越来越多地成了一个地域的概念，成了一个没有实质内涵，或者说缺少文化内涵的空洞符号，作为文化—生命内涵的乡村已经死亡，乡村社会成为文化的看客，不再具有自我文化生长与更新的能力与机制。"[②] 许多传统村落在发展的过程中经历了"文化的丧失"，民众的民俗文化记忆逐渐被城市文化取代。

情境是地方性知识生成的要素。"特定情境是体悟地方性知识本土品性的关键。与生活处于完全脱离的状态，很难保护传统原汁原味的样

---

① 刘铁梁：《村落：民俗传承的生活空间》，《北京师范大学学报》1996 年第 6 期。
② 刘铁芳：《乡土的逃离与回归：乡村教育的人文重建》，福建教育出版社 2011 年版，第 31 页。

态。地方性知识不仅仅是指地方特征的知识，还应考虑知识生成必不可少的'情境'（context）。"① 民俗文化的形成是与人们的社会物质生产水平与生活内容、生活方式的变化以及自然条件相适应的，只有在原有的生态、文化和社会环境中才能保持鲜活的生命力。现代化进程不断加快，改变了人们原有的生活逻辑和乡土社会的文化景观，传统民俗文化的整体形态已经退却。学校在传承民俗文化遗产时，难以与现实生活联系起来。学生感受体验少，对学习没有太大兴趣。在教学过程中，只能将民俗作为一种符号表征告诉学生，"缺少了文化浸润的课程知识将割断知识与人相遇的精神纽带，成为一种徒具认知价值的'干瘪'符号"。② 脱离具体情境的民俗失去了原有的文化意义，难以使人获得全面和充分的培养和教育。

在一个加速更新和衰老的过程中，现代性迫使生活的世界处在变化之中，博物馆和回忆之地不断增加。"我们经历了一个过渡的时刻，在这个时刻里跟过去决裂的意识与记忆断裂的感觉融合在一起，同样在这个时刻里，随着断裂又释放出了很多的记忆，使得人们提出这一记忆到底体现什么的问题。于是就产生了记忆之地，因为不再有记忆氛围。"③ 虽然博物馆、纪念馆等记忆之地可以让人直观地感知逝去不再的文化习俗，但文化本身和它的再现之间存在一种根本的距离。"就像失去了本来的作用和生活关联的日常用品被博物馆作为残留物收集起来一样，生活形式、态度、行为和经验如果离开鲜活的现实关联变成回忆的话，也会经历一个相类似的变形过程。"④ 过去已经消失，只能有意识地、有目的的被重构出来，由于脱离了具体情境，学生无法体验到一种原生态的、适宜的、内生的文化教育活动，对民俗文化感到陌生和疏离，影响了传承效果。无锡堰桥实验小学从20世纪80年代末依托惠山区的吴文化公园开展文化传承教育活动，如今吴文化公园落败，学校复制模仿建

---

① 田养邑、周福盛：《地方性知识的创制与日常生活世界——一项家乡人类学考察》，《广西民族研究》2018年第3期。

② 张金运、张立昌：《基于文化素养养成的课程知识理解——课程知识的文化性及其实现》，《中国教育学刊》2017年第1期。

③ 转引自［德］阿莱达·阿斯曼《回忆空间：文化记忆的形式和变迁》，潘璐译，北京大学出版社2016年版，第393—394页。

④ 同上书，第393页。

立吴文化展览馆。尽管展览馆呈现的内容与吴文化公园一致,却也只是抽象微型的小模型,学生只能了解相应的吴文化知识,却无法带来真实的体验,也难以产生相应的文化记忆和情感精神。

三 传承母体的解体导致缺少社区与家长的支持

现代化使地域社会发生了巨大变迁,使得以社区或地域为依托的文化传承机制难以维系。"传承母体"的概念拓展为传承地域与传承群体,即包含特定的时空以及在这一特定时空中生活并传承文化传统的群体。文化传承在群体的生活实践中进行,主体的参与程度决定民俗文化传承的效果。当传统民俗文化不再适应现代社会的生存环境时,就失去了对生活方式的引导功能,人们就转而接受或创造具有适应性的现代文化。在向现代化的彻底过渡过程中不仅迫使很多人脱离地方,还使得很多人无地方感,没有关于地方的概念或知识。"在习惯体系中,重复的功能意义是习俗规则存在的关键。一旦人类活动失去了它的功能意义,它将不再重复,或被零星肢解部分重现。"[①] 当习俗不再重复,人们对它的兴趣降低,就失去了为其延存所必需的拥护,从而导致传承母体的严重摧毁。

学校是镶嵌在社区中的文化场,社区是学校发展的社会支撑。学生的家庭和社区环境对学校民俗文化传承的开展具有重要的影响,因为人对特定文化的学习往往是通过家庭和天然共同体的自发教化而完成的。现代人对传统习俗的认可度在下降,民俗日益远离社区民众的日常生活,民俗的传承主体出现群体性缺失。作为传承母体的传统社区解体,人们对民俗文化逐渐缺乏理解与认同,只是一种远距离经验,这使得学校传承活动无法与社区、家庭文化对接,很难寻找教育、社会和家庭的合力。学校开展的传承教育活动是否能与社区文化相对接,是决定传承效果的重要因素。丁山实验小学坐落于"陶都"丁蜀镇,大部分学生家庭都从事紫砂壶有关的行业,学生从小就处在紫砂文化的熏陶中。学校开展的紫砂特色教学与当地的生产生活紧密相连,自然能够获得当地社区的支持和帮助。而以山歌文化为特色的学校,就缺少相应的社区文

[①] 乌丙安:《民俗学原理》,辽宁教育出版社 2001 年版,第 51 页。

化支持。虽然山歌极具人文价值和历史价值，但其本质是劳动号子，无法融入人们的日常生活。

今天我们很多传统的民俗文化正在丧失它们在现代社会中存在的功能。学校需要对纳入教育过程的民俗文化的价值功能进行考察、甄别和筛选。斯宾塞认为："无论何人，当他为某种特殊知识争论价值时，他必须指出这种知识对于他的人生生活有什么用处。"[①] 即使是学校对特定的民俗文化元素进行过价值选择，但由于文化意识的差距，仍然得不到家长的认可和支持。无锡羊尖中心小学在推广锡剧进校园的过程中遇到不少阻力，不少家长认为锡剧是老年人的爱好，学了没啥用。还有不少家长认为学锡剧会耽误功课。

> 学会唱锡剧最起码100节课。每天早上其他学生早读课，我把学生叫过来练，练到其他学生早操，那些伴舞的一起来排练。我有两个学生，早上是男生，中午午饭后是女生。有时候辅导两三个月，学科老师一给家长告状，家长马上就是终止孩子的练习。因为吃过两次亏，我就提前和家长、孩子说好，一定要坚持，因为花的几百节课都是无偿的。（20160415　无锡羊尖中心小学　H老师）

民俗文化必须经由人的文化生活才能实现保护和传承。由于人的现代生活和传统民俗文化存在时空距离，学校的民俗文化传承困难重重。我们需要认识到，文化传承并不是简单的单一元素的再现，而是文化及其依托生态的整体有机循环与发展。任何一种民俗文化都产生于一定的文化生态中，只有在一定的地域里才可显示独有的魅力。因此，在保护和传承民俗文化时，仅凭学校的"小气候"是难以奏效的，必须得到社会的支持和配合。要尽可能保护与民俗文化相关的生态元素，形成一体化的社会环境。

---

① ［英］斯宾塞：《教育论》，载张焕庭《西方资产阶级教育论著选》，人民教育出版社1987年版，第418页。

第二节 民俗文化的教育转化存在一定难度

民俗文化从日常生活转向进入学校场域，并不是简单地资源融入，而是需要直面学校的现实。要有针对性地研究传统民俗文化的教育价值和实际意义，既要关注优秀民俗文化融入教育过程对学生发展的意义，又要注意对时代问题的积极应对，阐释和延续民俗文化基因。"民俗由社会场域进入学校场域进行学校教育传承，必然会面临着学校场域一系列的'进入壁垒'，需要进行学校场域重塑的过程，才能借助学校场域的优势，实现民俗的高效传承。"[1] 因而，探寻民俗文化走进学校场域的对接点，将外在的民俗转化为教育资源是首先要解决的问题。

一 对民俗文化进行现代阐释的能力不足

民俗文化是一个开放的存在，它是联系着过去、现在与未来的连续体。民俗文化不仅体现了人们生活方式的历史积淀，同时又是今天充满活力的现实生活。民俗本身是活生生的和不断演进的传统，具有文化现代性的特点。一个社会只能在旧传统的基础上进行创造性改造，它不可能消除旧传统从头开始或直接移植新的传统。就民俗文化自身而言，存在着传统与现代的张力。每个人是由文化塑造的，通过教育继承和发展原有的文化传统。"教育是传统从一代人传到另一代人的媒体，是一个移植传统的过程，这种过程使接受者得以接受进一步变异和完善的传统。通过将传播人所理解的传统灌输给接受者，教育熏陶了这些接受者；教育也是一个选择接受传统的优异人才的过程。"[2] 但是，教育在传播传统时并不能以固定的形式传递僵化的遗留物，而要将其视为活生生的材料进行现代阐释。如何将传统民俗项目适应现代新式教育并融为一体，开发具有地域特色民俗教育项目，增强学生传承的使命感和责任感，对于很多学校来说是个巨大的挑战。首要的问题是很多教师缺乏对

---

[1] 郭方涛、孙宽宁：《从生活域到教育场：民俗的学校教育传承》，《当代教育科学》2018年第2期。

[2] [美]爱德华·希尔斯：《论传统》，傅铿、吕乐译，上海人民出版社2009年版，第262页。

民俗文化精髓进行现代阐释的能力，也没有时间和精力开展研究，简单地把传统民俗知识或技能教授给学生，并未产生实际的教育效果。

传承传统民俗文化不是引向历史过去和故纸堆里，而是根据时代需求将文化的精华部分引入现代社会，实现文化传统与时代精神的有机融合。若要优秀民俗文化在学校教育得到有效的传承，不能将其停留于"历史记忆"层面，必须积极走向现实生活寻找新的载体。传统艺术在弘扬传统文化、丰富校园生活方面起到了重要作用，如何将传统艺术与时代特征相互融合，也是值得思考的问题。苏州评弹是江南地域的文化符号，是采用吴语徒口讲说表演的传统曲艺说书戏剧形式。由于生态环境的变化，评弹的听众老龄化，评弹艺术的传承发展面临困境。苏州开展"评弹艺术进校园"活动，让学生欣赏和学习评弹艺术。该活动将评弹艺术和公民道德建设相结合，用评弹说唱社会上的道德模范、身边好人和中小学生中的美德少年，这对评弹艺术的传承也是一个很好的保护。这种创造性的方式实现了美德培基与文化传承共赢的目标。无锡羊尖中心小学的锡剧教师尝试紧跟时代背景进行创编，有关于禁毒的、狐假虎威儿童剧，还有真人真事江苏省美德好少年等，用锡剧表演出来。这些创编和尝试需要教师对所传承的民俗元素进行价值提升，既要传承民俗的精神内涵，又要结合时代背景进行探索和创新，对学校来说是个难题。

二 将民俗文化转化为教育资源需要付出努力

挖掘共同体的过去把代代传递下来的各种集体记忆和传统进行整理、阐释并转化为学校教育资源，是实现民俗文化学校传承必须要解决的问题。"教育并非像专门学者之专由知的作用学到某一方面的知识，而是将社会文化的客观价值移植于人格的内部，而形成融合统一的生命。"[①] 将民俗文化元素融入学校教育时必须进行创造性转化，坚持服务于儿童成长的原则，努力塑造既有传统底蕴又具时代气息的新型学校生活。民俗文化对促进地域认同和增强文化自信具有一定的作用。它蕴含丰富的教育价值，是学校课程建设的重要资源。但是，民俗文化的课

---

① 邹进：《现代德国文化教育学》，山西教育出版社1992年版，第71页。

程资源开发面临诸多困难。一是民俗文化课程资源筛选的难度，涉及把握好价值坐标的问题，即厘清民俗文化事项的性质、作用和功能以及如何进行科学的现代阐释和适度开发。二是生活文化的非文字特点是民俗文化课程资源化面临的难点。民俗多靠口头、行为传承，没有文字记载，民间艺人的技巧绝活往往难以用文字记录下来。民俗体育主要采用"言传身教"的方式，大多缺少文本记录，使得学校难以开发校本教材进行教学。吴歌的传承是口传心授的方式，以乐谱的形式保存下来的非常少。学校对吴歌的收集和整理非常困难，主要的原因是吴歌艺人都是普通百姓，自身文化程度不高，也不懂乐谱，因而，无法通过乐谱的记录方式对吴歌进行传承。

民俗文化教育不是一种外在的符号习得，而是形成一种文化素养渗透在人的日常生活中。这就需要学校教育者对待民俗文化不是简单地拿来主义，而是对其进行创造性转化，使之升华为促进儿童成长的精神养分。这种转化的逻辑是依据儿童的身心发展状况和教育价值进行选择和重构，将民俗文化的学习视为一种心智过程。学校在选择民俗文化元素时除了要考量地方的特性之外，还需考虑学生学习的特点，让学生与民俗相互作用。为了让民俗文化发挥教育的作用，需要对民俗内容进行重组、整合和教育建构。民俗文化学习要成为教育的过程，就必须由文化的学习者来真正加以理解和评价，让儿童的学习用心而非只有记忆，让学习成为一种发现的过程。当然，民俗文化的教育转化赋予教师更多的责任和使命，要求教师是课程的研究者和创生者，具有较高的课程意识、课程规划和开发能力等。

> 时代气息不浓，可以创新的，创编，用锡剧的唱调编上我们的童谣，来让孩子唱。比如《红梅赞》《太湖儿女》这首歌，用太湖儿女的曲调，把儿童学的儿歌、童谣编进去。幼儿园的民俗文化，目前来说是成人文化，需要找到一个切入点，要让它儿童化，要让它落地、生根。只有与儿童文化相吻合时，才能找到一个契合点。第一，改变教学方式，比如"马兰花儿开"弄堂童谣，首先可以把儿歌唱给孩子，问孩子你听到儿歌后，你想怎么玩。让儿童自己去玩，玩好以后再讨论，这个游戏有什么规则。规则从孩子中间产

生。第二，当孩子"马兰花开"按规则玩好以后，让儿童思考"你想变一变吗"，分组讨论。儿童编好以后，自己形成规则。马兰花开就赋予一种儿童意义了。民俗文化不能搞成人民俗文化，一定要搞儿童民俗文化。这需要突破瓶颈，而理念的突破很难。直接说儿童立场，可能很多老师不明白。通过具体的实例，让很多老师尝到甜头。很多老师慢慢会发生变化。这样的老师凤毛麟角，需要慢慢来，需要聪明的、有悟性的老师。有的老师形成思维定式，很难植入新的东西。（20160410　南长中心幼儿园　G园长）

第三节　师资问题困扰传承的有效实施

教师是教育活动的组织者，决定着教育的质量与效果。在对苏南地区学校教育传承民俗文化实践的调研中发现：师资问题严重影响学校场域中民俗文化教育的有效实施。主要问题有：教师对本土文化了解较少，对民俗文化的认同感不强，教学文化回应能力不足以及专业师资的缺乏。

一　教师对本土文化了解较少

人只有对自己生活在其中的文化有深刻的认识，能正确地把握和恰当地诠释，才能理性对待文化。标准化、城市化取向的学校教育使得教师日益专业化，不断地远离所生活的文化场域。教师对本土文化的了解仅限于代际传承，对本土文化的意义、内涵所知有限，只是对生活经验所接触的民俗文化有初步的认知，缺乏对本土整体文化的全面了解。教师自身文化认知不足，自然很难有意识地将民俗文化元素渗透在教学中，即使会涉及也会心有余而力不足。无论是职前教育还是职后培训，本土文化在教师教育中处于缺失的状态。教师知识的构成和视野决定教师很难从教育的角度看待民俗文化资源。年轻教师对本土文化不感兴趣，不了解当地风土人情，地方性知识普遍缺乏。如今，外地教师越来越多，则进一步加剧了民俗文化融入学校教育的难度。通过实地考察发现，教师的本土文化知识不足是学校领导者最头疼的问题。常州雕庄小学基于民俗文化开发综合实践活动课程，最大的难题是课题组成员年轻化，学校综合实践活动指导教师是外地人，对本地民俗文化的了解也较少，亟须通过培训提升内涵。教师自身的本土文化知识匮乏，对本土文化的了解和把握不够，不仅会导致民俗文化校本课程开发的能力不足，还会影响教师在课堂教学中对民俗文化的有机渗透。

  这些习俗有一定的历史年代，年轻的教师不太了解，像我40多岁年纪的人都不太熟悉。我们一般都是请村里懂这些习俗的人，或者是校外辅导员。这套校本教材退休教师也参与，这些退休的教师都是土生土长的。不仅在师资方面是一个补充，教材成形后要对教师进行指导。通过校本培训，让教师了解相关的本土民俗知识以及这些课怎么上。我们镇上有农业服务中心，有蚕商、技术员，邀请他们给学生做讲座。（20160521 苏州庙港实验小学 Y老师）

  我们园所古运河民俗文化项目中的弄堂游戏、方言童谣、锡剧传唱，这三个项目需要用方言，对教师来说是个挑战。由于现在招来的新教师很多不是本地人，开发民俗文化课程，对教师很有难度。如果教师没有在这个地方生活很久的话，就缺乏敏感、组织和将民俗文化转化为课程的能力。这是实施园本化课程最大的难度。方言学习跟英语学习一样，如果没有学到正宗语言的话，家长也会有意见。我们要求教师在周五必须人人讲方言，但是很难坚持，有难度。（20160416 无锡南长中心幼儿园 G园长）

  在民俗文化教育特色建设过程中，教师队伍带起来很重要，但有一定的难度。2008年我们开始以锡剧传唱为特色，当时教师队伍中有老、中、青，也有外地教师，他们无锡话一句话也不会说。但现在无锡方言的课题研究则是这一外地老师在做。很多老师即使是无锡人，从他们母亲那一辈开始就不唱锡剧了。他们没觉得锡剧美，只觉得锡剧是比较俗的东西。我们和无锡锡剧院合作，邀请无锡锡剧院的专家每周给我们上课。从唱开始，先教老师唱，对着谱子，尽管很难唱。春来暑往，一期一期来唱。每当锡剧院有剧目推出来，我们都有老师现场去听，这是要花精力、花时间的。让教师慢慢接近锡剧，过了一个学期，年轻教师会觉得锡剧唱起来也挺美的。从教师成长起来后，再进行课程建设，然后教孩子。这个过程非常苦，也很艰难。（20160620　无锡古运河幼儿园　Y园长）

二　教师对民俗文化的认同感不强

教师对民俗文化认同感不强，直接制约优秀民俗文化渗透到教学的可能性和有效性。教师在传承传统文化的过程中普遍对民俗文化关注不够，更关注的是阳春白雪的高雅文化，而家乡的生活习惯、传统风俗相关的民俗文化则被忽视。在很多教师眼里，学习民俗文化对学生来说没有意义，学生不应该浪费时间学习无益于学业成绩的底层文化。在关于"教师有必要引进本土特色文化进课堂"的调查中，受访教师中有48.5%的教师认为"一般不符，超出大纲要求范围"，14%的教师认为"非常不符，无益升学就业纯属无用功"。在关于"我愿意充分利用乡村独特的教育资源和优势，建设乡村学校文化"的调查问卷中，有39.5%的教师选择"一般不符"，10%的教师选择"非常不符"。[1] 要想民俗文化有效融入学校教育，首要解决的问题是增强教师对民俗文化的认同感，培养教师参与民俗文化教育的热情。另外，还要正确地认识和挖掘民俗文化的教育价值，而不是将民俗文化学习和学业学习对立起来。

我妈妈在这里教书，去市里不方便。所以在这里读书。我在这边幼儿园的时候，有几次就是锡剧课。我觉得挺酷的，班上有一部分同学崇拜我。现在换了一个语文老师，我都挺怕这位老师的。我的语文不好，她不喜欢我唱锡剧。她给我说，来这个学校是学习的，不是来唱锡剧的。我觉得学习和唱锡剧不冲突，学习不是死读

---

[1] 纪德奎、赵晓丹：《文化认同视域下乡土文化教育的失落与重建》，《教育发展研究》2018年第2期。

书。我是唱武生，我爸妈支持我唱锡剧，有时带我看锡剧表演。
（20160415　无锡羊尖中心小学　Z同学）

三　教师的教学文化回应能力不足

教师的教学文化回应能力是指教师知晓地方性知识，在课程设计和教学策略上能够考虑学生的文化背景，将本土文化作为教师教学和学生学习的支架。将民俗文化融入学校教育对教师的教育思想和能力形成很大挑战，需要教师转变狭窄僵化的课程意识以及对教材的依赖等，同时要提高与民俗文化有关的学科意识、教材设计能力以及实施与评价能力。

通过调研发现，教师的教学文化回应能力不足影响学校传承民俗文化的实际效果。教师很少关注国家课程之外的文化传承，忽视学生的地方身份以及身份背后的文化机制。在教学中运用地方性知识更是不太可能，难以对教学知识进行适切学生文化经验的本土诠释。教师即使关注民俗文化传承，也因能力不足而力不从心。很多教师在将民俗文化元素渗透学科教学时，表示自己对民俗文化知识并不真正了解，同时也不知道如何教，缺乏深层次挖掘民俗文化教育价值的能力。即使在专门的课程学习中，教师片面地将民俗文化传承理解为让学生掌握有关民俗文化的基础知识或基本技能，而无法真正服务于学生的成长。面对教师教学文化回应能力不足的现状，学校要鼓励教师主动学习本土文化，巧妙地将本土文化与课程内容进行有机整合。

四　专业师资的缺乏

教师是课程实施的主体，专业师资的缺乏是制约学校持续开展民俗文化教育的最大阻碍。苏南地区学校的民俗文化教育活动种类繁多，形式各异，但除了少数学校倾注力量坚持做特色以外，很多以短期课程和单次活动为主，究其原因，最重要的无外乎在于师资短缺。专业师资缺乏或后继无人成为民俗文化在学校传承发展的瓶颈问题。学校能胜任民俗文化课程的教师很少，有的教师以门外汉身份担任民俗文化教育的任务，民俗文化课程的专业性与持久性无法得到保障。

（一）外聘教师存在诸多问题

学校解决师资匮乏的途径是采用聘请校外教师的方式，校外教师定期到学校对学生授课。这些外聘教师具有一定的专业才能，但不懂教育教学理论，很难从育人价值的角度思考教学。以锡剧、吴歌为例，上课形式是教师传帮带、学生逐句跟着学，以技艺传授为主，缺乏对文化性和艺术性的深层次分析，最大的问题是需要协调各种因素才能保证上课时间。这是无锡堰桥实验小学 H 副校长在回应"民俗文化传承面临哪些困难"问题时首先提到的内容：

> 我们在开展乡土民俗文化教育时，面临的最大问题是师资力量难以保证。吴歌、锡剧、锡绣等民间艺术都需要专业才艺，我们校内人员缺少相关的专业知识，只能聘请校外教师。这一过程非常难操作，每次都要提前联系民间艺术协会的会长，告诉他我们哪些活动需要指导。由会长帮我们寻找相关的人员。好不容易联系好了专业人员，他们来上课之前我们还要做一番事情保证课程有效实施。如果能来的那天只有一节活动课，我们还需要协调时间，保证一次能上2—3节课，否则上课成本太大。由于外聘教师的上课时间有时候存在不可控因素，而且一个学期来不了几次，有时候好不容易排好的课程会因突发情况而取消。学生学习的持续性和效果也难以保证。还有一个问题是，外聘教师不太会依据学生的心理特点进行授课，更多的是专业技能训练。他们也不懂教育学、心理学知识，不会从教育的角度思考专业艺术或技能的教学如何开展，学生可能只会在才艺上有所进步。（20160427　无锡堰桥实验小学　H 副校长）

针对非遗类的民俗文化，学校常常聘请非遗传承人到学校授课。传承人传承方式比较传统，文化层次有限，以技艺传授为主，所蕴含的文化内涵、民俗象征和内在意义讲授不多。他们虽然具有某种民俗文化元素的专长，但缺乏根据学生和教育教学的实际情况开展教学。在学校课堂中讲授的民俗文化知识和技能有限，缺少课堂管理技能和学生有效的互动，学校在外聘教师授课的过程中仍需派教师进行跟班管理：

每次聘请的传承人到学校授课,得另配一名教师跟班协助。老一辈传承人不识字,他们学习民俗艺术是从小耳濡目染的,到学校教学时不会板书,所以得有学校专业教师协助。传承人在山歌教学时,主要负责解释山歌歌词大意和教授唱腔唱法,歌词的板书和声调等需要专业音乐教师配合展示。(20160427 无锡堰桥实验小学 H 副校长)

民俗文化传承的主体主要是老年人,当这些老年人年纪太大或去世时,学校就很难找到后继人才来指导,学校的实践探索就会中断或止步不前。

在开展吴歌教学方面,我们咨询当地的吴歌王,问他吴歌是否适合在幼儿园教学。他说"不适合"。经过和吴歌王的讨论,我们就先把童谣放进来,每学期学一两首特色的吴歌。让孩子学懂学会,同时尝试吴歌新唱,让老师来创编。在唱吴歌的过程中,孩子也了解了吴地风俗。不过,吴歌王 2015 年去世了。因为他唱的最专业,他走了以后,我们很难深入下去,只能做已有的研究。(20160416 胡埭中心幼儿园 W 老师)

(二)现有的教师招聘标准限制了专业人员进入学校的可能性

民俗体育、民间音乐、地方戏剧、民俗工艺等可以成为学校体育、艺术课程的补充。现有的体育、音乐或美术教师难以胜任,需要具备相关专业知识或技能的教师任教。但是,由于教育政策对教师资格的设定标准和地方教育行政部门的教师招考要求,使得专业人员很难进入学校做专职教师,学校吸纳人才受阻。对开展民俗体育教学的学校来说,最大的问题是民俗体育师资缺乏。现有的体育教育专业主要侧重西方竞技体育(田径、篮球、排球、足球、体操等),很少涉及民俗体育方面,缺乏对民俗传统体育师资的培养。虽然有的大学开设民族传统体育专业,但由于不是师范专业,所毕业的学生也很难进入学校做体育教师。另外,虽然社会上民俗体育资源丰富,有一些水平比较高的民俗体育教育者,但学校现行招聘体制的限制,很难引入学校做教师。在对开展船拳教育的两所学校进行考察时，学校领导者都提及缺少专业船拳教师的问题。指导越溪实验小学船拳教育的吴根宝老人已经86岁，由于精力和体力的限制，不可能长时间从事船拳授课，特别需要会打船拳的专业老师进行授课。现在学校主要由体育教师授课，同时邀请船拳志愿者来学校进行辅导授课。受访学校想聘请武术专业方面的毕业生到学校担任专职体育教师，但现有的体育教师招聘标准往往将这类毕业生排除在外。

民间音乐和地方戏剧等常常成为学校音乐课程的必修内容。但现有的音乐教师培养方式主要关注西方音乐体系，对民间音乐、地方戏剧缺少关注。很多音乐教师没有经过系统的训练和传承学习，对这些古老的艺术也不感兴趣。专业教师队伍难以补充，即使好不容易遇到比较合适的人才，也因不符合招考标准很难被招进学校。

> 我们学校有许多外地户籍的教师，对本地文化知之甚少，诸如方言、锡剧、山歌等，这部分教师很难成为中坚力量。本地教师由于个人喜好等，也很难投入民俗文化教学工作中。我们本来想聘请一位音乐专业的毕业生，她是锡剧的爱好者，唱得也非常好。在我们学校实习期间，很好地开展锡剧教学和指导社团活动。非常可惜的是，专业不符合我们这里音乐教师招考的条件。（20160415 无锡羊尖中心小学 H老师）

如果学校仅仅靠外聘教师，不培养自己的专业师资的话，很难将民俗文化传承落到实处。无锡羊尖中心小学的锡剧教学主要由H老师和P老师负责。早年间，凭着对锡剧的兴趣从学科教师转到专门从事锡剧教学上来，付出了很多汗水和心力。如今，她们已接近退休的年龄，后备师资补充的问题也成为她们最为关切的问题。

> 问：从孩子一点不会锡剧，到能上台表演，这个周期大概需要多长时间？
>
> 答：这个要看表演的层次的。以江苏省的奖项为例，起码要两三年。如果孩子悟性好一些，质量会好一些。如果孩子悟性不好，

就很难办。我们带低年级时,就开始选苗子。音准、音色,形象也会考虑。能在手上跟几年的,不光孩子随叫随到,家长也是很支持的。哪一方不高兴,就坚持不了。

问:外来学生唱江南腔,是怎么坚持的?

答:就是一句一句教。有时候一个字要教几遍。

问:孩子训练的文本,标准是什么?

答:一开始,我们选的也不是课本上的内容,课本是针对课堂上所有学生而言。我们上课的时候,也需要把内容进行重构或选材。有音乐老师专门教唱锡剧。

问:如果你们退休了,怎么解决师资问题呢?

答:因为现在做学生培养的工作,就会花很多时间来关注。搜集很多材料,包括文本和视频材料。我们也请外面教师来指导,每周来一次。目前分两个组来练习锡剧,老师自己选苗子,每个人要求的风格、音质不同。我们就快退休了,后来的老师,特别是年轻人,他们可能不喜欢这一块,就不太会关注。能不能考虑把喜欢锡剧的老师进行培训,让他们进入这个领域。他们最起码对锡剧有了解。

问:有没有想过让艺校的学生或老师跟着做接班人?

答:艺校过来需要编制的,他们没有教师资格证。他们只懂得专业技能,不懂得如何教授孩子。羊尖锡剧之乡,学校特色的衔接和持久性,应该有人来接手。(20160415 无锡羊尖中心小学 H 老师和 P 老师)

第四节 学校教育的实践偏差影响传承的效果

民俗文化进校园并不遵循简单的输入逻辑,而是采取一系列行动使之落地生根的过程。由于现实诸多因素的制约,学校教育传承民俗文化出现了实践偏差。这里并不是简单区分是非对错,而是对问题做仔细的审查和严格的评判。

一 "形"和"魂"的关系处理不当

仅仅从认识论角度理解民俗文化是不够的,还需要关注文化符号所包含的意义追求。学校教育要努力将隐藏在民俗文化深处的精神意义找寻出来,帮助学生能够透过外在的文化事象体悟文化精神内在的价值。不幸的是,进入学校的传统民俗文化往往有"形"而无"神"。

(一)只关注"认知模式"的文化传承,忽视情感认同

民俗文化凝聚民众的信仰和情感表达,它是人们赋予意义的存在。民俗文化的学习应该是一种包含认知和情感的整体学习方式。遗憾的是,当前学校只关注学生"认知模式"的文化传承,关注知识和技能教学,忽略了情意体会。在这种教育范式中,学生对民俗文化的学习是单项的、局部和表面的,民俗文化的价值基本停留在认识论层面,忽视对心灵的追求。有些学校对校本课程内容开发存在认识上的偏差,认为开发民俗文化资源就是提供一本介绍民间习俗的读物。教师重视校本教材的传授,忽略将学生生活世界与民俗文化相联系,忽视对学生文化情感、态度和价值观的培养。了解民俗并不就是传承了民俗,民俗文化绝不只是认知层面的学习,它主要是一种情意教育,意在建立与传统民俗文化的情感联系和文化认同。"情感维度上的主动性代表了文化记忆的基本活力,没有情感维度的关照精神和引导能力,文化记忆就成了冰冷的储存和僵化的知识。"[①] 只有当民俗文化学习触及情感层面,使民俗文化与学生的心灵产生对话,才能为文化记忆的生成提供动力支撑。

(二)知识与文化处于分离状态

民俗文化教育的目的不能停留在传递知识层面,必须要挖掘深层的文化价值达到滋养人的内在心灵的目的。转化成课程资源的民俗文化不是纯粹静态的认识符号,也承载着丰富的文化内涵和价值观念。教师不仅要教给学生民俗知识,更重要的是以文化人。"应当看到,知识是部分,文化是整体;知识是文化的结晶,文化还包含着创造知识的源泉;知识往往归于静态的逻辑,而文化还包含着动态的历史过程;在知识中往往看不到人及其作用,文化则永远将人及其创造性置于中心地位。因

---

① 陶成涛:《文化乡愁:文化记忆的情感维度》,《中州学刊》2015年第7期。

此，完整而健全的教育不应当只是一种知识教育，而应当是一种包括知识在内的文化教育。"① 通过考察现实民俗文化教育实践，发现师生缺乏对传统民俗文化深层次的挖掘和探讨，知识取向严重。忽略文化精神的涵养教育，学生难以感受和了解民俗文化的价值与魅力，使得传统民俗文化教育失去了自身的生机和活力。民俗知识和内在的文化精神处于分离状态，并没有在教育活动中实现融合，学生增长了知识，文化素养却未养成。因此，在设计民俗文化教育活动或课程时，应摒弃对知识的机械记忆，转向对民俗知识进行理解和重构，要努力建立知识与文化之间的内在联系。

（三）重视文化符号传递，缺少对内在价值观念的培育

文化传承的动力来自内心对文化的认同与尊崇，它超越表面符号的运用和简单模仿，直抵精神层面的深处。索绪尔认为，符号是一种包括"能指"和"所指"的二元关系，"能指"表现为声音或形象，是符号的物质形式，可以简单称为"符形"，"所指"是符号的内容或思想，指由这种声音或形象在人的心理引发的概念，是符形所表示的意义或符号使用者所做的解释。②"能指"和"所指"关系便是符号的形式和思想或精神的关系。学校教育传承民俗文化不仅要重视传承民俗文化符号或事项等有形的层面，更要重视民俗文化的内涵、仪式、所体现的思想要素等精神层面上的传承，即关注最核心、最具生命力的东西——文化精神的培养。

对于民俗文化融入学校教育，教育者或许已经认识到其重要性，但在具体操作上显然还存在着明显不足。具体表现在：一是将民俗文化视为一种知识、文化的景观，而不是内在的灵魂和基因，没有与人的精神成长建立关联；二是对民俗文化教育存在狭隘的理解，仅仅满足于知识和技能的掌握，对所包含的人文精神关注不够。如此这样，只是传授关于民俗的知识，并不是通过学生传承民俗文化。真正的民俗文化学习，不应该只是简单文化知识的汇编或技能的传承，更重要的是建立一种与

---

① 孟建伟：《从知识教育到文化教育——论教育观的转变》，《教育研究》2007年第1期。

② 朱家新：《闽台民俗体育文化符号构建》，《民族传统体育》2018年第28期。

民俗文化的精神血缘关系。学校教育不仅要对习俗、节日、仪式等符号进行选择和传递,同时也要重视内在价值观念的培育和传递。也就是说,切忌简单地进行文化符号再生产,而是要完成深层次的文化重构。真正意义上的文化传承既能让学生了解外在的物质表象,更能让学生认识到物质表象所蕴含的文化信息,让学生通过对民俗文化的正确认知来走进民俗文化的精神世界。唯有当所开展的教育活动与民俗文化建立一种内在的精神性和生命性联系时,民俗文化的学校教育传承才能真正走上自觉的生长之路。

二 教育取向过于功利化

美国教育哲学家布鲁巴克将价值区分为外在价值和内在价值。他指出:"外在价值就是我们因为这些价值对于某些事物有用处而判断它们是好的那种价值,它们的价值依赖于它们去达到另一种价值时所产生的后果。而内在价值就是我们不是因为它们对于另外某些事物有用处,而是因为它们本身就具有好的价值。"[①] 学校将民俗文化引入学校,不能仅仅因为民俗文化可以促进学校特色或获取某些荣誉所带来的外在价值,更在于民俗文化本身所具有的育人价值。学校教育传承民俗文化重在涵养和培育,这是一个长期探索和深入持久的过程。学校不能只关注民俗文化教育的外在价值,而是要重视民俗文化教育的内在价值,将民俗文化传承与学生个体发展有机融合起来。通过实地考察发现,现有学校教育实践存在一个误区:过于用工具理性思维看待民俗文化教育,过度关注获得性价值或功用性价值,忽略了民俗文化教育的存在论价值,即从民俗文化教育参与主体的角度来认识其价值。"当学校持有功利的目的时,他们开展传统文化教育便不是为了教育内在的追求——促进学生的发展,而是为了教育之外的工具性价值,如迎合上级打造所谓的'政绩'、取悦媒体谋求所谓的'名声'、打败同行成为所谓的'典型'等。"[②]

利用民俗文化元素发展学校特色或形成学校品牌,是有些学校选取

---

① 转引自王道俊、郭文安主编《教育学》,人民教育出版社 2009 年版,第 90 页。
② 吴文涛:《传统文化如何走进学校?——论学校传统文化教育的实践逻辑》,《中国教育学刊》2018 年第 3 期。

民俗文化进入学校教育的动机之一。主要表现为重视民俗文化特色给学校带来实质性荣誉,通常的做法是通过在低年级普及教育选取好苗子,然后进行精准训练,参加各种比赛或表演来赢取学校的知名度。以锡剧教学为例,专业教师对好苗子从身段和唱腔进行 100 多课时的机械训练,编排节目,参加各种表演比赛,获奖成为锡剧教育的目标之一。教育取向趋于功利化,自然会失去教育的本真。功利化的另一种表现是民俗教育过于表面化,流于"装饰性",重成果展示,轻实际教学。很多学校试图通过民俗文化要素体现学校特色,但更多局限于形式或活动的丰富。注重可展示、可陈列的具体成果,民俗文化资源开发与具体的教育教学缺少紧密的联系。将民俗元素当作"文化装点",在一定程度上迎合了外在评价的标准。民俗文化传承变成学校的亮点和装饰,而没有真正内化和进入学生的精神世界。

学校场域中的民俗文化传承应该以"人"的成长和发展为目的。功利化的价值取向容易将民俗文化传承与学生个体发展割裂开来,使得原本丰富多彩的民俗文化课程变得枯燥。学生虽然在机械的训练中学会了锡剧和山歌,却无法真正理解其背后的文化意蕴。这种关注技能而忽视文化的倾向使得学生学习的是一种文化碎片,很难产生心灵上的认同和情感上的共鸣。从深层意义上看,学校应该传承的是整体的文化,而不是简单的民俗事象。"生活性是民俗文化事象的外在反映和体现,是民俗生存和延续的媒介;文化性是民俗文化事象的灵魂和规范,是民俗生存和延续的核心内容。"[①] 表面的形式并不能使民俗文化扎根于个体的世界中。学校不仅要开展与民俗文化行为、事象相关的活动,同时还要关注观念形态方面的文化元素的挖掘。

三 教学方法重外铄、轻内化

文化记忆总是跟人联系在一起,只有人的内化才生成文化记忆。将民俗文化融入学校教育,是为了传承民俗文化,落脚点应在学生身上。在方式上应该重操作、体验,而非用传统知识传递的方式。学校进行民俗文化教育时不能仅仅停留在符号表面的认识,而是要重视学生作为文

---

① 杨秀芝:《"互联网+"时代民俗文化教育新论》,《社会科学动态》2018 年第 5 期。

化主体的建构。就如格尔兹所言,"我们需要的不只是地方知识,我们更需要一种方式来把各式各样的地方知识变为它们彼此间的相互评注:以来自一种地方知识的启明,照亮另一种地方知识隐翳掉的部分"。① 学生对民俗文化的学习不应是外加的,而应是内在的。唯有如此,才能形成人的文化意识和生命的意义感。

通过实际考察发现,很多学校对民俗文化的传承多集中在图片展示、课外活动和文化环境建设等外烁手段。这些传承方式具有一定的"扫盲"作用,但无法使学生成为真正的民俗文化遗产的活态传承主体。因此,民俗文化的学习要重视主体的内化,"内化即是自律,是指在学校与教师的引导下,使学生体认文化精髓,并转化为自身的个体意识,是一个将外在的文化内容真正内化为学生的文化意识的过程。"② 学校开展民俗文化教育时不能仅用外烁的方式,而要采取有效的引导手段激发学生的文化认同和形成驱动行为的文化责任感。"只有在社会行动者将之内化,且将他们的意义环绕着这一内化过程建构时,它才会成为认同。"③ 学校开展民俗文化教育时,不能仅仅把学生看作是文化遗产的传承对象,也要关注学生作为文化持有者的态度,让他们树立民俗文化主体的意识。"因为意义不是拥有它的物体、行为、过程等等所固有的,而是生活在社会里的人赋予的,所以需要到赋予者那里去寻找。"④ 只有年轻一代努力自觉传承和保护民俗文化,才能使传承链条延续下去。

第五节 正视学校教育自身的限度

民俗文化的传承是通过多种媒介进行的,学校教育只是其中的一种

---

① [美] 克利福德·格尔茨:《地方知识》,杨德睿译,商务印书馆2016年版,第366页。

② 吴文涛:《传统文化如何走进学校?——论学校传统文化教育的实践逻辑》,《中国教育学刊》2018年第3期。

③ [美] 曼纽尔·卡斯特:《认同的力量》,夏铸九、黄丽玲译,社会科学文献出版社2003年版,第3页。

④ [美] 克利福德·格尔兹:《文化的解释》,纳日碧力戈等译,上海人民出版社1999年版,第456页。

路径而已。学校教育的主要职责、使命和逻辑在于传递社会认可的主流文化，它有其自身的限度，无法完成民俗文化传承的所有重任。

一 现代学校教育更关心主流文化的永续性

教育目的是让下一代更多地了解本国的传统文化，形成对本国文化的认同。制度化的学校教育更关心国家永续性，而不是地方性知识。学校教育在培养学生的主流文化意识和现代意识方面起了很大作用。现代正规教育体系的确立，大大削弱了人们对民俗传统的拥护。随着文盲和没文化的人开始识字，他将丢掉他的民俗。接受的现代教育越多，特别是识字越多，视野越开阔，人们追求现代的生活方式，民俗也就越少。"文化丧失，就其教育根源来讲，是由于教育依循社会价值观念的更迭，在一定社会价值规范和社会目的的导引下，将这种文化剔除于传承的范围，使文化在代与代之间形成'断层'，失去继续传承下去的根基。"[①] 学校日益远离所生活的社会、历史和文化，导致人很难把自我存在的根基扎入乡土之中。在教育所展开的现代化想象中，将民俗文化作为前现代的他者而被排除在外。

学校教育的现代化取向导致标准化和均质化，这造成本土知识的失语以及学校教育和地方的割裂。尤其在乡村，学校教育逐渐地切断了地域社会乡土文化的链条。学校里传播的一直是上层文化、精英文化，致使普通百姓所创造的民俗文化不太受重视，民俗节日、民间艺术、民间故事或传说等很少涉及。学校重视的是主流文化教育，忽略了地方性知识的独特性和特殊性。教育实践越来越无地方感（placelessness），学校教育培养一种对地方环境的疏离感（a sense of detachment）。其实，本土知识蕴含超乎我们想象的知识资源，可以给学生的情感、态度、价值观以全面的滋养、培育。联合国教科文组织发布的《反思教育：向"全球共同理念"转变》中提出："必须探索主流知识模式之外的其他各种知识体系。必须承认和妥善安置其他知识体系，而不是将其贬至劣

[①] 郑金洲：《教育文化学》，人民教育出版社2000年版，第177页。

势地位。"①

二 现代学校教育将科学文化知识放在首位

早在19世纪中后期,英国教育家斯宾塞就提出"科学知识最有价值"的观点,在他看来只有科学知识能够最大限度地满足"人的完满生活"的需要。随着现代教育制度的确立,学校教育的目的在于为年轻一代的发展打好基础,其任务之一就是传授系统化、概念化的科学文化知识。学校作为智能、知识和信息的传播基地,所教的内容必然要反映和满足当下社会的要求,它在本土知识与现代科学文化知识之间存在着实利性的选择。"由于功利主义的遮蔽,教育亦越来越被赋予了经济发展的目的和物质利益追求的目的,生存与发展的功利性、实用性的教育成了培养人的根本所在。"② 为适应现代社会发展的需要,学校需要将科学文化知识作为主导,注重培养学生未来社会生活中所需要的知识和能力。

在现代性语境下,科学主义和理性主义取代了传统信仰和地方性知识。虽然民俗文化在人的日常生活中仍然发挥一定的作用,但现代科学文化知识对社会的进步与发展非常明显。现代科学文化知识帮助学生适应现代生活、开拓知识视野,对学校是至关重要的。学校的主要功能是帮助学生获得现代社会所必需的知识、技能、方法和态度,培养他们适应现代社会生活的能力以及未来生存和发展所需要的科学素养。由于民俗文化在整个现代化的价值序列日益衰微,截断了学校利用民俗文化滋养现代人的可能性。如今的学校教育是一种自上而下的制度性安排,传递占主导地位的现代科学知识则是学校教育的主要目的。学校在课程内容注重与现代社会和科技发展的联系,重视科学文化知识教育,自然没有太多的时间和精力关注地域民俗文化的传承。其实,教育的本质是以文化人,要通过传承和创新文化来培养人才,因而,学校要处理好功利价值与人文价值的失衡问题,不能单一地只关注现代科学文化知识,而

---

① 联合国教科文组织编:《反思教育:向"全球共同利益"的理念转变?》,教育科学出版社2017年版,第22页。
② 全国十二所重点师范大学联合编写:《教育学基础》,教育科学出版社2008年版,第76页。

忽视了有利于指引生命意义和提高人文素养的地方性知识。

三 应试教育与学校生存竞争的压力

在基础教育中普遍存在"片面追求升学率"的现象，升学成为许多人的教育行为所要达到的实际目的。在应试教育体制下，偏重于对学生进行教育知识的灌输，文化教育不受重视。在学校发展与生存竞争的巨大压力下，根本无暇顾及除了学习和考试之外的文化活动。学校过分注重与升学率有关的学科学习，不重视培养学生对环境的感受力和对地域的归属感，民俗知识在学校教育中难以有立锥之地。将民俗文化融入学校，会在一定程度上带来学生在校学习时间的重新分配。然而，在现实的巨大压力下，学校只能挤出微小的时间开展民俗文化教育活动。在对苏州学校船拳教育开展情况调研过程中，针对"当前船拳课程存在的问题时"，超过50%的学生认为"学习船拳的时间太少"。若没有一定的时间保证，任何的传承活动都只会浮于表面，而不可能深入人心。专业训练和课堂学业之间的矛盾是学校传承民俗文化遇到的难题之一。如果花费太多的时间对学生进行专业训练，会遭遇家长和学科教师的抵制。羊尖中心小学的H老师讲述了学校锡剧特色教育的艰辛之路。

> 我是语文老师，因为对锡剧比较喜欢，2002年开始辅导锡剧。现在已经不教语文，只教副科。学校以锡剧为特色，这条路很艰辛。在我们训练的过程中，老师这一头很难真正专注这件事情。其实，我们的心在专注，但孩子有很多时间上课，他们的精力有限。如果给予更多时间去做的话，可能会好一些。学生这一头，小孩子挺辛苦的。学业要做，也要练锡剧。以节目来说，花了好多精力排完了，过了一段时间，可能就不需要录制和表演了。有时候，让孩子练了半途，家长觉得与学业冲突就不允许继续练。如果孩子偶尔有一次成绩没考好，家长就认为是练锡剧的原因。如果在这个学生身上花了很多力气，就会因为家长的一个电话半途而废。这个事情不止一次发生过。我们在一二年级普及锡剧教育，主要是选苗子。有的苗子很好，可是家长不允许，怕耽误学业。如果学生学习退步了，班主任、数学老师就认为是练锡剧的原因。学科教师在家长面

前也会说练锡剧耽误时间,这也会影响家长的看法。然后家长就过来叫停。我们作为指导老师,去叫孩子练习,主课老师也对我们很有意见。要弄好这个东西,真的很难很难。(20160415　无锡羊尖中心小学　H 老师)

教育现代化不能以牺牲教育本土化为代价,教育应承担本土知识的保存、发展和传承的重任。应以一种知识多样性和文化多样性的眼光来重新认识、理解和设计现代学校教育。"任何社会建立学校的目的都是为了保证那个'本土社会'能够延续,而不是为了保证某一抽象的'一般社会'的延续。从这个意义上说,学校教育的基本技能也就是要传递某一'本土社会'经年累月所积累起来的知识,以便使青少年一代能够熟练地掌握和应用这种知识,理解本土社会生活和生产的过程,并在此基础上形成更高、更圆满的生活和生产智慧。"[①] 因此,学校不仅要关注主流文化和科学知识的教育,也要注重本土知识的传递和延续。在提高学生面向世界、面向现代化能力的同时,也要提高他们与本土文化沟通和对话的能力。

[①] 石中英:《知识转型与教育改革》,教育科学出版社 2001 年版,第 348 页。

第八章 反思与重构：学校教育之于民俗文化的传承使命

文化传承与发展离不开教育，因为"人在创造文化之后，就必须通过教育，努力使文化不再遗失"①。教育是传承中华优秀传统文化的重要机制，优秀传统文化只有通过教育的普及才能获得广大民众的认知、内化和践行，也才能成为活着的基因不断地延续下去。学校教育是实现民俗文化活态传承的重要路径，这是一个不断改进和创造性阐释的过程。在新时代教育现代化的设计框架中如何凸显民俗文化独特的教育意蕴，成为学校教育者思考的一个重要问题。

第一节 厘定价值取向：生成文化记忆

记忆是人的文化遗传中最重要的基因密码。文化记忆是经过历史长期洗礼而传承的文化知识，它关系人的存在之根。扬·阿斯曼指出：文化记忆"是一种集体使用的，主要（但不仅仅）涉及过去的知识，一个群体的认同性和独特性的意识就依靠这种知识"②。文化记忆的价值在于为当代人的生活提供意义框架、文化解读以及身份之源。教育是塑造文化记忆的一种重要机制。学校教育传承民俗文化不是一个简单的学习文化符码的问题，而是一个文化认同和培育文化自信的过程。

---

① ［德］M. 兰德曼：《哲学人类学》，阎嘉译，贵州人民出版社1988年版，第279页。
② 转引自［德］哈拉尔德·韦尔策编《社会回忆：历史、回忆、传承》，季斌、王立君、白锡堃译，北京大学出版社2007年版，第6页"序"。

一 塑造文化身份：从意识到认同

记忆是成员经过漫长的时间建构起来的，它是建立共同体或集体身份认同以及延续与发展的基础和灵魂。"集体文化认同的建立有两种相反的模式。第一种把认同视作社会创造出来的人工产品，积极的干涉和计划可以使其形成并定型。第二种模式把文化认同视为是一代又一代人共享记忆和经验的积淀。"[①] 文化记忆的重要特征之一就是"身份固化"或"群体关系"，通过文化记忆使得社会、群体和个人借助于凝聚力形成身份认同。"'记忆的历史'就是'记忆文化'，是指一个社会借助于文化记忆术，通过保存代代相传的集体知识来确证文化的连续性，并且尽可能地把它呈现给后代的人们，以重构他们的文化身份。"[②] 文化身份蕴含共同的历史经验和共享的文化符码，它象征着集体自我的表达，为人们的实践生活和传统延续提供意义框架。共享的记忆、神话、价值与象征符号是集体认同的基本元素，因而，挖掘和激活共同的文化记忆，是塑造文化身份认同的必然途径。"'被回忆的过去'并不等同于我们称之为'历史'的、关于过去的冷冰冰的知识。被回忆的过去永远掺杂着对身份认同的设计，对当下的阐释，以及对有效性的诉求。记忆被看作是社会团体构成、文化身份同一性构建的素材。"[③] 文化记忆中的"记忆"指向身份认同的建构，是一种发生在"心灵当中"的、关注存在的意义学习。依靠文化记忆，把人的过去和现在连续起来，从而获得一种自我和集体的身份认同。学校在开展民俗文化传承实践时，要对民俗文化元素深入分析和进行价值判断，保护文化记忆的精华内容，帮助学生生成有价值的文化记忆。

民俗传统承载了人的成长记忆和地方的历史文化，延续和传承民俗文化不仅是保存地方独特的文化记忆的方式，也是中华民族记忆的基本成分。"那些在民间自然状态传衍着的文化更接近于人性之本真，凝聚

[①] ［英］安东尼·D. 史密斯：《全球化时代的民族与民族主义》，龚维斌、良警宇译，中央编译出版社2002年版，第150页。

[②] 赵静蓉：《文化记忆与身份认同》，生活·读书·新知三联书店2015年版，第12页。

[③] ［德］阿莱达·阿斯曼：《回忆空间：文化记忆的形式和变迁》，潘璐译，北京大学出版社2016年版，第85页。

着民族的生命力，蕴含着深层次的人文价值。这种原生态的文化是木之本、水之源，所以称它为'精神植被'。"① 精神植被更多地关注本地域文化生态的保护，对民俗的文化记忆也是形成人的地方感的精神纽带。文化记忆关注的是过去，通过民俗记忆和体验，人与历史、传统、过去相联结，从而建立大我群体的具有地方特色的身份认同。"即使是在文化记忆中，过去也不能被依原样全盘保留，过去在这里通常是被凝聚成了一些可供回忆附着的象征物（symbolische Figuren）"②。通过这些象征物，人不仅能形成"回忆过去"的文化意识，更能指导人"构建过去"的能动者意识，从而主动保护民俗文化，守护精神家园、修复文化记忆。民俗文化对于生活在某一地域的人来说，是历史、身份和地方的表达，学校应该通过各种纪念仪式活动、教育实践活动进行民俗文化再生产，使得学生不断地对其进行再认知、再体验，强化对民俗文化的记忆，使得民俗文化传承成为学生地域身份意识的重要支撑，进而有助于建立一种活态的民俗文化传承机制。

二 建构意义：从客观文化价值到主观精神生活转化

保护传统民俗文化不是仅仅把其当作文化遗产进行搜集整理，或放在博物馆中收藏展览就可以了，而是要关注作为传统文化承载者的人在民俗文化传承过程中的重要性。因为民俗作为一种文化现象，植根于人的内在精神性。正如斯普朗格（Spranger, E.）所说："教育也是一种文化活动，这种文化活动指向不断发展着的主体的个体生命生成，它的最终目的，是把既有的客观精神（文化）的真正富有价值的内涵分娩于主体之中。"③ 学校教育通过日常教学和实践活动来传承和发扬民俗文化，帮助年轻一代学习、理解和体认相关的文化传统和价值意涵。"人脉"的培养是民俗文化传承延续的关键所在，仅仅靠增加学生的民俗知识是不够的，更重要的是与民俗文化建立精神血缘关系。这就是

---

① 单三娅：《民族民间文化是人类的精神植被——与中国民族民间文化保护工程专家委员会副主任资华筠对话》，《光明日报》2004年3月31日。
② ［德］扬·阿斯曼：《文化记忆：早期高级文化中的文字、回忆和政治身份》，金寿福、黄晓晨译，北京大学出版社2015年版，第46页。
③ 邹进：《现代德国文化教育学》，山西教育出版社1992年版，第102页。

说，学校仅仅关注认识论层面的民俗知识传授是不够的，更要关注本体论意义上学生关于民俗的文化记忆的生成，即帮助学生对民俗文化实现从认识其客观文化价值到个人主观精神生活的转化过程。

其一，以"人的态度"对待传统民俗文化。态度意味着关系，"对待传统，我们可以采取两种截然不同的态度。一种态度是将传统视为人的传统，视为人的生命表现和人的生命存在形式。这是一种'人的态度'（human attitude）。另一种态度是将传统看作人的传统，在此，传统成为外在于人的习俗、规范和桎梏。这是一种'物化态度'（reified attitude）。"[①] "人的态度"将民俗传统视为人的生命存在方式，强调人作为文化主体的自觉性和主动性，而"物化态度"将民俗传统视为对人的约束和束缚，人是被动服从的存在。"民俗传承不是理论上概括出来的行为特征，它是来自人在实践中的具体行为。"[②] 因此，学校在进行民俗文化教育时，不能仅仅传授有关民俗文化的知识、技能和习俗规范，更要注重精神的传承和内化，将人对传统民俗文化的内在认同作为目标和重点。

其二，确立"知"与"情"相统一的整体教育目标。"教育在其实施过程中，通过有目的、有意识地传递、传播文化，使得受教育者熟悉、适应所属社会的文化，认同本族群特有的价值规范和普遍观念，不仅在行为及行为表现形式等外部属性上与周围的人们保持一致，而且在价值、情感、态度、意向等内部属性上与周围群体共享。"[③] 为了有效地生成文化记忆，必须要将民俗文化的认知知识和情感知识相整合，因为构成民俗的要素除了具体的民俗事项外，还包括抽象的要素，即对民俗应具备的情感与责任。民俗文化传承的不仅仅是技术和知识，更是一种内生的情感共鸣、行为共识和价值认同。文化记忆需要情感引导，情感因素是唤醒和塑造文化记忆的精神力量。学校在开展民俗文化传承实践的过程中，不仅仅从形式层面开展民俗事项活动，更重要的是触及学生的记忆和情感层面。为此，要坚持民俗文化教育"知"与"情"的

---

① 李军、祝东力、王鲁湘：《文化·记忆·工具——一种文化哲学的思考》，《河北大学学报》1986 年第 3 期。
② 乌丙安：《民俗学原理》，辽宁教育出版社 2001 年版，第 288—289 页。
③ 郑金洲：《教育文化学》，人民教育出版社 2000 年版，第 216 页。

统一。"知"指教授有关民俗的要素，让学生对民俗文化有充分的理解，获取一定的民俗艺能。"情"指显示民俗的情意功能，缺乏情意，民俗文化便失去了教育意义。学校教育要创造充分的条件让学生体验民俗文化的内涵，感受传统文化的精华，满足他们的记忆认同和情感需求，从而自觉地承担起传承者的角色。

三 传承文化基因：以文化记忆培育文化自信

文化的传承不能仅靠"记忆术"，更重要的是进入人的内心深处，充分理解文化记忆背后的价值系统和象征意义。一个民族如果不能保护好自身优秀传统文化的核心部分，将无法建立文化自信，容易迷失自我。"文化记忆为文化自信的生成提供最优质的文化基因。要想树立强有力的文化自信，必然要有深厚的文化积淀、优质的文化基因作为坚强后盾和滋养土壤，而文化记忆则是一个民族对于传统文化优秀内容的传承和当代延续。被经验着的、被选择性保留下来的传统文化，它为当代中国人理解、认知世界提供象征意义和文化解释，使其在民族文化记忆的熏陶下形成对中华文化的正确认知、深刻认同和高度自觉。"[①] 中华民族文化的核心不仅包括"大传统"，也涉及作为"小传统"的民俗文化。民俗文化是一个地方民众的生活精粹，也是他们生存发展的精神支撑。学校教育在文化记忆延续与传承方面发挥着重要作用。利用学校教育传承民俗文化，使年轻一代获得相关的文化记忆，从而在获得身份认同的基础上增强文化自信和担负起保存文化传统的责任。从江苏省锡山初级中学韩建芳校长对该校"让锡绣进校园"的评价中我们可以充分体会到这一点。

> 我校将无锡非遗"锡绣"应用于校本课程建设中，实现了地域文化和课程文化和谐融合，丰富了学校文化内涵，是新传统文化观下实现中国梦的教育举措之一。"让锡绣走进校园"，提升了省锡中实验学校主体人文素养和"文化自信"，也是学校传统文化建

[①] 左路平、吴学琴：《论文化记忆与文化自信》，《思想教育研究》2017年第11期。

设走向更为宽广天地的过程和台阶。①

第二节　建构一种新的教育范式：地方本位教育

所有的学校都存在于一定的社会文化环境中。"学校教育需要打通教育生活与个人周遭生活世界之间的关系，从而保持个人在教育中的生活与日常生活有着某种亲和性，使得个人在教育生活与日常生活的转换中能积极适应，并相互促进，互为补充，由此而获得个体生命世界的整体培育与个体人格积极有序的生成与发展。"② 因此，我们要关注地方作为教育发生的场景，这里的场景不仅是地理空间，更是文化空间，以及它如何在学校教育中显现出来。

一　如何理解地方

人不是生活在简单的地理环境中，而是生活在浸润文化的场所中。地方是文化和符号的领地，它不仅是指人们展开日常生活的客观舞台，又是人们产生和表达情感的主观场域。

（一）地方是身份建构的场所

作为差异的地方存在于文化表达。地方是物质的，但更是精神的，每一个地方具有不同的文化传统和生活习俗。因此，我们需要从文化的角度理解和建构地方。生活在一定地方的人，其归属感往往源自对地方文化的体验。借助于文化体验，人更好地了解地方。人文地理学家爱德华·瑞尔夫（Edward Relph, 1976）在《地方与无地方性》（*Place and Placelessness*）一书中写道："在我们的日常生活中，地方既非独立的经验，亦非可以用地点或外表的简单描述所能定义清楚的个体，而是在场景的明暗度、地景、仪典、日常生活、他人、个人经验、对家的操心挂念以及与其他地方的关系中被感觉到。"③ 地方及所包含的文化是人的

---

① 《有一门功课，叫"锡绣"》，《无锡商报》2017 年 12 月 27 日第 B4 版。
② 刘铁芳：《乡土的逃离与回归：乡村教育的人文重建》，福建教育出版社 2011 年版，第 42—43 页。
③ 王志弘：《流动、空间与社会》，田园城市文化事业有限公司 1998 年版，第 145 页。

安全感和身份认同的来源。当我们认同一个地方，它成为我们自己的一部分，我们成为它的一部分。人所生活的地方是身份建构的场所。"地方告诉我们世界是如何运作的，是我们生活融入的空间。而且，地方塑造我们：作为具有一定特点的特定地方的居住者，我们的身份和可能性是被塑造的。"[1] 我们的身份认同不可避免地与地方有关。研究教育中地方的重要性，不仅为解决全球化和现代化带来的文化同质性问题提供了新思路，而且对传承传统、延续文化和历史记忆具有非常重要的意义。

（二）地方是意义生成的场所

"空间"（space）与"地方"（place）最大的不同在于人们在一个"空间"待久而有感情之后，变成"地方"。地方可以被理解为一个个体建构的现实。人与地方互动，创造了隐藏人的记忆与意识之中的地方感。斯蒂尔（Steele，1981）则认为，"地方感是人与地方相互作用的产物，是由地方产生的并由人赋予的一种体验，从某种程度上说是人创造了地方，地方不能脱离人而独立存在。"[2] 多琳·马西（Doreen Massey，2004）主张："'地方'经常被作为差异的来源，因而被认为是自我认同产生和发展的基础之一。"[3] 可见，地方不是简单的地点或抽象的概念，而是人的生活经验和意义生成的场所。人和地方存在着情感关系，体现了人对文化底蕴的归属感。"地方感是指一个地方的特殊性质，也指人们对于这个地方的依恋与感受。前者强调这个地方的物理或形式或历史特性，使它成为具有特殊意义与象征或值得记忆的地方；后者则强调个人或整个社区借由亲身经验、记忆与想象而发展出来的对于地方的深刻依附，并赋予地方浓厚的象征意义。"[4] 地方感的概念与人发展和体验一种对特定地方的依恋感有关。这就需要从更广的角度思考学校与社区、地方环境的整体关系，认真考虑如何促进和塑造教育经

---

[1] David A. Gruenewald, "Foundations of Place: A Multidisciplinary Framework for Place-conscious Education", in *American Educational Research Journal*, Vol. 40, No. 3, January 2003.

[2] Steele F., *The Sense of Place*, Boston: CBI Publishing, 1981.

[3] Doreen Massey, "Geographies of Responsibility", in *Geografiska Annaler*, Series B: Human Geography, Vol. 86, No. 1, January 2004.

[4] 邵培仁：《地方的体温：媒介地理要素的社会建构与文化记忆》，《徐州师范大学学报》（哲学社会科学版）2010年第5期。

验，关注教育与特定地方的关系，以及这些关系在建立和维持身份认同发挥的影响作用。教育者应让地方现象成为学生学习经验的组成部分，培养学生对地方的联结感和责任感。

二 地方本位教育的概念与特征

传统的学校教育关注遥远的事件和标准化知识，一种回应地方的教育提供了一种不同的视角，它倡导与所生活的地方建立一种密切的联系。具有地方意识的教育系统让学生掌握以负责任的方式进行社区参与所需要的知识和行为模式，从而将教育、文化儒化、人的发展与生活幸福感重新建立联结。

（一）地方本位教育的概念

地方，是一种理解人们如何生活、经验和与特定地方关系的方式。现代性带来地方社区和文化的崩塌，地方的独特性被现代发展销蚀，导致人丢失了对地方的依恋感，被同质的"无地方感"意识所取代。为此，教育系统应该植根于与特定地方有关的深层知识之上，在此基础上获得对世界的广阔知识。地方本位教育旨在通过一系列策略寻求学习者与地方环境的关联，它是全球化背景下新地方主义运动的一部分。乔治·塞登（George Seddon）最早提出"地方感"（a sense of place）的概念，约翰·卡麦隆（John Cameron, 2001）清楚表达地方的教育回应。2003 年，美国教育家大卫·格林瓦尔德（David Gruenewald）提出教育中的地方意识（place-consciousness）和回应地方的教育学（place-responsive pedagogy）[1]。

地方本位教育（place-based education）是关于"我们在哪里"的学习，通过植根于地方因素的学习——独特的历史、环境、文化、经济、文学和艺术，促使学习者深化他们的经验、知识和对特定地方的意义联结。地方本位教育通常被定义为以地方为中心的教—学过程，目的是有意地将教育的所有方面融入地方生活中。索贝尔（Sobel, 2004）认为，地方本位教育是将当地社区和环境作为教学起点的过程，用以教

---

[1] David A. Gruenewald, "The Best of Both Worlds: A Critical Pedagogy of Place", in *Educational Researcher*, Vol. 32, No. 4, May 2003.

授语言艺术、数学、社会研究、科学和其他课程科目的概念。强调动手、真实世界的学习经验,这种教育方法提高学业成就,帮助学生与社区建立更紧密的联系,增强学生对自然世界的理解,创造一种更强烈的奉献精神,成为积极的、有贡献的公民。[①] 地方本位教育不应该局限于学生会学到什么,而应该关注学生与地方的互动和经验,以此方式让他们形成对地方的理解、同情和关心。哈斯和纳齐提加(Haas & Nachtigal, 1998)讨论了地方本位教育可以通过促进学生与社区、环境之间的关系,提高学生的地方感。让学生意识到在当地社区和环境什么是值得保留的,培养学生的主体意识,从而为实现这种保存做出贡献。[②] 支持地方本位教育,意味着在目前的学校教育框架和实践中为更具相关性和吸引力的学习提供空间,关注地方情境和经验。

公立学校不是一个与世隔绝的经院式机构,对社会具有重要的意义。地方本位教育有利于克服传统意义上学校教育与社区生活的疏离,它主张学校在研究、关心和创造地方上扮演更积极主动的角色,建立学校教育与地方的联结。地方本位教育由几个关键要素构成:①教师和学生将周围现象作为课程开发的基础;②学生成为知识的创造者,而不是他人所创造知识的消费者;③学生的问题和关注点在决定研究内容上起着关键作用;④教师是共同学习者,在不同场景中成为有经验的向导;⑤学校与社区之间的围墙变得更具渗透性和交叉性。萨默维尔(Somerville, 2008)提出地方教育学的方法,包括关注故事、身体和接触地带,与地方、社区的关系如何在故事中建构以及地方学习的具身性和地方性。[③]

支持地方本位教育并不是放弃学校的普遍做法,这不是一个简单地非此即彼的问题。地方本位教育是一个广义的概念,不仅指向教学方法,也是一个正在兴起的重新定义学校教育的运动,一种我们如何看待

[①] Sobel, D., *Place-based Education: Connecting Classrooms and Communities*, Great Barrington, MA: Orion Press, 2004.

[②] Haas, T. & Nachtigal, P., *Place Value: An Educator's Guide to Good Literature on Rural Lifeways, Environments, and Purposes of Education*, Charleston, WV: Appalachia Educational Laboratories, 1998.

[③] Somerville, M. "A Place Pedagogy for 'Global Contemporaneity'", in *Educational Philosophy and Theory*, Vol. 42, No. 3, July 2010.

教育的理论。肖瓦尔特（Showalter，2013）提出地方本位数学教育（Place - based mathematics education）的概念，他认为，一个地方独特的历史、地理、文化和社区，是提高学生数学学习的有效资源。[1] 高野、希金斯和麦克劳林（Takano，Higgins & McLaughlin，2009）针对阿拉斯加的地方本位行动进行了为期 5 年的跟踪研究，探究如何将社区价值融入课程。研究发现：参与这个项目的学生在自信、学术技能和社区联结上都在受益。[2] 地方本位教育意味着教学超越课堂四面围墙和课本，让学生浸润在与人和场所有关的直接经验中，旨在真实社会情境中的学习，将严谨的学术和现实世界的相关性进行配对，从而建立真正的公民身份。

（二）地方本位教育的基本特征

教育活动总是在一定地方中实施，任何教育都是基于一定地方的教育，教育具有地方性。地方本位教育作为一种新的概念框架来帮助我们理解地方、人的发展和教育的关系。

1. 地方本位教育塑造人的身份和关系

地方影响人的认同感和生活经验，我们每个人与生活的地方有关系，这些地方塑造我们是谁和如何看待我们的生活。地方深刻的教育学意义既有客观外在的结构主义角度，分析某地区别于别地的种种文化个性；也有主观内在的人文主义视角，探究不同人如何对地方产生不一样的主体想象与认同。学生与地方的联系将会带来地方性认同的差异，使得地方"真实"，地方本位教育的主要目标不仅使学生认识和了解所居住的地方，更重要的是建构学生的地方感，获得情感的认同与联结。当前学校教育实践常常是一种无地方感（placelessness）的形式，造成学生对地方环境的疏离感（a sense of detachment），这种普遍化的课程和去情境化学习很难形成学生的地方认同。为此，我们应该将培养学生的地方认同作为地方本位教育努力的一部分。通过地方本位教育，让学生

---

[1] Showalter, D. A., "Place - based Mathematics Education: A Conflated Pedagogy?", in *Journal of Research in Rural Education*, Vol. 28, No. 6, June 2013.

[2] Takano, T., Higgins, P., & McLaughlin, P., "Connecting with Place: Implications of Integrating Cultural Values into the School Curriculum in Alaska", in *Environmental Education Research*, Vol. 15, No. 3, June 2009.

意识到在当地社区和文化什么是值得保留的，同时培养学生的主体意识，并为保护和传承地方文化做出积极的努力。

2. 地方本位教育实现学校教育与外部世界的有机融合

地方在教与学经验中具有不可分割的作用，它们是意义生成的场所，是生活经验的中心。在 20 世纪初期，杜威提出将学生的学习置于当地环境的情境中，为儿童设计的课程中包括社会经济研究和乡土历史探讨等课程。他认为，"公立学校的第一任务是教儿童在他发现自己所在的这个世界里生活，理解他在这个世界上分担的责任，使他在适应社会方面有个良好的开端。"① 地方本位教育是一个发展的实践领域，旨在将学习植根于地方现象和学生的生活经验。它的优点之一是与特定地方的独特性相适应，能够帮助克服学校与儿童生活的脱节问题。格林瓦尔德（Gruenewald，2003b）认为，"地方意识教育，目的是解决学校教育话语和实践与外部世界孤立的问题。"② 当给出地方本位教育的概念时，它包括需要使用学生生活环境的所有要素，包括自然、社会和文化，作为教授语言艺术、数学、社会研究、科学和其他课程科目的起点。研究当地问题和生活的不同方面使得学生学会了解他们所生活的地方，以及如何更好地生活。地方本位教育提供了一个将学校课程与社会生活加以统整的机会。

3. 地方本位教育倡导将地方性知识纳入学校课程设计

地方性知识被定义为一种复杂的知识系统，是由生活在特定地域的特定人群在漫长的历史发展中形成并代代相传的。1983 年，美国阐释人类学家克利福德·格尔茨（Clifford Geertz）在《地方性知识：阐释人类学论文集》一书中正式提出这个概念。他将"地方性知识看作是一套以地方性特征为中心的知识体系或意义系统，这种知识体系不是局限于某一特定区域内的知识，而是人们在长期生活和发展中形成，并共同认可的，与地方环境相适应的知识体系，包括传统民俗、历史文化、

---

① ［美］约翰·杜威：《学校与社会·明日之学校》，赵祥麟、任钟印译，人民教育出版社 2005 年版，第 299 页。

② David A. Gruenewald, "The Best of Both Worlds: A Critical Pedagogy of Place", in *Eudcational Researcher*, Vol. 32, No. 4, May 2003.

生产生活、价值观念等方面的知识。"① 地方性知识是内容丰富和情境性的,常常属于特定的地理区域。地方性知识作为承载当地传统文化的知识形态应该被传承和发扬,它在个体发展中具有正规教育体系无法替代的作用。学校的挑战是利用这种丰富的传统和本土的教育形式服务于当代学习者的教育。我们所需要的教育将学习者的经验、文化和家乡社区知识放在教育的中心。第斯多惠指出:"在教育时,必须注意人在其诞生和将来生活所在的地点和时间的条件,一句话,应注意就其广泛和包罗万象的意义来说的全部现代文化。"② 地方本位教育一个显著的好处是看到学生从家庭和社区所带来的知识的价值,包括所生活地方的一些自然、经济、政治、社会文化要素。将学校教育的触角伸向深度理解地方,将本土文化资源知识整合在课程设计中,从而有利于培养有地方意识的公民。可见,地方本位教育从本质上与研究当地知识有关,让地方文化知识系在儿童教育中具有立足之地,有利于培养儿童对本土文化的认同、接纳和归属感。

4. 地方本位教育将场所视为学习资源

地方本位教育的主要价值在于强化学生与所生活地方之间的联结,将学习经验的所有要素放在学校所处的地方环境中,通过让学生在真实世界中进行深入的体验学习来加强学校生活与校外经验之间的联系。地方本位教育将场所作为重要的资源和学习活动的催化剂,倡导在真实的社会情境中学习。"所谓个人生活在世界之中,就是指生活在一系列的情境之中。当我们说人们生活在这些情境之中时,'在……之中'这个词的含义……是指个人和各种事物以及个人和其他人们之间进行着的交互作用。情境和交互作用这两个概念是互不可分的。一种经验往往是个人和当时形成他的环境之间发生作用的产物。"③ 地方本位教育关注学习者和特定场所的创造性互动,让学生浸润在与人和场所有关的一系列真实情境中,从而以更广泛更整体的方式关注学生、课程和情境互动带

---

① 李长吉、张晓烨:《教育学视域下的地方性知识研究述评》,《当代教育与文化》2014年第6期。
② 张焕庭主编:《西方资产阶级教育论著选》,人民教育出版社1979年版,第355页。
③ [美]约翰·杜威:《我们怎样思维·经验与教育》,姜文闵译,人民教育出版社2005年版,第261—262页。

来的态度、知识和技能的变化。

三 地方本位教育与民俗文化传承

地方本位教育根植于当地独特的历史、环境、文化、经济、文学和艺术。民俗作为一种生活方式的文化，具有强烈的在地性（locality）特征。因而，保护和传承民俗文化自然是地方本位教育的重要组成部分。

（一）地方本位教育与民俗文化传承的内在关联

地方所涉及的不仅是"自然空间"，而是具有"人文空间"的内涵。地方本位教育是一个复杂的问题，除了自然科学外，还包括社会、文化、历史、艺术等方面。"教育特别是学校教育在一定意义上是既定传统的产物，又是维护传统的手段，它习惯于将已有的价值规范、思想观念重复地传递给下一代。"[①] 每一个地区都有自己独特的文化传统，体现出这一地区长期以来所形成的共同心理、生产方式和生活习俗等方面的特点。民俗文化属于文化体系的最基层，它是普通百姓所创造的文化，与所处的地理和人文环境密切相关。这些民俗传统既是传统文化的载体，又是地域文化的象征，具有独特的精神价值。地方本位教育引导学生走出校园，将校内教学与校外教育相结合、知识学习与生活实践相结合，通过体验了解民俗文化、提升价值认同。

第一，联结校外资源培养文化认同感。布鲁纳认为，"心灵生活乃是和他人一起过的生活，是以能沟通的方式而塑形，并且是仰赖着文化的符码、传统等而得以展开的。但这些事情的发生会延伸到学校之外。"[②] 优秀民俗文化是滋养一代代人的心灵文化源头，学校教育必须自觉承担起民俗文化传承的责任。教育者应有意识地让学生了解家乡的风土人情、习俗惯例和精神生活，包括民间文学、故事和传说，地方艺术、工艺制作和代表性景观等，重视学生对民俗文化亲身经历的感性认识，从而帮助他们更好地理解和适应当地生活。地方本位教育倡导学校

---

① 郑金洲：《教育文化学》，人民教育出版社 2000 年版，第 366 页。
② ［美］杰罗姆·布鲁纳：《布鲁纳的教育文化观》，宋文里、黄小鹏译，首都师范大学出版社 2011 年版，第 91—92 页。

教育与校外教育相结合，将学生带至不同的生活场景，给予学生接触社会与自然的机会，了解地方民俗文化，从而增强学生的地方认同感。在校外实践中，学生日益认识到文化的力量，自然而然带来了主体性、意义和认同的问题，所有这些都是学习的核心。认同必须通过外显的参与行动以及内隐的实际体验感受后，才能将目标与价值内化到个人心中。

第二，以体验的方式亲近民俗文化。早在20世纪70年代，联合国教科文组织就在其报告中强调教育、教学要回归儿童的生活世界，要将学生赖以成长的环境与教学实践相结合，避免儿童与自身生活的剥离。地方本位教育将学习者的经验放在首位，让学习者发展和体验一种对特定地点的依恋感。只有当文化的获得与活跃的、各种丰富的实体以及生活一系列体验相统一的时候，才会变得有意义，否则只是一堆僵死的知识。地方本位教育是一种体验式教育，根本目的是带领学生接触社会和自然，了解所生活的地方环境和文化，从而将教育教学与个体的生活世界衔接，增强与民俗文化的亲近感，从而更好地体验、感知民俗。地方本位教育让学生深入了解当地的情况，使学生以生活化的素材认识民俗文化，爱护自己的母文化。此外，还能够促进个体心理、意识与生活世界的互动，帮助个体在体验中形成文化记忆，加固民俗文化在个体生命中的存在和延续。

（二）地方本位教育传承民俗文化的实施路径

地方对教育者而言是一个强有力的概念。地方本位教育的内涵不是狭隘的，文化是其固有的要素之一。民俗文化的教育传承更多的是基于生活、生命的体验过程，地方本位教育为学校传承民俗文化提供了新思路。

1. 户外教育：从生存空间的感知体验民俗文化

地方本位教育通过一系列策略寻求学习者与地方环境的关联，从而提高学习者的地方意识。"以具有社会用途的事物为媒介的教育，无论对智力以及道德发展都是必要的。儿童越是密切或直接地从社会环境中学习，他所获得的知识就越是真实和有效。"[①] 户外教育是地方本位教

---

① ［美］约翰·杜威:《学校与社会·明日之学校》，赵祥麟、任钟印译，人民教育出版社2005年版，第246页。

育的一种教学方法，它通过在户外场所中开展教育活动为学习者提供情境学习的可能性。户外场所不仅仅是场地或空白之地，而是富有社会—文化的意义，可以帮助个体从生存空间的感知来体验地方的文化和结构。那些经过缜密的规划且有明确目标的户外感官经验，最能影响其态度和行为，并在学生心中留下深刻的记忆。场所在教育和文化中扮演重要的角色，教师可以将某些民俗现象视为一种教学资源，通过设计相关的教学活动，组织学生到有关的场所进行实地教学。也可以开展相关的文化研究，教师和学生直接调查与他们生活有关的民俗文化或历史习俗。文化研究的重点是地方展现，培养学生从直接经验中获得材料和对所获材料的分析和综合能力。

我们的文化经验存在于日常生活的社会—文化环境中，存在于多种关系的互动中。"存在两种学习的自然划分，一种是学校里的书本学习，另一种是更为直接和有生气的校外生活的学习。"[①] 通过植根于熟悉的社会—文化环境，让参与者体验所生活和学习的地方，户外学习可以成为学生生活的有意义部分。文化景观是地方性生产的核心要素。经典的文化景观既是整合地方民俗与区域环境的理想样本，也是建构地方性的有效工具。学校应充分利用当地的文化景观开展民俗文化户外学习活动，包括古镇、古街、民俗文化保护区、传统村落等。乡村是历史记忆和情感归属的场所，可以提供不同于学校正式学习环境的经验。民俗文化教育与一般教育不同，它强调贴近性与情境关联性。所谓贴近强调触及自我的真实体验，情境关联则是在具体情境下的感知、学习。通过实地参观考察地方民俗生活和文化景观特色，将民俗事项纳入"生态—生活"的整体情境中，帮助学生更好地理解地域民俗文化的内涵。现实世界的自然空间转化为学生关联情感、经验与认同的文化地方，培养了学生的地方感。这种体验学习不是将学习者转向概括和抽象，而是一种向心运动，让学习者深化他们的经验、知识和对特定地方意义的联结。

2. 文化回应教育：民俗文化成为学校课程的组成部分

地方本位教育强调学生认识、了解和运用地方性知识，并将其作为

---

① ［美］约翰·杜威：《学校与社会·明日之学校》，赵祥麟、任钟印译，人民教育出版社 2005 年版，第 334 页。

了解更广世界的基础。教育者应该更好地维持而不是削减文化多样性，学校教育应坚持文化回应教育的原则。"文化回应教育（culturally responsive education）目标是培养文化渊博的学生，他们充分扎根于所生活社区的文化遗产和传统，能够了解和展现地方情境和知识如何与其他的知识系统和文化信仰建立联系的。"[1] 因此，学校应意识到地方文化对学生发展的价值，课程设计注重与特定地理/文化社区的联系。正如刘铁芳教授所言："乡村地域文化中长期积淀而形成的地域、民俗文化传统以及乡村生活现实中原本就存在着许多合理的文化因素，有着对于乡村生活以及乡村生活秩序建构弥足珍贵的价值成分，换言之，乡村地域文化中原本就潜藏着丰富的教育资源。"[2] 因此，各地学校在教育实践中要将文化项目视为学校课程的一部分，扎扎实实挖掘本土的传统民俗资源。同时，将民俗文化遗产和当代学校课程相融合，设计符合学生发展需求的特色课程，巩固学生与所生活地方之间的联系。

课程是民俗文化校园落地的载体。文化回应教育要求教师将地方文化资源融入课程教学，要成为课程的创造者，与社区、家长互动共同参与课程的设计和实施，促进文化传承和学生发展。民俗文化不仅是地域文化的呈现，也是一种课程资源。学校要弥补国家课程体系中本土文化不足的问题，利用当地优秀的民俗文化开发课程，丰富学校的课程设置，培养学生的地方归属感。从学生熟悉的社会生活和本土文化资源提炼主题，让学生了解家乡的风景名胜、文物古迹、习俗传统和文学艺术等，从而培养学生对家乡特色文化的自豪感和传承优秀文化的使命感。例如，基于民俗文化开发综合实践活动主题，开展关于非物质文化遗产专题的研究性学习以及开发相关的校本课程或体验为主的活动课程等。将民俗文化的"知识学习""实践活动""生活体验"三个维度有机结合起来，既引导学生掌握民俗的相关知识，又开展实践活动亲近民俗，还让其在生活中接受民俗文化的熏陶和教育，从而使民俗文化得以有效传承。

---

[1] David A. Gruenewald, Gregory A. Smith (eds), *Place-based Education in the Global Age: Local Diversity*, London: Taylor & Francis Group, 2007.

[2] 刘铁芳：《乡村教育的问题与出路》，《读书》2001年第12期。

3. 地方回应性教学：将学生视为文化主体

地方回应性教学要求教育者具有一定程度灵活性、创造性，承认生态、社会领域的差异，将本土知识融入教学，能够回应地方社会和文化。"这种系统植根于4R's：尊重地方知识和教与学的传统方法；整合相关的内容；互惠的教与学关系；教学知识对自己的子孙后代负责。"[1] 地方回应性教学将学生看作是差异性的文化主体，要求教师变革教学方式，不是按照知识教学既有的传递方式进行，而是强调建构主义知识观和文化生成的特殊性，利用学生已有的文化背景和生活经验的理解而建构起有效的教学方式。教师要考虑何时和如何明确地将地方元素用于教学中，把地方作为工作单元或学习活动的中心或起点。同时，将一些学习活动与学校所在的地方社区建立联系，践行地方回应的教学宣言。

地方回应的教学宣言（A Manifesto for Place-Responsive Teaching）[2]

在我的教学中……

1. 我努力掌握地方的深层知识以指导我作为教育者应该做的事情。

2. 我努力帮助学习者对地方做出回应：

a. 在教育远足之前、期间和之后，我努力帮助学习者获得对地方的理解和欣赏，以及它们的独特性。

b. 在适当的时候，我把学习者带回相同或类似的地方，以使他们对所处的地方有更深层的回应。

c. 我试图让学习者对地方作出具象、认知、情绪、审美和伦理的回应。

d. 我积极地邀请学习者回应所选择的偶发事件、情境事件和地方遇到的意外事件。

---

[1] Brooke Madden, "Pedagogical Pathways for Indigenous Education with/in Teacher Education", in *Teaching and Teacher Education*, Vol. 51, No. 5, October 2015.

[2] Mannion, G. & Lynch, J., "The Primacy of Place in Education in Outdoor Settings", In Barbara Humberstone, Heather Prince, Karla A. Henderson (Eds), *International Handbook of Outdoor Studies*, Abingdon, Oxon: Routledge, 2016, pp. 85-94.

3. 我努力在教学中使用地方的独特性……

a. 不管是室内还是室外，我都以在其他地方不可复制的方式促进学习。

b. 在户外教学时，我使用学习的方式在不同的户外位置不容易复制。

c. 我邀请学习者自己做出努力来对地方做出可行的和更持续的回应，以促进自我生活和他人生活的环境以社会正义与公平的方式做出回应。

对民俗文化而言，地方回应性教学通过知识学习与实践体验相结合，培养学生对本地传统民俗的批判性认识。英国教育学者 R.C. 巴罗曾说："我们在对我们的年轻人进行社会化时不让他们变得毫无批判能力是十分重要的。虽然我们传递文化传统，并且开始使他们初步了解社会的一切方式和信念，但我们要培养他们以一种批判的、理性的和自主的方式进行独立思考的能力。给人以信念与教育人之间有所不同。给人以信念包括向人注输为免遭批判而设计的种种论点；而教育的含义则是，以人的心智既倾向于又能够对文化传承过程中所提供的一切信念和假设做出理性反思这样一种方式，去培养人的心智。"[①] 教师根据民俗文化特点和学生心智发展规律，让学生体验、感受民俗文化，而不是死记硬背所谓民俗知识点。以传统工艺为例，可以采用"学—研—训"一体化教学模式。"学"指教授传统工艺相关知识，通过赏析、讲解让学生了解和熟悉传统工艺；"研"指研究传统工艺所蕴含的深层次文化价值，培养保护民俗文化的责任感；"训"指通过实践训练，传承技艺，并尝试对传统元素进行创新和改造。在学生学习的过程中重在进行一种文化构建，把学生引向对所生活的地方和文化的认同，同时站在时代的视野反思民俗文化，强化学生文化主体的批判性传承意识。

---

① [英] 罗宾·圣克莱尔·巴罗：《文化繁衍与教育》，黄向阳译，《华东师范大学学报》（教育科学版）1996年第1期。

第三节 重视民俗文化的教育转化

让民俗文化真正植根于学校生活，而不是仅仅停留在口号呼吁和理论论证，就要挖掘民俗文化的教育意义并对其进行教育加工和升华。重视民俗文化的教育转化，这是学校传承民俗文化的关键所在。

一 继承与创新：传统民俗文化的现代重构

传统并非对过去的静态复制，而是一种动态的时代传承。英国学者吉登斯指出："传统不完全是静态的，因为它必然要被从上一时代继承文化遗产的每一新生代加以再创造。"① 在现代生活语境下，传承民俗文化一方面要延续优秀的传统，另一方面需要根据新时代的需要不断地对其进行调适以切合人们今日的生活。"只是为了纯粹的知识而研究过去被看作是不合理的；人们只有决心使过去重新复活并且延续下去的时候，才应该把它从遗忘的深渊中捞取上来。"② 我们应该以批判的态度对待民俗文化传承，创造性地将时代元素与传统精华有机地整合起来，对其进行现代性转化。"在'一切坚固的东西都烟消云散了'的现代社会里，民俗实际上已与其过去的面貌不同。即便是延续到了现代社会的传统民俗也被时代赋予了新的内涵。"③ 将传统民俗根据时代的需求进行重构，使得民俗具有"现在性"的意义，从而获得新的活力。才津裕美子指出："近年，民俗学的研究对象不仅成为文化遗产，还经常以'地方文化''传统文化'等名义在地方重振、观光、学校教育中被加以利用。"这种动向可以被表述为："'民俗'的文化资源化"④。民俗

---

① ［英］安东尼·吉斯登：《失控的世界》，周红云译，江西人民出版社2001年版，第192页。
② ［德］阿莱达·阿斯曼：《回忆空间：文化记忆的形式和变迁》，潘璐译，北京大学出版社2016年版，第366页。
③ 李向振：《"通过民俗"：从生活文化到行动意义的摆渡——兼论当代民俗学研究的日常生活转向》，《云南师范大学学报》（哲学社会科学版）2018年第1期。
④ ［日］才津裕美子：《民俗"文化遗产化"的理念及其实践——2003年至2005年日本民俗学界关于非物质文化遗产研究的综述》，西村真志叶译，《河南社会科学》2008年第2期。

文化融入学校教育是"民俗"的文化资源化的一种途径，但如果民俗文化在学校教育中得到有效的利用和传承，也需要对传统民俗文化的内容和形式进行现代重构。

学校在将民俗文化引入校园时，如何将传统元素与现代文化相融合衍生出新的意义，是首先要面对的问题。"'传统'便是日常生活实践的主体，是流动的进程，不是静态的结果，所以它的存在本身表明了它具有不断适应和吸收新文化元素的能力和进程。"① 只有将传统民俗文化进行创造性转化、创新性发展，使其成为富有时代气息的教育资源，才能更好地传承和延续下去。只有这种创新，才不致使传承成为对文化传统的简单重复，才能重现民俗的活力，才能再现民俗的魅力。在发展锡剧教育特色时，无锡夹竹里小学根据无锡地域特色创作新曲段《阳山蜜桃顶呱呱》《跟着名角学锡剧》《诗·袖》《唐诗》《礼仪歌》等，将锡剧唱出了新味道。无锡惠山泥人的历史由来已久，圆滚滚、胖乎乎的"阿喜""阿福"形象早已深入人心。惠山泥人非遗传承人赵建高大师在给学校开设选修课时有意识地增添许多时尚元素，根据教育教学实际对这门古老的技艺进行适当的改变和创新，以更丰富的形式让学生了解家乡，热爱传统文化。"变"是"传承"的应有之义，需要以新的形式让传统民俗重新生长在我们的生活中。随着社会生态的变迁，船拳已不具有适应生存的功能，而苏州很多学校开设江南船拳课则是从强身健体的角度来考虑，自然可以将船拳与学校体育课和大课间活动有机整合起来。

二 意义取向：从知识育人到文化育人

文化学习不仅仅是一个认知的任务，更重要的是遵循意义取向的框架。学校开展民俗文化教育时，应突破平面化的知识传递。"不是单一地对知识进行逻辑的阐述，而是同时关注知识背后的文化背景和文化根源与价值理性，这是教育回归于'人'的变革。"② 教育者应将文化而

---

① 张举文：《非物质文化遗产与中国文化的自愈机制》，《民俗研究》2018 年第 1 期。
② 章兢、何祖健：《从"知识育人"到"文化育人"——整体论视野中的大学素质教育》，《高等教育研究》2008 年第 11 期。

不是知识看作民俗文化教育的参照系,从知识、技能、精神意义和文化价值等方面进行整体考量。"民俗文化不只是生于斯、长于斯的人们世世代代演变和流传下来的生活方式和生活习惯的积淀,即只是在简单地更迭生活或传递着历史信息,更重要的是它寄予了这个民族共同的价值取向、认知方式和生活理念等等。"① 因此,学校教育在开展民俗文化教育活动时,更看重的是背后的价值取向、认知方式和生活理念,让学生透过外在的文化事象感受到内在的精神价值。民俗文化本身不会促进人的发展,只有通过人的内化才能塑造人和完善人,因此,教师应将内化作为不可缺少的教育环节。通过对民俗文化的讲授和传递,让学生从精神上对民俗文化产生联系和情感共鸣,在不断探索民俗、融入地方的过程中自觉践行文化传承的使命。例如,苏州昆山千灯中心小学和炎武小学将课程开发的焦点聚焦于昆曲文化,通过设置丰富多彩的课程内容,让学生在参与、感受中提升艺术素质,在对昆曲文化内涵的解读中培养文化自觉。

民俗文化的核心在于其意义和价值,它是族群内部或区域民众进行文化认同和情感依托的文化载体。文化认同的形成,是一种不断地学习、意义追求的形成过程。意义始终是一个构建的东西,不能是简单的复制。要实现从知识育人向文化育人转变,学校"需要还原民俗内容的社会历史性,赋予民俗知识、技艺等以意义,丰富其来龙去脉,人、事、物的关联或者其它特殊社会历史印记,丰富师生的民俗体验与感受,增加学生对民俗的理解与民俗认同"②。民俗文化在学校教育活动的建构过程中,不是简单的知识照搬,而是基于特定文化价值的选择、组织和创造的结果,经由意义的阐释与形式的创新而发挥作用。例如,常州勤业小学以民俗文化为抓手,定期开展各类主题活动,引导学生体验非遗民俗,感受传统文化,了解家乡之美,以文化人,以文育人,培养学生家国情怀。

---

① 李小玲:《民俗文化视域下的爱国主义教育》,《求实》2012 年第 12 期。
② 郭方涛、孙宽宁:《从生活域到教育场:民俗的学校教育传承》,《当代教育科学》2018 年第 2 期。

三 民俗文化动姿化：生活经验转化成教育性经验

民俗传统存在于草根百姓的日常生活，当民俗文化进入学校教育时不能直接照搬原有的生活样式，而是要进行必要的教育选择与加工。这就需要教师对本土日常的民俗文化进行细致观察，挖掘和整理背后的教育价值，实现民俗文化的"动姿化"。"动姿化"源于德国哲学家马克斯·舍勒（Max Scheler）对人存在过程，尤其是生成过程的描述。我国学者郭晓明借用此概念表述课程知识与学习者意义关系的建构，认为"'动姿化'的知识不仅仅需要艺术品般的'召唤力'，它还应具有一种主动走向学习者、向学习者靠近的姿态和倾向"。[1] 民俗文化动姿化则是指把日常生活的民俗文化转化成对学生发展有益的教育资源，让民俗文化主动走向学习者、向学习者靠近的姿态和倾向，也就是将民俗文化从生活经验转化成教育性经验的问题。并不是所有的经验都是教育性的，杜威非常重视经验的教育价值。生活经验层面的民俗文化需要教师的深度思考和理解后才能将民俗文化转化成教育性经验，只有当教师潜心钻研教育教学时，才能将民俗文化进行创造性转化使之成为有效的教育教学资源。

将民俗文化从生活经验向教育性经验转化的路径之一是积极发掘民俗文化元素与学校教学的结合点，探索民俗文化资源与课程构建的衔接方式。吴刚平教授认为，要开发课程资源至少要经过三个筛子的过滤筛选。第一个筛子是教育哲学，即课程资源要有利于实现教育的理想和办学的宗旨，反映社会的发展需要和进步方向。第二个筛子是学习理论，即课程资源要与学生学习的内部条件相一致，符合学生身心发展的特点，满足学生的兴趣爱好和发展需求。第三个筛子是教学理论，即课程资源要与教师教育教学修养的现实水平相适应，以促进教学活动的顺利进行。[2] 教师在将民俗文化从生活文化向课程资源转化时也要使用这三个筛子进行教育选择，努力将传承本土优秀民俗文化与促进学生发展紧

---

[1] 郭晓明：《课程知识与个体精神自由：课程知识问题的哲学审思》，教育科学出版社2005年版，第138页。

[2] 吴刚平：《课程资源的理论构想》，《教育研究》2001年第9期。

密结合起来。

"选择学习经验的问题,既是一个决定哪些学习经验有可能达到教育目标的问题,也是一个如何构建会在学生内部产生所期望的学习经验的情境的问题。"① 教育是一种主动的过程,需要学生自身积极的投入。为了有效地将民俗文化转化成课程资源,需要教育者对学生和民俗文化进行深入研究。"教育者的首要责任是不仅要通晓环境条件所形成的实际经验的一般原则,而且也要认识到在实际上哪些环境有利于引导生长的经验。最为重要的是,他们应当知道怎样利用现有的自然和社会的环境,并从中获取一切有利于建立有价值的经验的东西。"② 教师在将民俗文化转化为课程资源时,不仅要思考哪些经验会产生学习,还要考虑如何利用现有的环境为获得学习经验提供支持,不仅包括学校内部,也要考虑校外因素。

第四节 提高教师的文化素养与能力

教师不仅仅需要承担知识传递的责任,也承担着文化传承的责任。学校传承民俗文化走向实践必须由教师的教学活动来完成。教师作为民俗文化的主要传递者和引导者,是在自身对民俗文化理解和转化的基础上完成的,这是一种创造性的活动。可见,提高教师的文化素养与能力是学校有效传承民俗文化的重要保证。

一 将地方性知识作为教师知识结构的重要构成

教师的文化认知影响对文化价值的认识和判断,只有当教师正确认识个体周边的文化资源,明白它的来历、形成过程、所具有的特色和发展方向时,才能有意识地将本土文化融入教育教学。将民俗文化融入教育教学的前提是教师熟练地掌握并运用地方性知识。吴刚平将教师的地方性知识定义为:学校所在社区的自然生态和文化生态方面的资源,包

---

① [美] 泰勒:《课程与教学的基本原理》,罗康、张阅译,中国轻工业出版社 2008 年版,第 23 页。

② [美] 约翰·杜威:《我们怎样思维·经验与教育》,姜文闵译,人民教育出版社 2005 年版,第 259 页。

括乡土地理、民风民俗、传统文化、生产和生活经验等。① 李长吉提出地方性知识是教师知识结构的一个元素。他在综合考虑当今农村教师的职责、工作内容与要求、工作的环境条件等方面的基础上，认为农村教师地方性知识应包括六方面：生产生活、历史文化、传统民俗、民间艺术、地方景观、思想观念等。② 地方性知识是教师知识结构的重要构成，但当前无论是职前师范教育还是职后教师培训，都缺乏与地方性知识相关的课程。我们应意识到，地方性知识应成为教师教育内容的一部分，要着力提高未来或在职教师对地方性知识的发现和利用的能力。

（一）发展准教师的文化知能

一方面，扩大师范教育的知识基础，尤其是地方师范大学或学院应将地方性知识纳入职前教师教育课程体系，将优秀地域文化融入教师教育课程中来。"从教师培养或培训的目标来看，师范教育除了要使未来的或在职的教师成为一般意义上的'学科专家'（精通自己所教授的专业）与'教育专家'（了解和掌握一定的教育理论、方法、技术）外，还应该成为一个'本土知识的专家'。他们应该能够比其他人更敏锐地感觉到本土知识的存在，并且懂得如何去研究和分析学校所处社区的本土知识。"③ 另一方面，职前教师教育课程打破传统的只重视学科知识、教育知识和实践技能等知识的结构，增设教育人类学、文化人类学或多元文化教育的专题课程，让师范生学会理解文化、阐释文化的方法，为自主习得地方性知识打下基础。此外，也可以与博物馆合作，让职前教师更多地了解地方文化，并意识到正式和非正式学习空间的差异。

（二）关注教师专业发展的文化维度

教师专业发展除了有认知维度，还涉及文化维度。地方性知识的认知和运用是教师专业发展文化维度的重要来源。当前教师职后培训的内容多是学科知识和教育知识，与地方联系较少，教师对地方性知识价值的认识、开发能力尚待提高。地域文化是教师人文素养的重要内涵，地方习俗和乡土文化应是教师专业发展的内容，因而，需要在教师职后继

---

① 吴刚平：《校本课程开发活动的类型分析》，《教育发展研究》1999年第11期。
② 李长吉：《论农村教师的地方性知识》，《教育研究》2012年第6期。
③ 石中英：《知识转型与教育改革》，教育科学出版社2001年版，第366页。

续教育增加关于地方性知识的培训。学校应鼓励教师主动研究本土自然和人文，把地方性知识与教育教学相结合。学校可以以校本课程开发为契机，引导教师加深对本土文化的认识，同时鼓励教师在实施国家课程时将地方文化资源作为补充素材。教师专业发展应基于生活、工作环境的文化脉络，成为"文化敏感型"教师，了解所处的文化环境，增强自身的文化意识和文化阐释能力。

二　激活教师的文化自觉意识

在传统文化越来越受关注的今天，教师最适合承担起守护传统文化的角色。教师需要带有文化自觉之心，清楚地认识到自己所承担的教育事业在文化传承中的意义和价值。

（一）唤醒教师的地方情感

教师首先应具有广阔的文化视野，不仅承担起对主流文化的传承责任，也要担当起弘扬地方优秀文化的责任。教师应克服二元对立的文化思维模式，正确认识本土文化的价值和优势。教师要对"地方"这一特殊场域逐渐产生认同感、归属感、责任感和使命感，对当地的生活、习俗和文化有一定的身份认同和情感的联系。地方情感是一种强大的精神力量，怀揣这种情感的教师在教育活动和资源开发中充满对本土文化的热爱和责任意识。只有具有深厚的地方情感，教师才会自觉亲近本土文化，进而利用丰富的本土文化资源，创造性地开展教育教学活动。地方情感不是通过命令和要求而获得的，只能是在教师主动探索的过程中产生。

（二）培养教师的文化主体意识

教师要充分认识到教育在文化传承中的作用，认识到民俗文化的教育功能，有意识地利用民俗文化开展教育教学。"阐释人类学的要义在于如何发挥认识者的主观能动性以深入解读认识对象的复杂内涵。"[①] 民俗文化不会自动转化为教育资源，需要教师进行理解和阐释。教师需要明确自己在民俗文化传承中的角色定位，主动对民俗文化进行挖掘和

[①] 王邵励：《"地方性知识"何以可能：对格尔茨阐释人类学之认识论的分析》，《思想战线》2008年第1期。

研究，汲取活的教育资源，不断地提升自己的文化主体意识。教师在开发民俗文化资源时，不是机械性复制，而是批判性重构，不是将自己作为文化的工具，而是作为文化的主体。教师要识别民俗文化中有价值的经验，以文化主体的身份理解和加工民俗文化的符号，进而融入教育教学过程中。

三　发展教师的教学文化回应能力

为了有效地将民俗文化融入课程教学，教师不仅要主动克服对民俗文化传承意识和责任感不高的问题，也要提高自身的教学文化回应能力。教师的文化素养和对民俗文化的了解程度直接影响教育效果，这就要求教师不断加强地方性知识的学习和积累，以"文化持有者"的视角挖掘、审视和整合地方性知识。"那些对于文化文本的传承负有使命的书写人成为语文学家、评论者、教师和传道者，他们的任务不只是复制文本，而且要通过释放那些标准和形式的动力，把这些文本翻译为不断变化的生活现实。"[1] 教师是知识分子，有能力感知地方性知识，并利用自己的课程意识和能力，整理、改造和转化地方性知识使之成为适合学生的教育性经验。"教师应该能够比其他人更敏锐地感觉到本土知识的存在，更重视保存、保护和发展本土知识的价值，并且懂得如何去研究和分析学校所处社区的本土知识。"[2]

教师自身的文化经验和能力是民俗文化教育有效开展的基本保证。这就需要教师不仅要自觉地了解、体验和掌握地方性知识，还要成为课程的创造者和探究自身实践活动的主体，能够回应民俗文化教学的实际需求。昆山千灯中心小学的"小昆班"非常有名，该校教师根据小学生的特点研究昆曲教学。考虑到昆曲表演抒情性强、动作细腻、歌舞结合等特征，教师针对不同年龄段学生特点，制定出以"手、眼、身、法、步"为主的演出课程体系。针对昆曲唱腔难学而唱词又是方言的问题，面对外地学生多、学起来难度大的问题时，教师利用拼音歌唱、

---

[1] [德]扬·阿斯曼：《文化记忆》，甄飞译，载[德]阿斯特莉特·埃尔、冯亚琳主编《文化记忆理论读本》，北京大学出版社2012年版，第14页。
[2] 石中英：《本土知识与教育改革》，《教育研究》2001年第8期。

收集昆谣朗读、提炼昆曲表演动作编制简单易学的昆操等方式提高昆曲教学的效果。

发展教师的文化回应教学能力关键在于促进其对本土文化与精神的理解、认同，提升将本土文化融入教育教学的意识和能力。美国华盛顿大学 Geneva Gay 认为："文化回应教学的主张是教师应该理解学生成长的母文化、学生文化行为所暗示的文化意蕴以及学生之间的文化差异，将学生的母文化作为学习的桥梁，而不是学习的障碍，学校教育应适度反应学生的母文化，使学生的学习经验更具脉络意义。"① 文化回应性教学承认个体的文化经验对建构学习的影响，教学的过程需要将文化视为调动学习者学习意向的积极因素。在文化回应教学中，教学过程主要关注的不再是简单的知识传授，而是将学生作为一个文化身份的人的存在。教师要立足地方文化与学科学习的内在联系并进行富有成效的教学设计，从而提高自身教学的文化回应能力。

四 确保专业师资的供应

师资是影响学校有效传承民俗文化不可或缺的重要因素。有些民俗文化，如童谣、民间故事、传统游戏、生活习俗等，可以通过本校教师挖掘、研究和整理开发成校本课程或综合实践活动课程进行实施。这一类民俗文化不需要专业技能，只需要教师开展相应的专题研究、丰富自身的民俗知识积累以及掌握民俗文化课程实施的办法就可以有序开展。而有些民俗文化则需要具有一定专长的教师才可胜任，主要是非物质文化遗产类的民俗文化，如锡剧、昆曲、山歌、船拳、紫砂工艺等。这就需要具有过硬的专业素养或技能的教师来胜任。面对此类专业教师缺乏的问题，通过提炼苏南地区学校的成功案例，可以从两方面努力。

（一）加强相关学科师资培训

特定的民俗文化通常与学校某一学科有机结合的方式开展，如锡剧、昆曲、评弹、山歌放在音乐课讲授，江南船拳是体育课的必修内容，桃花坞木刻版画、无锡纸马、紫砂工艺或惠山泥人常常与美术课结

---

① 王明娣：《文化回应教学理论：背景、思想与实践——华盛顿多元文化教育教育中心 Geneva Gay 教授访谈》，《当代教育与文化》2017 年第 1 期。

合。为了保证这些民俗文化的普及，相关部门、地方教育局或学校自身以相关学科教师培训的方式保证学校课程的实施。苏州体育局和苏州教育局已经举办两届省级非遗苏州江南船拳师资培训班，有21所学校和传承基地的学员参训。采用苏州江南船拳初级教材，学习船拳的理论知识和基本套路，为江南船拳进校园提供师资保障。

江阴市为配合"锡剧进课堂"的教学，不仅编发《江阴市中小学锡剧进课堂实验教材》以及"实验教材"的升级版"传承版经典唱段"的教材，还先后组织过江阴市中小学音乐教师锡剧基本唱腔培训班、锡剧唱词培训班、锡剧唱词创业骨干培训班、校园小锡剧创作培训班、锡剧进课堂培训班等，为锡剧进课堂做好师资准备。除了行政力量组织的培训外，学校自身也重视对教师的培训。常熟白茆中学为推动白茆山歌特色教育，从教师抓起，明确教师首先要懂山歌、会山歌，当能编会唱的山歌手。然后要在日常教学中把山歌引进课堂，唱山歌、教山歌，当好白茆山歌的传播者、传承人。为了将昆曲艺术扎根校园，苏州市第一中学外聘昆曲专家，将一中、一中分校、草桥学校所有的音乐教师集中培训一年，每位音乐老师都能唱几段昆曲唱腔，演一段折子戏，教会学生唱一两段经典昆曲唱腔。

（二）聘请专业人员到校任教

有些专业技艺需要专业人员任教，这需要学校与专业组织、团体或非物质文化遗产传承人合作。2017年10月，教育部制订的《学校体育美育兼职教师管理办法》指出：民间艺人、能工巧匠也可以被吸纳进学校美育教育的兼职队伍中。[①] 现有的传统文化团体或专业人士，由于面临后继无人的危机，也希望与学校开展长期合作，扩大影响力的同时寻找合适的接班人。无锡辅仁高中采用与无锡非遗工作室合作的手段，保证专业师资供应。为了提升教学专业化水平，江阴市采取"团校挂钩"方式，邀请江苏省锡剧团、无锡市锡剧院、江阴市锡剧团和华西特色青年艺术团4个专业锡剧团体，挑选出50余位专业老师任教。其中，全市20个"小锡班"中，8个班由江苏省锡剧团辅导、9个班由

---

① 《教育部关于印发〈学校体育美育兼职教师管理办法〉的通知》，教育部官网，http://www.moe.gov.cn/srcsite/A17/moe_794/moe_795/201711/t20171102_318281.html。

江阴市锡剧团辅导，1个班由无锡市锡剧院辅导，2个班由华西特色青年艺术团辅导。通过与专业团体的合作，保证了"锡剧进校园"专业师资的供应。

第五节 学校传承民俗文化能力的系统构建

传承与创新本土文化是生活在这一地区成员不可推卸的共同责任，也是这一地区学校教育重要的文化使命。思考学校在民俗文化传承中的作用，系统构建学校传承民俗文化的能力，努力将民俗文化传承与学校特色凝练相结合，从而为学生提供多元、立体、多层面的教育形式。

一 正确认识学校在民俗文化传承中的作用

今天的教育必须承担起传承中华传统文化、增强人的文化自信的使命。学校不仅具有文化传承的职责，更是在地文化汇聚的知识宝库。学校教育是民俗文化传承非常重要的方式，因为在普及民俗文化和培养下一代传承人上，学校教育具有无法取代的核心地位。现代教育体制有责任为传承民俗文化承担起更为直接的责任，"学校教育应该在其中发挥积极的作用，预防和克服本土人民在工业化或现代化过程中对于本土知识'集体性遗忘'（collective amnesia），特别要使广大的青少年不仅成为了解西方或任何外部世界知识的一代，而且要使他们成为熟知自己本土智慧的一代，成为能够综合各种知识和智慧，创造性地建设本土社会美好未来的一代。"[①] 因而，学校教育应使学生通过多种形式了解本土知识，在培养他们作为现代人能力和素质的同时，也要注重培养他们对地方的认同感。让年轻一代了解和学习祖辈们延续的民俗文化则是培养地方认同感的有效途径。

通过学校教育可以在更大范围为传统民俗提供实践支持，也使民俗传统文化的传承更为科学和规范，不再是随机和任意的传承。学校作为育人的主要阵地，凭借短时、集中、高效、大规模地传播民俗文化知识的优势，担负起民俗文化保护与传承的使命。一方面，教育者要高度认

---

① 石中英：《知识转型与教育改革》，教育科学出版社2001年版，第346页。

同民俗文化融入学校教育的价值和意义；另一方面要注重加强对本地区民俗文化的挖掘、筛选，考察所蕴含的教育因素，并将文化中独特的、优秀的和有价值的内容提炼出来并传承下去。学校和教师结合本地的文化生态和学生身心发展规律，将优秀的民俗文化资源开发出形式多样而富有特色的校本课程进行实施，因为"课程不只是传递知识的工具，也是创造和重新创造我们和我们文化的工具"。[①] 同时，将民俗文化纳入日常教学活动或校园环境设计与民俗文化元素相结合的方式渗透民俗文化。因此，民俗文化的传承是需要以教育为手段，尤其是地方学校更要做出传承的努力，担负起传承和保护民俗文化的责任和义务，对于艺术类的民俗文化更应如此。苏州昆山市将昆剧列入学校音乐课教学内容，常熟市将评弹引入校园，苏州市区将评弹、桃花坞木刻等作为学校艺术团队和课外兴趣小组的主要活动内容。这些学校把昆曲、评弹教学与素质教育结合起来，不但没有影响学科教学，反而取得了学生整体素质明显提高的效果。

民俗文化传承的意义应是完整的，不仅仅是技术和知识，尤其包括情感和文化认同等根本性内容。文化作为一种价值系统，它的传承主要依靠的是人的文化认同，文化认同是个体内心对所属文化的价值肯定和精神依附。在破坏民俗文化的力量中，"对于固有文化之厌弃反抗，是破坏力中最强者"[②]。文化作为一种价值系统，关键是要形成文化自觉。可以通过两个途径培育文化自觉：一是依靠圈内人自身对这种文化的认同；二是依靠外力逐步培育文化自觉，学校教育则是外力之一。学校教育不仅培育民俗文化的"种子"，促使学生关爱、理解地方，还将这种理解积极融入对民俗文化学习的建构中。作为教育机构和文化传播机构的中小学校，唤起学生对民俗的文化记忆，在日常生活中体验民俗文化并在此基础上增强对传统文化的认同感和自豪感。

二 探索基于民俗文化的学习方式

文化的学习与学科的学习不同，有其自身的特殊性。我们应该基于

---

① [美]小威廉姆·多尔：《后现代课程观》，王红宇译，教育科学出版社2000年版，第188页。

② 梁漱溟：《乡村建设理论》，上海世纪出版集团2006年版，第52—53页。

民俗文化的特性思考如何定义学习，实现从文本符号到精神世界，也就是说超越知识传递的局限，实现文化成人的教育价值，根本目的是本土的身份认同。

（一）建构文化层面的学习理论

民俗文化的学习方式应该是多样的，不仅仅局限在学校围墙之内，这需要一种文化层面的学习理论来指导民俗文化的学习。文化学习理论的特点是：一是从建构主义的角度理解学习，具有体验和表演性，包括积极的心灵和身体；二是学习是一个积极的经验参与和意义创造的过程。学习者按照自己的方式建构意义，可能涉及技能、知识、理解、价值观、情感、态度和反思能力的增长或深化；三是学习是一个变化的概念，在不同的情境中有不同的意义，体现为学习过程和结果的复杂性；四是将学习理解为一系列复杂和终生的过程，强调学习者的经验，以经验为基础而形成的多种学习模式，可以终身受用。

（二）重视身体参与

真正的认知是通过经验产生的，儿童所体验的民俗学习必须是具身性的、积极的和浸润式的。"只有在身体的知觉中才能呈现出民俗的本原含义，并且这种含义往往是超越了语言的层面，通过身体的知觉得以真正体验、体悟。"[1] 民俗文化离不开身体实践，具有身体经验的性质。我们需要精心选择、设计任务和活动，实现学生在民俗文化中的身体参与。让学生用身体去知觉民俗，以一种体验的方式亲历民俗，从而获得身与心的交融。"个人通过自己的身体知觉、直觉、触摸等，在生活世界中进行着个人独特的经验和建构，自我的感受通过民俗事象以及文本来表达，最终达到体悟、感受生活的目的。"[2] 课程设计重视学生的动手操作或参加各种校外活动，学生可以获得许多直接经验，理解、感受民俗文化，从而实现民俗文化的传递与继承。学生在真实的体验中对民俗文化有清晰的认知，并会产生一系列相应的文化行为，进而成为民俗文化的传承主体。

---

[1] 张青仁：《身体性：民俗的基本特性》，《民俗研究》2009 年第 2 期。
[2] 王欣：《论"生活世界"与民俗学——从胡塞尔的"生活世界"谈起》，《民俗研究》2017 年第 1 期。

(三) 设计情境学习

民俗文化的学习最好在真实具体的环境中进行，只有在情境中才能认识和理解民俗文化的意义和价值。情境学习的要素有两点，一是强调学习活动的真实性，二是强调主观探索与操作。教师一方面有目的地创设具体生动的场景，调动学生积极参与和体验；另一方面带领学生参观民俗文化场所、古迹、传统文化场所等各种"文化记忆场"，增强他们对民俗文化的关注度、亲近感和认同感。"文化记忆场"是文化构建和身份认同的依附载体，不仅是记忆的场所，也是学生民俗文化学习的情境。尽管一些历史古迹有许许多多的断裂和遗忘，却是编码文化记忆的重要场所。"因为随着一个地方被放弃或被毁坏，它的历史并没有过去，它仍保存着物质上的残留物，这些残留物会成为故事的元素，并且由此成为一个新的文化记忆的关联点。"[①] 传统村落和传统民居承载深厚的历史文化，古镇、古街等作为民俗文化的重要载体，可以成为学生民俗文化学习的有效场所。

(四) 开展研学旅行

研学旅行对学生是高度有价值的教育经验。"教师和书本不再是唯一的导师；手、眼睛、耳朵、实际上整个身体都成了知识的源泉，而教师和教科书分别成为发起者和检验者。任何书本或地图都不能代替个人的经验；它们不能取代实际的旅行。"[②] 学校的存在不仅提供经济上的实用技能，同样培养具有文化教养的年轻人。研学旅行具有丰厚的文化教育意蕴，关注儿童的文化认同和传承应是研学旅行活动主题设计和课程开发的一个基本要素。可以组织民俗修学游，以本土文化作为修学内容，依托文化遗产开展实地考察。"文化丰富的实地考察对学生成长为文明教养的人非常重要，具有艺术知识，具有更强的批判思维技能，表现更多的历史同理心，表现更高的包容心以及对文化和艺术的良好品

---

① [德] 阿莱达·阿斯曼：《回忆空间：文化记忆的形式和变迁》，潘璐译，北京大学出版社 2016 年版，第 310 页。
② [美] 约翰·杜威：《学校与社会. 明日之学校》，赵祥麟、任钟印、吴志宏译，人民教育出版社 2005 年版，第 251—252 页。

味。"① 不仅使学生认识和熟悉所生活的地方，还可以培养热爱家乡的情感。如：张家港市实验小学的"'醉'美家乡 追我梦想"，昆山市玉峰实验学校"寻访江南古镇之美 体验现代农业之魅"，吴中区实验小学"畅想太湖美 构筑少年梦"以及苏州工业园区翰林小学的"扬吴地文化 奠华夏根基"等。

三 延伸教育空间：关注文化场馆的学习

民俗文化的保护与传承不能仅仅依赖学校围墙以内的正式学习，还要充分利用非正式学习的形式，推进场馆教育与学校教育的有机衔接。学校教育由于自身条件的限制无法帮助学生完成民俗文化的深层建构，这就需要把学校扩展到外部社会。社会文化场馆在其中发挥着重要作用，在有些情况下促进文化记忆的生成。"场馆作为非正式学习发生的物理环境，是物（馆藏物品）、人（参观者）以及社会文化交互碰撞的场所。"② 场馆学习是一种主动的意义建构，是学生对文化元素的感知、理解和内化，本身就包含了文化传承的功能，推动了优秀文化的传播。图书馆、博物馆、档案馆、纪念馆、美术馆这些文化机构都是记忆所附着的实体，也是民俗文化的"记忆之场"。学校应调动充分的资源和制定相应的政策为学生提供文化场所的学习。

博物馆是历史和文化记忆的独特载体，其在教育领域的社会使命是向下一代保持和传递文化经验。博物馆的核心宗旨是教育，它是一座保存和珍藏记忆的空间，为文化传承提供了可能性。"作为传承和弘扬民族历史文化的阵地，博物馆不仅通过其保留的历史'遗存'向公众'讲述'历史，让人们认识到内在的文化价值，更重要的是在'讲述'的过程中培养公众的文化素养，构建一个让民众能够欣赏、乐于享受的公共文化空间。"③ 博物馆的作用不仅仅是保存物品，它必须不断地分

---

① J. P. Greene, B. Kisida, and D. H. Bowen, "The Educational Value of Field Trips", in *Education Next*, Vol. 14, No. 1, January 2014.

② 夏文菁、张剑平：《文化传承中的场馆学习：特征、目标与模式》，《现代教育技术》2015年第8期。

③ 田莉莉：《博物馆创新民俗文化传承方式的实践与思考——以北京民俗博物馆的实践为例》，《传承》2013年第3期。

享并重新诠释它们，通过藏品积极地塑造知识，生成对过去和现在的认识。地方博物馆告诉我们文化价值、习俗、传统、社会特征和所生活地方的智力遗产。民俗博物馆承载了当地人们的生活记忆，通过展品、活动体验的方式让人们重温过去的生活。它的作用不仅可以收藏保管从古至今有价值的民俗文物，还可以通过现代化的展示手段，让观众能够更好地亲近、体验和感受濒临消失的民俗文化，使民俗文化得到很好的传播与推广。可见，民俗博物馆承载民俗文化，同样传承了文化记忆的根基。它对文化记忆的传承主要有两方面：一是以"物"为媒介构建记忆，主要是藏品的陈列、展览和讲解；二是以活动体验的方式生成记忆，主要是系列主题或节日开展的特色活动。

文化场馆不仅包括博物馆、美术馆、纪念馆等文化机构，也包括文化景观。文化景观一词始于20世纪20年代，它是各种文化要素的复合体，是民众长期生产、生活与自然及环境相互作用的结果。"民俗类文化景观是指在一定空间范围内，在民俗的起源、形成、传布和融汇过程中，形成的区域特征和文化景观。其中包括居住、迁徙、服饰、饮食、岁时等社会传统习俗以及农业、贸易、手工业、工艺等物质生产方式，依靠习惯势力、传袭力量和心理信仰约束，形成的物质文化和精神文化的表现。"[1] 民俗文化景观的价值在于能够整体体现具有悠久历史的民间文化传统，如一些老字号、特色商品、民间艺术以及历史古迹等。历史文化街区、民俗风情街、古镇、老街等都是民俗文化景观的载体。学校可以设计研究性学习项目和综合实践活动主题带领学生对民俗文化景观进行实地考察，在考察中不仅使他们了解与民俗有关的事实或信息，而且也发展一种深层次的理解，这是一种很让个体熟悉他们所生活地方的历史和传统的有效方式。

四 多种力量共同作用：营造民俗文化传承的整体环境

保护和传承多彩的民俗文化是一项复杂而长期的文化工程，参与对象应是完整的，它是学校、家庭、社区和社会大环境的整体作用并不断努力的结果。我们不能盲目夸大学校教育在民俗文化传承中的作用，因

---

[1] 单霁翔：《文化遗产保护国际视野》，天津大学出版社2017年版，第144页。

为民俗文化的传承和弘扬是一个系统、庞大的教育工程。不是单靠学校教育就能完成的，而是需要多种力量的共同作用。民俗文化的学习不能局限于学校围墙之内，还要设计校外教育大课堂，建立校外实践教育基地。为此，我们应该以全新的方式看待学校、地方社区和生态系统是如何相互联系的。地方政府、学校、教师、家长和社会力量以及相关专家都应积极关注地方民俗文化的传承与发展，并对民俗文化重要的育人价值形成共识。只有充分认识到民俗文化对人的发展具有不可替代的重要作用时，人们才会全力支持、主动参与、积极推动民俗文化进入学校课程。

（一）发挥学校的引领作用，建立社区—学校—家庭整合机制

民俗文化的传承是一项整体活动，单凭学校的力量无法实现，而是需要采用大教育概念，构建学校教育、社区教育、家庭教育在内灵活的传承系统。家庭教育和社区教育是民俗文化传承的媒介，在民俗文化传承中具有启蒙性和终身性。民俗文化融入学校教育是一个复杂而艰难的过程，需要学校、家庭、社区的共同努力和配合。学校可以邀请从事民俗手工艺品制作的家长给学生讲述传统工艺品的制作过程，请非遗馆的家长上非遗保护课，请专门研究本地方言的家长讲述民间故事。同时，学校开展民俗文化教育也离不开家长的支持，否则就很难持续下去。作为江苏省艺术特色学校的江阴实验小学锡剧教学成果显著，采取了一系列措施获取家长的支持和认同[①]。

> 为了使学校和家庭更好地通力合作，本学期学校建立了锡剧学生、家长、班主任老师及专业指导老师共同加入的"锡剧微信群"，方便了老师与家长交流学习心得体会，共同进步，增进感情。"锡剧微信群"中，一方面坚持正面的积极引导，发布学习锡剧的教育价值，引导家长正确认识锡剧学习与文化课学习的关系；另一方面，提高服务意识，倾听家长的声音，让家长表达他们的想法，针对家长的忧虑和担心解决问题。同时，倡导和鼓励家长对学

---

① 《锡剧经典　臻美有约——江阴实验小学》，锡剧在江阴，http://www.jyxiju.com/xxb/show.asp? id=1952。

校工作进行监督指导，并提出针对性的建议。在小锡班展演的这一阶段，锡剧班主任经常在群里与家长交流，鼓励学生坚持训练，把小锡班学员的学习动态、训练中唱腔选段、孩子们的成绩荣誉及时发布在微信群里，共享成果。在比赛期间，拍摄学生在舞台上精湛的表演并及时发布，让家长看到孩子的进步。几年来，因为机制运行到位，家长层面从抵触到顺应到认同，老师层面从畏难到参与到变革，学生层面从一无所知到好奇有趣到兴趣盎然。"锡剧进校园"活动赢得了社会的广泛赞誉和一致认可，实小已经拥有了锡剧教育的良好生态。

除了将民俗文化教育延伸到家庭之外，还要形成学校教育和社区教育的一体化。民俗文化最丰富的资源在社区，社区是民俗文化生存和发展的"母体"，社区的历史文化、地理景观和开展的民俗活动，都可以成为民俗文化教育的内容。让学生通过参与社区活动，认识到民俗文化与他们的生活是紧密相连的，有利于提升他们保护和传承的自觉性。因此，民俗文化传承不能局限于学校内部的孤立文化场，还要将文化传承活动拓展到社区文化空间，实现两种不同文化场的传承功能互补，以使学校的民俗文化教育取得更好的效果。

（二）民俗文化保护是一项复杂的系统工程，需要政府的推动和落实

首先，设立文化生态保护区，进行整体性保护，增强社群的文化认同。"所谓整体性保护，就是将民俗文化遗产所涉及的重要的人、物及环境一同保护起来。这种方式可以吸收记录式保护、实物收集和保存等方式的特点，还可以对民俗文化遗产的项目，以及相关的人群和社区，他们重要的活动和相关场所，乃至所生活的文化环境、自然环境进行全面保护。"[①] 文化生态学认为，文化系统是文化生成和延续的土壤，只在特定的文化空间内才能持续发展。2011年江苏省启动省级文化生态保护实验区建设，苏州设有同里水乡民俗文化生态保护实验区、张家港

[①] 单霁翔：《民俗文化遗产保护、传承与民俗博物馆建设》，《民俗研究》2013年第4期。

沙上文化生态保护实验区和常熟虞山文化生态保护实验区，以推动当地民俗传统文化的传承和传播。

其次，发挥政府主体作用，促进优秀民俗文化的"复活"。"要想让民间传统文化真正活起来，政府就必须转变管理观念，将这种被动的'输血'机制，转变成'造血'机制，促进民间传统文化创新发展，将其传统文化的核心因子植入当代活动空间。"[①] 苏州市政府把每年的6月28日确定为"遗产保护日"，大大提高了苏州市民的文化遗产保护意识。市政府组织成立吴文化研究会，每年举办具有吴文化特色的活动，如：寒山寺新年祈福听钟声活动，"年味山塘"民俗庙会，古胥门元宵灯会，农历四月十四的"轧神仙"庙会，金秋虎丘庙会等。同时，搭建教育平台为传统非遗和节庆文化记忆的复原、传承提供活态传承的载体。

最后，相关职能部门要树立责任主体的意识，推动民俗文化传承的有效落地。苏州市体育局在江南船拳的传承和传播上发挥重要作用。不仅推动越溪实验小学、沙家浜镇文化站、北桥街道文体中心和苏州大学体育学院民族传统体育系作为传承基地，给予专项资金支持，还开通线上体育博物馆，同时增设沙家浜风景区、石湖滨湖景区、枫桥风景名胜区为"江南船拳"传播展演基地，这些风景区成为苏州中小学江南船拳表演的社会平台。

（三）营造民俗文化的"传承场"，推动民众的积极参与

传承必须要有民俗文化赖以生长、发展的土壤和环境，即我们所谓的"传承场"。家庭、地方村落是重要的民俗文化"传承场"。民俗文化的保护不能光靠地方政府打造，更应当回归民众的日常生活。"文化记忆中保留下来的文化遗产，必须返回到社会记忆的层面才能得到长久的传承。"[②] 民俗文化的传承特别倚重于群体和社会，离不开民众的具体生活环境与整体文化模式，它是一个从"物"到"人"，再逐渐扩大到"环境"的深化过程。"社会是民俗产生、发展的舞台，在日常生活

---

① 雷玉明、易文君：《民间传统文化保护和发展中的政府职能分析》，《华中农业大学学报》（社会科学版）2011年第3期。

② 王霄冰：《文化记忆与文化传承》，《励耘学刊（文学卷）》2008年第1期。

中，民众处于周围民俗事象潜移默化的浸染和熏陶之中，会形成一种潜在的心理力量，去自觉主动地进行民俗的传承，且这一传承具有不可抗拒性。"[1] 民众是民俗的真正实践者，是文化的承载者。民俗文化是塑造群体集体记忆的要素，它具有延续和巩固凝聚力的功能，通过操演共同的记忆，建立深层次的认同和团结。由此可见，民俗文化的传承应该树立人人参与的理念，提高普通大众对所处文化的认同感，提高他们保护和传承民俗文化的积极性和创造性。

学校在民俗文化传承中不是一个独立的系统，而是受到整体环境和社会氛围的影响。民众的积极参与和氛围的塑造为学校有效传承民俗文化提供良好的外部保障。学校要重塑与其他社会要素和人的关系，一旦确认使命是相同的，就可以共同探索感兴趣的领域。江阴"锡剧进校园"的成功与社会氛围的塑造是分不开的，"镇镇（街道）要有锡剧队，村村（社区、企业）要有锡剧组，校校（中心实验小学）要有锡剧班，户户要有锡剧爱好者"是江阴锡剧传承的最终目标。

---

[1] 陶立璠：《民俗学概论》，中央民族学院出版社1987年版，第37页。

第九章　结语：在教育场域制造更多的"文化相遇"

人是一种具有文化属性的完整生命存在，需要生活在自身可以赋予意义的世界里。"文化创造比我们迄今为止所相信的有更加广阔和更加深刻的内涵。人类生活的基础不是自然的安排，而是文化形成的形式和习惯。正如我们历史地所探究的，没有自然的人，甚至最早的人也是生存于文化之中。"① 文化连接着过去、现在和未来，具有广阔和深刻的内涵，是塑造人之生活世界的力量。著名哲学人类学家兰德曼指出，"文化是人类的'第二天性'"，"除了人生来就具有的自然特质之外，只有研究人的客观精神的根源和文化的条件作用，才能完全理解人"。② 每个人的行为方式与思维习惯都带有其生长其中的文化圈的烙印。人生活在特定的时代和地域中，也生活在特定的民俗中。一个人的成长不仅仅靠主流知识的塑造，更离不开本土知识的滋养。

民俗文化所蕴含的生活理念、习俗惯例、经典文本、艺术形态和价值取向等都是形塑文化身份的符码，对于个体及共同体的存在和发展意义重大。"一个社群不只是共同享有这种符号模态，他们还将它保留、琢磨、并传递给下一代，并且就是通过这样的传递，才使得他们的文化认同和生活范式得以维持不坠。"③ 随着时代的进步和社会的发展，很

---

① ［德］M. 兰德曼：《哲学人类学》，阎嘉译，贵州人民出版社1988年版，第260—261页。
② 同上书，第247页。
③ ［美］L. A. 怀特：《文化的科学——人类与文明研究》，沈原、黄克克、黄玲伊译，山东人民出版社1988年版，第101页。

多传统民俗文化面临"记忆"的危机，个体成长的本土资源日益缺失。如何让衰弱无力的民俗文化重新充满活力，面对旧纽带的消解，教育该做些什么？我们需要思考：古老的民俗文化财富是否已经丧失了教育价值，抑或正好相反，现在恰恰是把它有意识地纳入教育场域的时候？文化传承是通过教育得以实现的，教育是传承文化生命基因的途径，只有教育参与，文化才能够传承和发展。"在制订一切教育方案时必须考虑到我们时代和社会的风俗习惯，必须考虑到我们时代的精神文明以及我们民族的民族性。"① 这不仅彰显了教育的文化属性，让教育回归到人的文化身份，还将人的发展置身现代化而又扎根于本土的生命根基，同时也摸索了一条新的民俗文化传承之道。

教育的根本是文化育人，文化是教育的内在支持。怀特海在《教育的目的》一书中指出："我们要造就的是既有文化又掌握专门知识的人才。专业知识为他们奠定起步的基础，而文化则像哲学和艺术一样将他们引向深奥高远之境。"② 现实教育过多地关注政治和经济层面的目的，对文化的教育功能和价值处于抽象状态，尤其是遮蔽了具体文化的教育价值。没有一种"此在"不需要"传统"，没有一种文化不需要记忆作为基础。新时代教育内涵的发展必须上升到文化层面，要发挥学校教育作为"记忆场所"的作用，帮助人寻找文化之根。为此，我们需要一种新的从"文化—生活"视角去理解学校教育，拓宽学校教育的文化视野，增进学校教育与民俗生活的有机联系。因为民俗文化在对于现代人来说，不是无功用性的"他者"，而是对人的生命存在具有不可替代的内在意义。在民俗逐渐被遗忘的时代，通过教育架起一座传承和回忆的桥梁，让"过去的"民俗在新的时代境遇重新获得活力。重拾民俗价值，传承文化根脉，是新时代教育者义不容辞的责任和担当。教育者不仅要努力发掘民俗文化中的教育资源，充分认识、识别和利用其中的教育元素，还需要整体思考和深层把握教育内容与民俗元素的有机融合，让本土文化能够活化到学生身上，成为他们成长的宝贵精神

---

① [德]第斯多惠：《德国教师培养指南》，袁一安译，人民教育出版社2001年版，第171页。

② [德]怀特海：《教育的目的》，徐汝舟译，生活·读书·新知三联书店2002年版，第1页。

养料。

　　学校教育传承民俗文化不是自动实现的，首要条件是将民俗文化从生活经验创造性转化成教育性经验。民俗文化进入学校场域，不是对过去仪式的简单重复或模仿，而是一个建构和生成的过程，是一种民俗文化的教育再生产。为此，学校应激活新时代民俗文化的教育想象，增进个人对地方的认同，提升学生对本土文化应有的自信。这就需要教育者对民俗文化元素的关注不能停留在形式层面，更好地理解教育与文化的关系，尊重本土知识在现代教育体系中的合法地位，努力与民俗文化建立一种生机勃勃的联系。只有教育者把握民俗文化的精神内核和教育要素，对其赋予时代特征并创造性运用时，才能让深厚历史积淀的文化符号对学生充满吸引力。这就需要开发优秀民俗文化的教育资源，提升民俗文化的育人价值，创新民俗文化教育的方法和途径，在教育场域制造更多的"文化相遇"。教育不仅使传统民俗文化获得生机，也对个体文化认同的建构发挥重要作用，从而培育传承民俗文化的新生力量。

　　教育是一种关照人的精神成长的文化活动，其最终目的是把真正有价值的文化元素植根到个体生命之中。如果没有文化符号，人不过是空洞的抽象物。教育不仅仅是理智生长和知识获得的过程，更是以文化塑造心灵的过程，最终的目的在于培养文化意义的人。学校教育在民俗文化传承中扮演重要的角色，但我们不能夸大学校教育的作用。文化符号是由文化社群的共同成员来分享和使用的，民俗文化传承需要更多的人参与进来，只有不断地发现、呵护和激活民俗文化，才能使其不断焕发生机与活力。

参考文献

中文著作：

钟敬文：《民俗学概论》，高等教育出版社2010年版。

仲富兰：《中国民俗文化学导论》，上海辞书出版社2007年版。

高丙中：《民俗文化与民俗生活》，中国社会科学出版社2000年版。

董晓萍：《全球化与民俗保护》，高等教育出版社2007年版。

顾希佳：《社会民俗学》，黑龙江人民出版社2003年版。

陈新、彭刚编：《历史与思想（第1辑）：文化记忆与历史主义》，浙江大学出版社2014年版。

乌丙安：《非物质文化遗产保护理论与方法》，文化艺术出版社2016年版。

乌丙安：《民俗学原理》，长春出版社2014年版。

李玉玲：《教育人类学》，扬智文化事业股份有限公司2006年版。

柯玲：《民俗教育原理》，光明日报出版社2015年版。

陶东风、周宪主编：《文化研究（第11辑）》，社会科学文献出版社2011年版。

赵静蓉：《文化记忆与身份认同》，生活·读书·新知三联书店2015年版。

周星：《本土常识的意味——人类学视野中的民俗研究》，北京大学出版社2016年版。

邵兴江：《学校建筑：教育意蕴与文化价值》，教育科学出版社

2012年版。

刘铁芳：《乡土的逃离与回归：乡村教育的人文重建》，福建教育出版社2011年版。

邹进：《现代德国文化教育学》，山西教育出版社1992年版。

郑金洲：《教育文化学》，人民教育出版社2000年版。

石中英：《知识转型与教育改革》，教育科学出版社2001年版。

王志弘：《流动、空间与社会》，田园城市文化事业有限公司1998年版。

容中逵：《传统文化传承论：全球化时代中国教育的文化责任》，广西师范大学出版社2011年版。

卢德生：《民族文化传承中的社会教育运行机制研究》，中国社会科学出版社2010年版。

王文章：《非物质文化遗产概论》，教育科学出版社2008年版。

周星主编：《国家与民俗》，中国社会科学出版社2011年版。

王娟：《民俗学概论》，北京大学出版社2011年版。

衣俊卿：《文化哲学——理论理性和实践理性交汇处的文化批判》，云南人民出版社2005年版。

顾明远：《中国教育的文化基础》，山西教育出版社2004年版。

钟敬文：《民间文学和民众教育——见民间文艺谈》，湖南人民出版社1981年版。

顾明远：《民族文化传统与教育现代化》，北京师范大学出版社2001年版。

娄华英：《跨界学习：学校课程变革的新取向》，华东师范大学出版社2018年版。

王道俊、郭文安主编：《教育学》，人民教育出版社2009年版。

李素梅：《中国乡土教材的百年嬗变及其文化功能考察》，民族出版社2010年版。

李亮：《课程内容的文化选择》，人民出版社2016年版。

巴战龙：《学校教育·地方知识·现代性——一项家乡人类学研究》，民族出版社2010年版。

沈建东：《苏南民俗研究》，江西人民出版社2007年版。

蔡利民:《苏州民俗》,苏州大学出版社 2000 年版。

吴恩培:《吴文化概论》,东南大学出版社 1999 年版。

腾星:《教育人类学通论》,商务印书馆 2017 年版。

李政涛:《教育人类学引论》,上海教育出版社 2009 年版。

贾永春、徐晶星:《让传统文化教育"活"起来:校园里的中华传统"节"语》,华东师范大学出版社 2017 年版。

上海普陀区回民小学:《民俗文化的力量:基于民俗文化教育活动的学生多元发展实践研究》,上海交通大学出版社 2018 年版。

中文译著:

[英]安东尼·D. 史密斯:《全球化时代的民族与民族主义》,龚维斌、良警宇译,中央编译出版社 2002 年版。

[美]曼纽尔·卡斯特:《认同的力量》,夏铸九、黄丽玲译,社会科学文献出版社 2003 年版。

[美]约翰·费斯克:《理解大众文化》,王晓珏、宋伟杰译,中央编译出版社 2001 年版。

[美]约翰·杜威:《民主主义与教育》,王承绪译,人民教育出版社 2001 年版。

[美]约翰·杜威:《学校与社会·明日之学校》,赵祥麟、任钟印译,人民教育出版社 2005 年版。

[美]杰罗姆·布鲁纳:《布鲁纳的教育文化观》,宋文里、黄小鹏译,首都师范大学出版社 2011 年版。

[美]克利福德·吉尔兹:《地方性知识——阐释人类学论文集》,王海龙、张家瑄译,中央编译出版社 2000 年版。

联合国教科文组织:《反思教育:向"全球共同利益"的理念转变》,教育科学出版社 2017 年版。

[美]保罗·康纳顿:《社会如何记忆》,纳日碧力戈译,上海人民出版社 2000 年版。

[法]莫里斯·哈布瓦赫:《论集体记忆》,毕然、郭金华译,上海人民出版社 2002 年版。

[法]皮埃尔·诺拉:《记忆之场:法国国民意识的文化社会史》,

黄艳红译，南京大学出版社 2015 年版。

［美］莱斯利·A. 怀特：《文化的科学——人类与文明的研究》，沈原等译，山东人民出版社 1988 年版。

［美］罗伯特·芮德菲尔德：《农民社会与文化——人类学对文明的一种诠释》，王莹译，中国社会科学出版社 2013 年版。

［美］爱德华·希尔斯：《论传统》，傅铿、吕乐译，上海人民出版社 2009 年版。

［德］扬·阿斯曼：《文化记忆：早期高级文化中的文字、回忆和政治身份》，金寿福、黄晓晨译，北京大学出版社 2015 年版。

［法］阿尔贝特·施韦泽：《文化哲学》，陈泽环译，上海人民出版社 2017 年版。

［英］戴维·赫尔德：《全球大变革：全球化时代的政治、经济与文化》，杨雪冬译，社会科学文献出版社 2001 年版．

［德］M. 兰德曼：《哲学人类学》，阎嘉译，贵州人民出版社 1988 年版。

［德］卡尔·雅斯贝尔斯：《什么是教育》，邹进译，生活·读书·新知三联书店 1991 年版。

［美］露丝·本尼迪克特：《文化模式》，王炜译，社会科学文献出版社 2009 年版。

［德］阿莱达·阿斯曼：《回忆空间：文化记忆的形式和变迁》，潘璐译，北京大学出版社 2016 年版。

［德］哈拉尔德·韦尔策编：《社会回忆：历史、回忆、传承》，季斌、王立君、白锡堃译，北京大学出版社 2007 年版。

［德］阿斯特莉特·埃尔、冯亚琳主编《文化记忆理论读本》，北京大学出版社 2012 年版。

［美］爱尔乌德：《文化进化论》，钟兆麟译，上海社会科学院出版社 2017 年版。

［英］霍布斯鲍姆、兰格编：《传统的发明》，顾杭、庞冠群译，译林出版社 2004 年版。

［德］赫尔曼·鲍辛格：《技术世界的民间文化》，户晓辉译，广西师范大学出版社 2014 年版。

［美］乔纳森·弗里德曼：《文化认同与全球性过程》，郭健如译，商务印书馆2003年版。

［美］克莱德·克鲁克洪等：《文化与个人》，高佳、何红、何维凌译，浙江人民出版社1986年版。

［美］阿兰·邓迪斯：《民俗分析》，户晓辉编译，广西师范大学出版社2004年版。

［英］爱德华·汤普森：《共有的习惯》，沈汉、王加丰译，上海人民出版社2002年版。

［美］克利福德·吉尔兹：《文化的解释》，纳日碧力戈等译，上海人民出版社1999年版。

［英］斯图亚特·霍尔、保罗·杜盖伊著译：《文化身份问题研究》，庞璃，河南大学出版社2010年版。

［美］巴格莱：《教育与新人》，袁桂林译，人民教育出版社2005年版。

［德］第斯多惠：《德国教师培养指南》，袁一安译，人民教育出版社2001年版。

［英］怀特海：《教育的目的》，徐汝舟译，生活·读书·新知三联书店2002年版。

［德］O. F. 博尔诺夫：《教育人类学》，李其龙等译，华东师范大学出版社1999年版。

［美］凯文·林奇：《城市意象》，方益萍、何晓军译，华夏出版社2001年版。

［美］阿兰·邓迪斯编：《世界民俗学》，陈建宪等译，上海文艺出版社1990年版。

［德］鲁道夫·奥伊肯：《生活的意义与价值》，万以译，上海译文出版社2005年版。

［挪威］弗雷德里克·巴斯主编：《族群与边界：文化差异下的社会组织》，李丽琴译，商务印书馆2014年版。

［加］马克斯·范梅南：《生活体验研究——人文科学视野中的教育》，宋广文译，教育科学出版社2003年版。

［英］安东尼·吉登斯：《现代性与自我认同》，赵旭东、方文译，

生活·读书·新知三联书店 1998 年版。

［德］阿莱达·阿斯曼：《记忆中的历史：从个人经历到公共演示》，袁斯乔译，南京大学出版社 2016 年版。

中文论文：

徐赣丽：《当代民俗传承途径的变迁及相关问题》，《民俗研究》2015 年第 3 期。

关溪莹：《钟敬文的民俗教育观》，《中山大学学报》（社会科学版）2001 年第 4 期。

钟敬文：《民俗文化的性质与功能》，《哲学动态》1995 年第 1 期。

李松：《城镇化进程中乡村文化的保护与变迁》，《民俗研究》2014 年第 1 期。

刘爱华：《城镇化语境下的"乡愁"安放与民俗文化保护》，《民俗研究》2016 年第 6 期。

宋旭民：《新型城镇化进程中民俗文化传承路径创新研究——以广东江门地区为例》，《广西民族研究》2018 年第 1 期。

杨秀芝：《"互联网"+视野下民俗文化活态化研究》，《中南民族大学学报》（人文社会科学版）2018 年第 2 期。

乌丙安：《走进民俗的象征世界——民俗符号论》，《江苏社会科学》2000 年第 3 期。

钟志勇：《学校教育视野中的民族传统文化传承》，《民族教育研究》2008 年第 1 期。

龙梦晴：《民俗文化教育发展论》，《湖南师范大学教育科学学报》2012 年第 6 期。

毛新梅：《论民俗文化的德育意蕴及其实施路径》，《教育研究与实验》2018 年第 5 期。

薛晓蓉：《民俗文化在语文教材中的教育价值》，《教育理论与实践》2009 年第 7 期。

董云川、刘永存：《校本课程的开发与高校的文化传承责任——"渭公河次区域民族民间文化传习馆"个案简析》，《北京大学教育评论》2008 年第 2 期。

石中英：《教育民俗：概念、特征与功能》，《教育理论与实践》1999 年第 5 期。

陶成涛：《文化乡愁、文化记忆的情感维度》，《中州学刊》2015 年第 7 期。

康澄：《象征与文化记忆》，《外国文学》2008 年第 1 期。

刘博：《社会记忆·文化记忆·图书馆——社会记忆与图书馆关系新论》，《图书馆建设》2016 年第 3 期。

郑雪松：《中小学非物质文化遗产校本课程开发》，《课程·教材·教法》2017 年第 1 期。

赵世林：《论民族文化的传承本质》，《北京大学学报》2002 年第 3 期。

李占伟：《非物质文化遗产的当代道德价值探究》，《民俗研究》2013 年第 5 期。

纪德奎、赵晓丹：《文化认同视域下乡土文化教育的失落与重建》，《教育发展研究》2018 年第 2 期。

张士闪：《"顺水推舟"：当代中国新型城镇化建设不应忘却乡土本位》，《民俗研究》2014 年第 1 期。

容中逵：《当代中国传统文化传承的三种语境》，《社会科学战线》，2009 年第 3 期。

刘爱华：《新型城镇化语境下民俗文化反哺的效能与维度》，《民俗研究》2015 年第 3 期。

张青仁：《身体性：民俗的基本特性》，《民俗研究》2009 年第 2 期。

李卫英：《民俗文化与幼儿园园本课程的耦合逻辑与实现路径》，《齐齐哈尔大学学报》（哲学社会科学版）2018 年第 1 期。

王璐、尤铮：《英国传统文化教育研究》，《比较教育研究》2014 年第 6 期。

邱昆树：《形塑"文化记忆"：当代教育的文化使命》，《教育发展研究》2017 年第 3 期。

左路平、吴学琴：《论文化记忆与文化自信》，《思想教育研究》2017 年第 11 期。

毕海、陈晖：《北京童谣的文化教育意义》，《北京社会科学》2015年第6期。

程艳：《昆曲与民族文化记忆》，《四川戏剧》2016年第12期。

徐晓林、陈炳飞：《地域文化课程化：学校发展的一种推动力量》，《江苏教育研究》2015年第34期。

魏兆锋：《21世纪中国基础教育的传统文化使命》，《教育学报》2010年第4期。

井祥贵：《疏离与融合：学校教育视野下的民族文化传承研究》，《民族教育研究》2011年第5期。

姜德刚、郝德永：《当代课程的文化建构使命》，《高等教育研究》2001年第6期。

叶浩生：《身体与学习：具身认知及其对传统教育观的挑战》，《教育研究》2015年第4期。

张继梅：《文化自觉与文化传承》，《齐鲁学刊》2013年第4期。

刘茜、邱远：《论学校课程民族文化传承功能的实现》，《中国教育学刊》2010年第7期。

张金运、张立昌：《基于文化素养养成的课程知识理解——课程知识的文化性及其实现》，《中国教育学刊》2017年第1期。

刘慧梅、姚源源：《书写、场域与认同：我国近二十年文化记忆研究综述》，《浙江大学学报·人文社会科学版》2018年第4期。

郭方涛、孙宽宁：《从生活域到教育场：民俗的学校教育传承》，《当代教育科学》2018年第2期。

姜英敏：《继承与嬗变——全球化时代的韩国传统文化教育》，《比较教育研究》2014年第6期。

孟建伟：《从知识教育到文化教育——论教育观的转变》，《教育研究》2007年第1期。

吴文涛：《传统文化如何走进学校？——论学校传统文化教育的实践逻辑》，《中国教育学刊》2018年第3期。

邵培仁：《地方的体温：媒介地理要素的社会建构与文化记忆》，《徐州师范大学学报》（哲学社会科学版）2010年第5期。

李长吉：《论农村教师的地方性知识》，《教育研究》2012年第

6 期。

陈磊、栗红武：《传统文化教育：我国教师教育课程"精神转向"的重要路径》，《当代教育科学》2013 年第 5 期。

石中英：《本土知识与教育改革》，《教育研究》2001 年第 8 期。

王明娣：《文化回应教学理论：背景、思想与实践——华盛顿多元文化教育教育中心 Geneva Gay 教授访谈》，《当代教育与文化》2017 年第 1 期。

雷玉明、易文君：《民间传统文化保护和发展中的政府职能分析》，《华中农业大学学报》（社会科学版）2011 年第 3 期。

张卫民、曾虹、詹霞：《基于民俗文化传承的幼儿园环境创设》，《学前教育研究》2011 年第 6 期。

王蜜：《文化记忆：兴起逻辑、基本维度和媒介制约》，《国外理论动态》2016 年第 6 期。

王乐：《村落文化的传承与乡村学校的使命》，《湖南师范大学教育科学学报》2016 年第 6 期。

蔡志荣：《民俗文化的当代价值》，《西北民族研究》2012 年第 1 期。

卢焱：《构建传统"节日课程"：为儿童留下中华文化记忆》，《中小学管理》2017 年第 5 期。

曹海峰：《全球化语境中文化认同的现实考验与建构策略》，《学术界》2016 年第 12 期。

王晨：《个人经验与集体记忆：非遗传承机制演变与发展研究》，《南京社会科学》2015 年第 11 期。

［德］扬·阿斯曼，管小其译：《交往记忆与文化记忆》，《学术交流》2017 年第 1 期。

陶东风：《记忆是一种文化建构——哈布瓦赫〈论集体记忆〉》，《中国图书评论》2010 年第 9 期。

康澄：《文化记忆的符号学阐释》，《国外文学》2018 年第 4 期。

金寿福：《扬·阿斯曼的文化记忆理论》，《外国语文（双月刊）》2017 年第 2 期。

蓝江：《从记忆之场到仪式——现代装置之下文化记忆的可能性》，

《国外理论动态》2017 年第 12 期。

燕海鸣：《博物馆与集体记忆——知识、认同、话语》，《中国博物馆》2013 年第 3 期。

张家雯、楼世洲：《中国传统文化传承中的教师角色缺位问题及其对策分析》，《当代教师教育》2016 年第 4 期。

徐晓林、陈炳飞：《地域文化课程化：学校发展的一种推动力量——江苏省昆山中学"江南水乡文化"课程基地建设概况》，《江苏教育研究》2015 年第 12A 期。

范雨涛、刘汉文：《论学校教育与非物质文化遗产的传承与传播——以羌族传统音乐学校教育为例》，《西南民族大学学报》（人文社会科学版）2018 年第 8 期。

肖正德、井小溪：《农村优秀传统文化难以融入教学：农村教师的尴尬境遇》，《当代教育文化》2015 年第 2 期。

殷明、刘电芝：《身心融合学习：具身认知及其教育意蕴》，《课程·教材·教法》2015 年第 7 期。

章乐：《儿童立场与传统文化教育——兼论小学道德与法治教材中的中华优秀传统文化教育》，《课程·教材·教法》2018 年第 8 期。

李臣之、王虹：《校本课程开发的本土味：逻辑、空间与限制》，《课程·教材·教法》2016 年第 1 期。

赵旻：《中华优秀传统文化育人功能与价值的创造性转化》，《思想教育研究》2018 年第 8 期。

赵敏：《学校场域是中华优秀传统文化传承的重要载体》，《教育发展研究》2017 年第 Z2 期。

刘晓春：《文化本真性：从本质论到建构论——"遗产主义"时代的观念启蒙》，《民俗研究》2013 年第 4 期。

单霁翔：《民俗博物馆建设与非物质遗产保护》，《民俗研究》2014 年第 2 期。

薛亚利：《价值的？工具的？——仪式的意义指向》，《民俗研究》2011 年第 3 期。

熊湘华：《学校教育视野下的非物质文化遗产传承研究》，《贵州民族研究》2013 年第 3 期。

郑伟斌：《"根"之教育——谈乡土文化教育与地方民俗传承》，《教育文化论坛》2013 年第 1 期。

万明钢：《论台湾的乡土教育》，《西北师大学报》（社会科学版）2001 年第 6 期。

柯玲：《遗产保护根在教育——学校教育中民俗课程的设置与构想》，《民间文化论坛》2007 年第 2 期。

薛法根、娄小明：《地方文化的课程张力——"开发丝绸文化课程资源，建设综合实践活动校本课程"的研究报告》，《江苏教育研究》2010 年第 7A 期。

夏文菁、张剑平：《文化传承中的场馆学习：特征、目标与模式》，《现代教育技术》2015 年第 8 期。

彭慧：《传统文化教育的课程化行动路向》，《中国教育学刊》2017 年第 12 期。

刘振怡：《文化记忆与文化认同的微观研究》，《学术交流》2017 年第 10 期。

孙宽宁、徐广华：《论学校传承民俗文化的教育立场》，《河北师范大学学报》（教育科学版）2019 年第 2 期。

王小红、王倩：《乡土文化的传承：乡村振兴战略下乡村学校的使命》，《西华师范大学学报》（哲学社会科学版）2018 年第 4 期。

李卫英：《非物质文化遗产的学校教育传承路径探析——以贵州民族民间文化进校园活动为例》，《湖南师范大学教育科学学报》2014 年第 4 期。

靖东阁、孙振东：《学校教育传承民族传统文化存在的问题及出路》，《中南民族大学学报》（人文社会科学版）2014 年第 6 期。

王德刚：《民俗文化的当代价值——基于民俗学者深度访谈与文献对读研究》，《民俗研究》2019 年第 2 期。

林继富、谭萌：《新型城镇化与民俗文化的传续与创造》，《华南师范大学学报》（社会科学版）2019 年第 1 期。

赵晓霞：《文化记忆视角下青少年传统文化教育的路径与策略》，《西北师大学报》（社会科学版）2019 年第 2 期。

孙宽宁、徐继存：《城镇化进程中传统民俗的复兴策略研究》，《社会科学辑刊》2015 年第 6 期。

冯文坤：《文化记忆与国家认同研究——以中国传统文化教育为例》，《学术界》2017 年第 9 期。

毛巧晖：《非物质文化遗产：文化记忆的展示、保护与实践》，《西北民族大学学报》（哲学社会科学版）2016 年第 4 期。

王霄冰：《文字、仪式与文化记忆》，《江西社会科学》2007 年第 2 期。

学位论文：

裴淑妍：《少先队活动传承优秀传统民俗文化的现状及优化路径》，硕士学位论文，浙江师范大学，2017 年。

王亚芳：《探究民俗文化的教育学意蕴》，硕士学位论文，河南大学，2008 年。

赵海燕：《学前教育民俗文化课程研究》，博士学位论文，西南大学，2012 年。

李永婷：《民俗文化的教育价值研究》，硕士学位论文，山东师范大学，2014 年。

姜慧：《中小学民俗文化课程的一体化设计》，硕士学位论文，山东师范大学，2017 年。

郝凌飞：《苏州民俗体育文化研究》，硕士学位论文，苏州大学，2016 年。

张金运：《课程知识的文化性研究》，博士学位论文，陕西师范大学，2018 年。

蔡衡臻：《校本课程"吴文化与语文"的开发与实施——以江苏省苏州实验中学为例》，硕士学位论文，苏州大学，2016 年。

俞婷：《初中蚕桑文化校本课程的开发与实践》，硕士学位论文，南京师范大学，2015 年。

鲍林：《基于吴文化的化学校本教材的开发》，硕士学位论文，苏州大学，2013 年。

顾鑫：《基于乡土文化的小学校本课程开发的案例研究——以无锡市 L 小学吴文化校本课程为例》，硕士学位论文，扬州大学，2018 年。

朱文学：《吴文化与中学德育资源开发研究》，硕士学位论文，华东师范大学，2003年。

朱雷：《台湾民俗博物馆与文化记忆的传承》，硕士学位论文，华东师范大学，2012年。

张宗拳：《江南船拳文化研究》，博士学位论文，苏州大学，2014年。

承轶妍：《对锡剧唱腔传承的思考——以"锡剧进校园"为例》，硕士学位论文，苏州科技大学，2017年。

张欣：《文化记忆理论研究》，硕士学位论文，中国海洋大学，2015年。

报纸类：

[德]扬·阿斯曼著，金寿福译：《"文化记忆"理论的形成与建构》，《光明日报》2016年3月26日第11版。

邹广文：《推进有文化记忆的城镇化》，《光明日报》2014年2月10日第2版。

罗扬、李韵：《将民俗文化纳入学校教育》，《光明日报》2012年4月5日第3版。

马复中：《寒假作业应多补民俗文化课》，《苏州日报》2015年2月10日第6版。

陈华文：《民俗文化的地方性特征》，《中国社会科学报》2011年9月22日第18版。

高原：《现代化背景下的民间民俗文化保护》，《中国社会科学报》2016年6月1日第8版。

陈勤建：《共同的文化记忆和历史遗产——关注地域民俗圈非遗产项目的联动综合保护》，《中国文化报》2013年1月28日第7版。

陈书录：《吴歌越吟：诗化的江南民间文化》，《中国社会科学报》，2011年12月13日第11版。

网络：

《国务院办公厅关于加强我国非物质文化遗产保护工作的意见》，

中国非物质文化遗产网，http：//www.ihchina.cn/zhengce_details/115171。

《江苏省非物质文化遗产保护条例》，江苏省人大常委会办公厅，http：//www.jsrd.gov.cn/zyfb/sjfg/201301/t20130123_70124.shtml。

中共中央办公厅《关于培育和践行社会主义核心价值观的意见》，中国共产党新闻网，http：//cpc.people.com.cn/n/2013/1224/c64387-23926146.html。

《国务院办公厅关于全面加强和改进学校美育工作的意见》，中国政府网，http：//www.gov.cn/zhengce/content/2015-09/28/content_10196.htm。

《教育部 共青团中央 全国少工委关于加强中小学劳动教育的意见》，教育部官网 http：//www.moe.gov.cn/srcsite/A06/s3325/201507/t20150731_197068.html。

《教育部关于印发〈中小学综合实践活动课程指导纲要〉的通知》，教育部官网，http：//www.moe.gov.cn/srcsite/A26/s8001/201710/t20171017_316616.html?from=timeline。

《完善中华优秀传统文化教育指导纲要》，教育部官网，http：//old.moe.gov.cn//publicfiles/business/htmlfiles/moe/s7061/201404/166543.html。

《少年队活动课程分年级实施参考》，中国少年先锋队，http：//zg-sxd.k618.cn/zyb/201801/t20180105_14912646.html。

《关于开展"锡剧艺术进校园"活动的通知》，无锡教育新闻信息网，http：//www.wxjy.com.cn/Item/48036.aspx。

《教育部关于印发〈学校体育美育兼职教师管理办法〉的通知》，教育部官网，http：//www.moe.gov.cn/srcsite/A17/moe_794/moe_795/201711/t20171102_318281.html。

英文著作：

Sobel, D., *Place-based Education：Connecting Classrooms and Communities*, Great Barrington, MA：Orion Press, 2004.

Barbara Humberstone, Heather Prince, Karla A. Henderson (Eds),

International Handbook of Outdoor Studies, Abingdon, Oxon: Routledge, 2016.

Eilean Hooper – Greenhill, *Museums and Education: Purpose, Pedagogy, Performance*, London and New York: Routledge, 2007.

Battiste, M. A., and J. Y. Henderson, (eds), *Protecting Indigenous Knowledge and Heritage: A Global Challenge*, Saskatoon: Purich, 2000.

Geneva Gay, *Culturally Responsive Teaching: Theory, Research, and Practice*, Teachers College press, 2000.

Filiz Meseci Giorgetti, Ali Arslan and Craig Campbell (eds), *Culture and Education: Looking Back to Culture through Education*, London and New York: Routledge, 2019.

Harold entwistle, *Classs, Culture and Education*, London and New York: Routledge, 2012.

H. Richard Milner, *Culture, Curriculum, and Identity in Education*, New York: Palgrave Macmillan, 2010.

Michael D. Stephens, *Culture, Education, and the State*, London and New York: Routledge, 1988.

英文论文：

David A. Gruenewald, "Foundations of Place: A Multidisciplinary Framework for Place – conscious Education", in *American Educational Research Journal*, Vol. 40, No. 3, January 2003.

David A. Gruenewald, "The Best of Both Worlds: A Critical Pedagogy of Place", in *Educational Researcher*, Vol. 32, No. 4, May 2003.

Showalter, D. A., "Place – based mathematics education: A conflated pedagogy?", in *Journal of Research in Rural Education*, Vol. 28, No. 6, 2013.

Takano, T., Higgins, P., & McLaughlin, P., "Connecting with place: Implications of integrating cultural values into the school curriculum in Alaska", in *Environmental Education Research*, Vol. 15, No. 3, June 2009.

Brooke Madden, "Pedagogical pathways for Indigenous education with/in teacher education", in *Teaching and Teacher Education*, Vol. 51, No. 5, October 2015.

J. P. Greene, B. Kisida, and D. H. Bowen, "The Educational Value of Field Trips", in *Education Next*, Vol. 14, No. 1, January 2014.

Klementsova, N. N., "Education and Culture: Defining the Concept of Education", in *Bulletin of PNU*, Vol. 31 Issue 4, 2013.

George J. Sefa Die, "Integrating Local Cultural Knowledge as Formal and Informal Education for Young African Learners: A Ghanaian Case Study", in *Canadian and International Education*, Vol. 40, No. 1, 2011.

Peter McInerney, John Smyth & Barry Down, "'Coming to a place near you?' The politics and possibilities of a critical pedagogy of place – based education", in *Asia – Pacific Journal of Teacher Education*, 39: 1, 3 – 16, 2011.

Barbara Finkelstein, Sarah Pickert, Tracy Mahoney Douglas Barry, "Discovering Culture in Education: an Approach to Cultural Education Program Evaluation", 1998.

Kültürel Mirasin Tanitiminda Sanal Müze Platformu Kullanimi: Ayasofya Örneği, "Promotion of Cultural Heritages through a Virtual Museum Platform: Case Study", in *Hagia Sophia*, *Sakarya University Journal of Science*, Vol. 22, Issue 5, 2018.

Lowenstein Ethan, Grewal Imandeep Kaur, Erkaeva Nigora, Nielsen Rebecca, Voelker Lisa, "Place – Based Teacher Education: A Model Whose Time Has Come", in *Issues in Teacher Education*, Vol. 27, Issue 2, Summer 2018.

Sweetman Sara, Shea Kelly, Silversmith Jeanine, "Collaboration Between Formal and Informal Networks: Partnering Educators for Place – Based Learning Experiences", in *School – University Partnerships*, Vol. 11 Issue 4, 2018.

Sun Yi, Chan Roger C. K., Chen Huiwei, "Learning with Geographical Sensitivity: Place – Based Education and Its Praxis", in *Professional Ge-*

ographer, Vol. 68, Issue 4, Nov 2016.

Reid, Robin E. "Intercultural Learning and Place – Based Pedagogy: Is There a Connection?", in *New Directions for Teaching & Learning*, Vol. 2019, Issue 157, Spring 2019.

后　记

本书终于要付梓出版了，内心的喜悦油然而生。这是我职业生涯中的第二本专著，也是"孕育"了近四年的成果。在最后校对书稿的过程中，研究之旅的点点滴滴萦绕在心头。

我对学校教育与文化传承方面的关注，源于从 2013 年开始给教育学硕士研究生上的《教育文化学》课程。这本门除理论讲述外，我还精心选择富有文化特色的学校考察。那时，我也一直负责江南大学的多项校长培训项目，认识无锡地区很多的中小学校长和园长，通过培训课程"校长论坛"模块，了解了很多在文化建设做得特别出彩的学校。宜兴丁蜀镇丁山实验小学、江阴市周庄实验小学以及无锡泰伯实验幼儿园就是我最早瞄准的"目标"。

由于有了前期的研究积累，2016 年年初，我以"新型城镇化进程苏南民俗文化传承的教育机制研究"为题，成功申报江南大学新农村发展研究院项目。项目立项之后，我就着手进行田野考察。每周平均去两所学校，大约坚持了四个月，积累了丰富的案例资料。2016 年 8 月，我去英国诺丁汉大学访学一年。在英国的一年里，我花费了大量的精力收集英国文化遗产教育的资料，并实地走进英国的中小学、美术馆、博物馆和各种学习中心了解实施情况。也就在这一年，我找到了本书写作的理论依据"文化记忆理论""地方本位教育"以及馆校合作。2017 年 8 月访学结束回校工作之后，我又开始了三四个月的学校实地考察工作，每一次从考察学校回来，我都收获满满，也坚定了一定要竭尽全力把本书写好的决心。在整个 2018 年和 2019 年上半年，我开始着手动笔写作，其实这个过程是非常艰难的。因为要把获取的田野资料进行细致梳理，整理出一个框架并填充内容使之"丰满"，真的很"烧脑"。好在一路坚持下来了，在初稿成型的那一刻产生的成就感让我觉得所有经受的困苦都值得。

感谢每一所接受我实地考察的学校！这些学校的校长、老师和同学们不仅耐心地接受我的访谈，还慷慨地给予了大量的文字资料。在学校考察过程中，我深深地惊叹于苏南教育人的实践智慧和文化自觉。这些学校领导者和教师敏锐地发现和挖掘地方民俗文化的教育元素，并将其进行创造性转化服务于学校的育人实践。正是因为他们的这份努力、坚持和创新精神，使苏南地区的学校呈现出鲜明的"江南风格"。

感谢为这本书出版付出辛勤劳动的人！尤其是中国社会科学出版社刘晓红编辑，感谢她对我的支持和帮助！也感谢"江南大学专著出版资金"对本书的资助！

本书是中央高校基本科研业务费专项资金之江南大学新农村发展研究院项目"新型城镇化进程中苏南民俗文化传承的教育机制研究"（项目编号：JUSRP1602XNC）和江苏省教育科学"十三五"规划课题"中华优秀传统文化融入学校教育的创造性转化与推进策略研究"（项目编号：D/2020/01/24）的研究成果，也是我进行学校教育与文化传承领域研究第一季的成果。未来我将继续深入开展该领域的研究，希望能把更好的苏南教育改革和发展的经验通过文字的方式进行传播。

杜芳芳
2020年1月于江南大学田家炳楼